献给我的父亲母亲

当代经济学创新丛书
[全国优秀博士论文]

机会平等与空间选择

孙三百 著

上海三联书店

“当代经济学创新丛书”
由当代经济学基金会(NEF)资助出版

总　序

经济学说史上，曾获得诺贝尔经济学奖，被后人极为推崇的一些经济学大家，其聪慧的初露、才华的表现，往往在其年轻时的博士论文中已频频闪现。例如，保罗·萨缪尔逊(Paul Samuelson)的《经济分析基础》，肯尼斯·阿罗(Kenneth Arrow)的《社会选择与个人价值》，冈纳·缪尔达尔(Gunnar Myrdal)的《价格形成和变化因素》，米尔顿·弗里德曼(Milton Friedman)的《独立职业活动的收入》，加里·贝克尔(Gary Becker)的《歧视经济学》以及约翰·纳什(John Nash)的《非合作博弈》，等等。就是这些当初作为青年学子在博士论文中开启的研究领域或方向，提出的思想观点和分析视角，往往成就了其人生一辈子研究经济学的轨迹，奠定了其在经济学说史上在此方面的首创经济学著作的地位，并为日后经济学术思想的进一步挖掘夯实了基础。

经济学科是如此，其他社会科学领域，包括自然科学也是如此。年轻时的刻苦学习与钻研，往往成为判断日后能否在学术上取得优异成就，能否对人类知识的创新包括经济科学的繁荣做出成就的极为重要的第一步。世界著名哲学家维特根斯坦博士论文《逻辑哲学导论》答辩中，围绕当时世界著名大哲学家罗素、摩尔、魏斯曼的现场答辩趣闻就是极其生动的一例。

世界正处于百年未遇的大变局。2008年霸权国家的金融危机，四十多年的中国增长之谜……传统的经济学遇到了太多太多的挑战。经济学需要反思、需要革命。我预测，在世界经济格局大变化和新科技革命风暴的催生下，今后五十年、一百年正是涌现经济学大师的年代。纵观经济思想史，历史上经济学大师的出现首先是时代的召唤。亚当·斯密、卡尔·马克思、约翰·梅纳德·凯恩斯的出现，正是反映了资本主义早期萌芽、发展中矛盾重重及陷入发展中危机的不同时代。除了时代环境的因素，经济学大师的出现，又有赖于自身学术志向的确立、学术规范的潜移默化、学术创新钻研精神的孜孜不倦，以及周围学术自由和学术争鸣氛围的支撑。

旨在"鼓励理论创新，繁荣经济科学"的当代经济学基金会，就是想为塑造未来经济学大师的涌现起到一点推动作用，为繁荣中国经济科学做点事。围绕推动中国经济学理论创新开展的一系列公益活动中，有一项是设立"当代经济学奖"和"全国经济学优秀博士论文奖"。"当代经济学创新丛书"是基于后者获奖的论文，经作者本人同意，由当代经济学基金会资助，陆续出版。

经济学博士论文作为年轻时学历教育、研究的成果，会存在这样和那样的不足或疏忽。但是，论文毕竟是作者历经了多少个日日夜夜，熬过了多少次灯光下的困意，时酸时辣，时苦时甜，努力拼搏的成果。仔细阅读这些论文，你会发现，不管是在经济学研究中对新问题的提出，新视角的寻找，还是在结合中国四十多年改革开放实践，对已有经济学理论模型的实证分析以及对经济模型假设条件调整、补充后的分析中，均闪现出对经济理论和分析技术的完善与创新。我相信，对其中有些年轻作者来说，博士论文恰恰是其成为未来经济学大师的基石，其路径依赖有可能就此开始。对繁荣中国经济理论而言，这些创新思考，对其他经济学研究者的研究有重要的启发。

年轻时代精力旺盛，想象丰富，是出灵感、搞科研的大好时光。出版这套丛书，我们由衷地希望在校的经济学硕博生互相激励，刻苦钻研；希望志在经济学前沿研究的已毕业经济学硕博生继续努力，勇攀高峰；希望这套丛书能成为经济科学研究领域里的“铺路石”、参考书；同时希望社会上有更多的有识之士一起来关心和爱护年轻经济学者的成长，在“一个需要理论而且一定能够产生理论的时代，在一个需要思想而且一定能够产生思想的时代”，让我们共同努力，为在人类经济思想史上多留下点中国人的声音而奋斗。

夏　斌

当代经济学基金会创始理事长

初写于2017年12月，修改于2021年4月

序　言

不平等是社会科学各领域关注的重大问题之一，哲学、历史学、政治学、社会学和心理学等学科都对这一问题展开了深入的研究。当然，经济学也不例外。虽然经济学被认为是研究稀缺资源优化配置的学科，而且更多时候关注的是效率，但并不意味着经济学家忽视公平。在经济学的发展历史进程中，不平等问题一直备受关注。亚当·斯密讨论了工资、利润和地租的决定，卡尔·马克思从剩余价值理论出发，揭示资本主义制度下的分配问题，阿马蒂亚·森长期关注不平等问题并被誉为“经济学的良心”，而托马斯·皮凯蒂(2014)的《21世纪资本论》掀起全球不平等研究的浪潮。

在人类经济社会的发展过程中，对不平等的认识随着发展阶段的不同而不断变化。中华人民共和国成立以来，从注重地区经济平衡发展到“先富带动后富”，再到区域协调发展和共同富裕，不平等问题从未远离我们的视线。区域差距一直以来都是中国区域经济学和城市经济学学者研究的重大问题。经济学家就经济发展的不平等问题，从传统的增长极理论和中心—外围理论，到新近发展起来的微观个体异质性集聚理论，分别从中观和微观视角对区域发展不平衡问题进行了阐释，为本书从微观视角解析不平等问题提供了理论基础。

本书由孙三百副教授的博士论文《机会不均等、劳动力流动及其空间优化》修改而成，论文选题起源于我们2012年合作发表在《经济研究》的一篇学术论文，该论文使用中国微观入户调查数据分析劳动力迁移对代际收入流动的影响，当时并非区域经济学研究领域的主要研究方向，而且由于选题与劳动经济学甚至社会学高度相关而具有一定的交叉学科性质。随着中国入户调查数据的不断丰富和微观计量经济学的持续发展，从微观视角对区域和城市经济学问题进行的研究日益丰硕，相关问题也得到进一步探讨。2022 年，《美国经济评论》发表了一篇研究劳动力流动与机会平等为主题的文章，则在一定程度上证实这一选题的重要性。正是对这一研究选题的浓厚兴趣，促使孙三百博士期间进一步围绕这一选题展开博士论文的研究工作，论文的研究逻辑是机会不平等引导劳动力在空间上流动，而劳动力迁移可以促进机会平等，但是劳动力迁移也会产生诸多不利影响，而且劳动力在空间选择上并不符合客观“理性”，因而应该进一步识别劳动力在地理空间选择上优化的路径，进而增加社会福利。相对而言，这一博士论文的研究框架较大，以至于不太容易把握，经过多年持续的研究和修改，作者增加了一些新的关于劳动力流动和不平等问题的思考，并使用近些年的微观入户调查数据对相关主题进行了补充论证，使书稿得以完善并大致完成了当初的研究设想。

当前呈现在读者面前的书稿，虽然较博士论文而言有所调整，但总体研究框架与博士论文保持一致。具体而言，从主观机会不平等和客观机会不平等角度，论证了劳动力迁移确实可以影响机会不平等程度，尤其是可以降低以代际流动度量的客观机会不平等。然而，劳动力迁移也重塑了不平等。虽然迁移者可以获取更高的收入，但是由于中国特有的户籍制度限制、居高不下的住房价格，迁移者的幸福感和综合福利水平并未得到实质性提升。当然，我们并不能因为劳动力迁移产生了新的不平等和福利损失，就否定自由迁移的价值。一种更加合理的思路应该是如何对劳动者的空间选择行为进行优化，在促进机会平等的同时增进社会福利，这恰恰是本书的重要主题之一。在城市经济学领域，城市规模及其分布是关注的焦点之一，而劳动力迁移直接改变的即为城市体系。因此，本书从城市规模角度分析了劳动力如何在空间上进行“理性”选择，有利于增进社会福利。基于多项中国微观入户调查数据和人口普查数据等数据库，分析发现城市规模对机会不平等、收入、幸福感和综合福利指数都存在显著的影响，但是其影响存在明显差异。

不平等问题可以从两个不同角度考察，即结果不平等与机会不平等。与以往区域经济学和城市经济学领域研究更多地关注结果不平等不同，本书正是从机会平等这一视角出发展开研究，具有一定的新颖性。作者研究发现，人们在地理空间上“自由”流动的初衷是为了打破机会不平等的格局，寻找个人更好的发展机会，以增进福利水平，体现了研究视角的创新性。然而，结果不平等与机会不平等存在相互影响，劳动者通过迁移可以寻找更好的发展机会，获取更高的工资，但是这种地理空间的选择，又会形成新的不平等，即不平等实现再生产，“了不起的盖茨比曲线”正是对这一现象的经典阐释。这成为此研究主题后续研究中有待进一步深入探索的重要方向，期待作者将来能在这一领域作出更多有意义的研究。

洪俊杰
对外经济贸易大学
2022 年 4 月 8 日

目 录

图表目录

前　言

人类生活在一个不平等的世界。从收入不平等到财富不平等，再到教育不平等、健康不平等和福利不平等，不平等渗透到诸多“隐秘的角落”，伴随着人类从出生到成长直至死亡。那么，不平等究竟如何起源，又将走向何方？各时代的学者都对此进行了深入的思考。研究发现，直到旧石器时代，社会和经济不平等依然是零星和短暂的，而且无论社会分层和不平等程度得到怎样的发展，都在距今大约12800—11700年前被称为“新仙女木事件”的寒冷期逐渐消失，直到末次冰期结束，气候条件进入一个难得的稳定期之后，不平等才开始出现，并导致“不平等的大分化”（沃尔特·沙伊德尔，2019）。这给我们思考长期不平等提供了一个宏大的视角，但是我们这个时代的不平等仍有很多问题有待进一步解答。

面对机会不平等和劳动力流动的宏观背景，有必要从经济学角度对这一趋势下的相关问题在微观层面进行研究。本书基于中国机会不平等日益备受瞩目的背景，分析劳动者的空间选择行为将对机会不平等程度带来何种影响？劳动者通过地理空间的变动冲击机会不平等的同时，劳动者（迁移者和原居民）的福利又将出现怎样的变化？通过对这些问题的研究，有利于分析在新型城镇化道路的推进过程中，劳动者如何更加合理地选择地理空间，以实现个人福利和集体福利的改进。同时有助于政府部门把握如何准确地用“有形之手”，对机会不平等、劳动力空间选择进行宏观调控和引导,进而为实现新型城镇化提供决策参考。

那么,该如何权衡劳动力空间选择的正面和负面效应?这需要我们清楚地认识劳动力流动带来的一系列经济社会问题,从中寻找增进社会福利的有效路径。因此,本书将系统地回答以下问题:

机会不平等与迁移之间是何种关系?

迁移是否增进居民收入、幸福感和综合福利?

劳动者的空间选择行为是否符合客观理性?

如何重构城市体系以促进机会平等并提升社会福利?

本书发现,劳动者的空间选择行为降低了机会不平等程度,但也重塑了新的空间不平等。迁移者实现收入增长的同时,以幸福感降低和综合福利水平下降为代价,表现为“高收入”与“幸福感流失”“低福利”并存。而且,流动人口具有明显的大城市偏好,大城市却对劳动力进行“选择”,进而劳动力空间选择行为呈现出客观“非理性”现象,大量流动人口并非选择迁往机会更加平等、有利于提升幸福感和综合福利水平的城市。因此,合理重构城市体系,构造迁移者在地理空间上合理选择的环境,是公共政策需要努力的重要方向。

本书的贡献主要体现在以下几个方面:第一,基于人口普查数据,运用空间统计方法分析中国劳动力流动的空间态势及其变化,讨论劳动力流动的空间自相关性和空间异质性,并对劳动力流动的偏好进行简要分析。第二,运用计量经济学方法,基于微观调查数据分析机会不平等的影响因素,同时论证迁移对机会平等程度的影响。第三,从福利(收入、幸福感、福利指数)角度,基于微观调查数据研究迁移的福利效应。第四,在研究劳动力流动与收入增长时,从人力资本外部性角度出发,在中观层面验证中国移民收入增长的主要源泉。第五,基于迁移的正面效应和负面效应,从机会平等、收入、幸福感和福利角度出发,研究移民空间优化和城市体系重构问题。

本书的研究框架,如图1所示。第一,通过文献梳理以及人口普查数据,考察中国劳动力流动及其政策制度的动态变化。第二,借鉴现有关于机会不平等的测量指标,运用主观测量法和客观测量法从不同角度考察中国的机会不平等程度,并分析各种机会不平等程度的影响因素。第三,充分考虑样本异质性问题,分析迁移对机会不平等的影响。第四,从收入、幸福感、福利指数三个层面,研究迁移对居民福利的影响。其中,福利指数基于阿马蒂亚·森的可行能力思想,运用模糊函数评价方法进行测度。第五,通过对劳动力空间选择行为进行判断,研究劳动者在地理空间选择上如何进一步优化,以形成更加合理的城市体系,促进机会平等和增进居民福利。

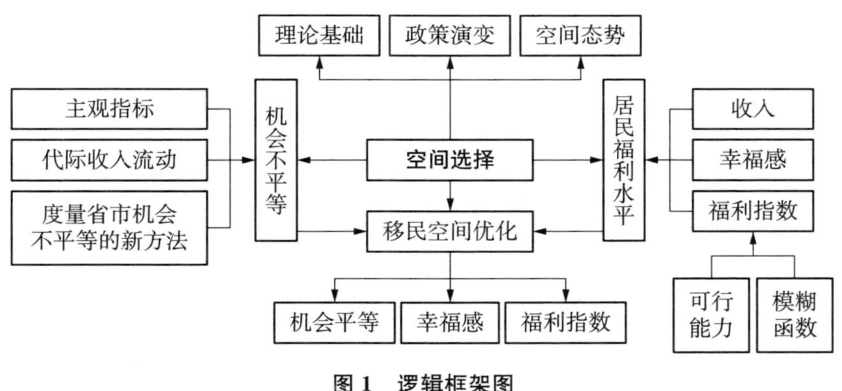

图1　逻辑框架图

本书具体研究内容和结构安排如下:

第一章,绪论。阐述本书的由来、背景及意义;介绍本书所采用的主要研究方法和数据来源;同时梳理全书的研究思路和主要研究内容,最后就本书的主要创新点和不足之处作出总结。

第二章,核心概念与理论演进。总结核心概念——机会不平等、福利、空间选择与非理性的演变历程，并根据现有学说界定本研究中该概念的内涵。同时，整理与本研究相关的文献，讨论相关领域的研究进展，并对已有研究中存在的不足作简要述评。

第三章，劳动力迁移政策与态势变迁。首先，总结现有劳动力流动研究中的相关理论，为本研究提供基础性指导。其次，归纳中国劳动力流动相关政策的演变，特别是户籍制度的制定与改革进展。再次，通过空间统计分析方法，运用中国相应年份的人口普查数据，考察常住人口、流动人口的空间分布及其集聚形态演变。

第四章，迁移与机会平等。通过三类机会不平等测度指标，测度中国不同年份的机会不平等程度，以及不同省市的机会不平等程度，并运用回归分析，考察哪些因素对机会不平等程度存在显著影响。同时，估计劳动力流动对不同类型机会不平等的影响。

第五章，迁移与居民福利。从福利的三类指标——收入、幸福感和福利指数出发，研究劳动力流动对迁移者和未迁移者收入、幸福感和福利指数的影响。

第六章，空间选择：理性与非理性。从城市规模与机会平等、收入溢价、幸福感、福利指数四个角度出发，研究劳动力流动的空间选择的理性与非理性问题。

第七章，理性重构与空间优化。从城市发展与城市体系角度，结合前文研究结论，从微观个体角度讨论城市体系重构的方向，并提出与此相关的政策启示。

当然，本书存在明显的局限性。第一，运用代际收入流动衡量机会不平等时，由于数据的局限性，未能采用长期面板数据进行分析，所估计的代际收入弹性可能存在偏误。后续研究可以尝试搜集长期面板数据，对代际收入弹性进行更为深入的分析。第二，福利效应问题涉及很多方面，虽然本书从收入、幸福感、福利指数三个方面进行了讨论,但是由于调查数据的局限,仍难以非常全面地分析迁移带来的福利影响,而且未能较好地运用理论模型模拟人口流动带来的福利效应。第三,在分析移民空间优化时,采用的是相关关系分析和模拟分析方法,分析指标有限导致模拟结果具有片面性。因此,需要在后续研究中加强理论分析,运用更多的实证数据进行论证。

第一章 绪论

在漫漫历史长河中，虽然时光穿梭成为人类的美好想象，但至今人类仍无法挽回流逝的时间。当然，这并不妨碍人类不断地尝试改变未能“流动”的空间，从人类走出非洲到发现新大陆，再到交通科学技术带来的时空压缩，人类关于时间与空间的思考与探索从未停止。当前，因为不平等的长期存在，一部分人坚守在自己的固有空间上，另一部分则通过迁徙以时间换取新的发展空间，进而寻求更加均等的发展机会，以增进个人福利，而我们的星球周而复始地在时间的流逝中，不断地通过“折叠”和“翻转”重塑新的空间不平等，却不知时间的尽头是否有平坦的世界。

第一节 不平等的世界

“世界不是平的。”2017 年，一项研究发现世界最大的 681 个都市区拥有 24%的世界人口和 60%的全球产出，其中美国 20 个都市区总人口占 30%，却生产美国 50%的 GDP，巴黎以法国 2%的土地面积拥有 19%的人口和 30%以上的 GDP(Florida，2017)。诸多学术研究也发现，地理空间因素在很大程度上影响着世界的发展。亨德森等(Henderson et al.，2018)使用夜间灯光数据近似反映经济活动，发现国家间夜间灯光差异的 35%与地理因素有关。艾伦和阿科拉基斯(Allen and Arkolakis，2014)则发现 2000 年美国 20%的收入差距可以被地理因素解释。博斯克特和奥弗曼(Bosquet and Overman，2019)基于英国微观个体的研究表明，出生地和所在地城市规模对工资都存在正向影响，出生地城市规模的工资弹性为 4.2%，所在地城市规模的工资弹性为 6.8%，进而为理解人类为何不断集聚，提供了一个新的视角。我们的星球上，总有一些地方“气候宜人”——风景这边独好，拥有更好的发展机会，也就导致了迁徙与竞争。事实上，即使全球人口超过70亿的今天，全球人均陆地面积仍在200平方米左右，如果愿意总能找到无需参与激烈竞争的立足之地。然而，从远古时期开始，人类总是倾向于群居，并且不断迁徙，集聚在某些特定的地区，不断推高城市核心地区的土地价格和住房价格，塑造并维持着一个不平等的世界，使城市几乎成为不平等的象征。

全球收入不平等长期维持在较高水平，近些年来甚至有攀升的趋势，尤其是考察不同收入分位点收入增长趋势时这一趋势更加明显。1980年以来，世界收入分布顶端1%群体的收入增长是底部50%群体收入增长的2倍以上，而位于收入分布50%至1%的群体收入增长非常缓慢甚至接近于0(图1－1)。对于收入分布位于99分位点至99.1分位点(世界上最富有的1%人口中最贫穷的

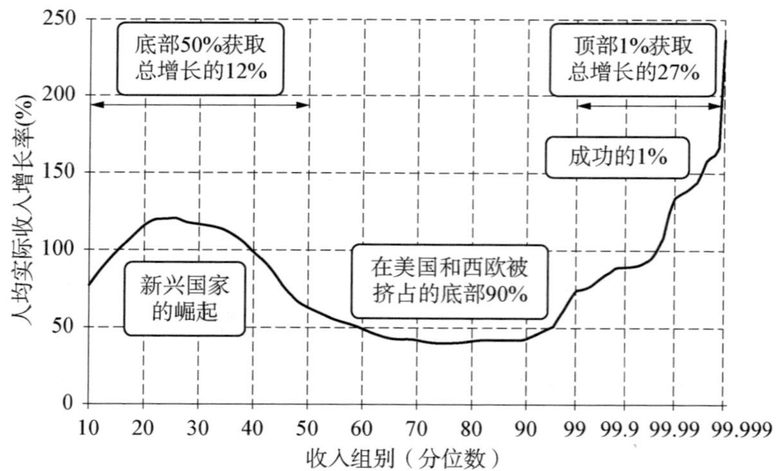

图1－1　大象曲线：全球不平等与收入增长(1980—2016)

注：在横轴上，世界人口被划分为100个人口规模相等的群体，并根据每个群体的收入水平从左到右按升序排列。排名前1%的群体被分为十个群体，其中最富有的群体也被分为十个群体，排名最靠前的群体再次被分为十个人口规模相等的群体。纵轴显示了1980年至2016年间各组人均总收入增长。收入估计考虑了国家间的生活成本差异。

资料来源：阿尔瓦雷多等(Alvaredo et al.，2018)。

10%),1980—2016 年间的收入增长率为 74%,而前 1%占同期总增长的 27%。

不平等遍布全球,但是在不同国家还是呈现出一定的差异。2018 年的《世界不平等报告》指出,很多国家位于收入分布顶端群体的收入增长都更快。1980—2016 年间,中国收入分布底部 50%群体收入增长 417%(表 1-1),而顶部 0.001%群体的收入增长超过 3 750%;俄罗斯顶部 0.001%群体的收入增长高达 25 269%,总体收入增长率则仅为 34%,底部 50%收入群体的收入不增反降。世界收入平均增长率则只有 60%,处于相对较低的水平。相对而言,欧洲不同收入分位点全体收入增长率差异相对较小,但是总体收入增长率也较低,仅为 40%。

表 1-1　世界收入增长与不平等(1980—2016)

收入组别	人均累计实际增长总量					
	中国	欧洲	印度	俄罗斯	美国-加拿大	世界
全部	831%	40%	223%	34%	63%	60%
底部 50%	417%	26%	107%	−26%	5%	94%
中间 40%	785%	34%	112%	5%	44%	43%
顶部 10%	1 316%	58%	469%	190%	123%	70%
顶部 1%	1 920%	72%	857%	686%	206%	101%
顶部 0.1%	2 421%	76%	1 295%	2 562%	320%	133%
顶部 0.01%	3 112%	87%	2 078%	8 239%	452%	185%
顶部 0.001%	3 752%	120%	3 083%	25 269%	629%	235%

资料来源:阿尔瓦雷多等(Alvaredo et al., 2018)。

作为典型的发展中国家,中国收入不平等程度虽然自 2008 年以来总体上呈现下降趋势,但长期维持在较高水平,收入基尼系数维持在 0.46 以上(图 1-2)。如果考察中国财富不平等程度,则财富不平等程度远高于收入不平等程度,因而近年来共同富裕问题备受关注。其实,在 20 世纪 90 年代中期,中国居民的财产不平等程度低于收入不平等程度,但是到 21 世纪初期,财产分布的不平等程度已明显超过收入不平等程度(李实,2007),而且与收入不平等相比，财富不平等程度是没有极限的（基思·佩恩，2019）。2012 年中国居民财产差距基尼系数已达到很高的 0.73 左右，成为世界上财富分配高度不均等的国家之一，房产是中国家庭财产的主要组成部分（李实和万海远，2015）。因此，中国不平等问题成为当前社会各界关注的焦点之一。

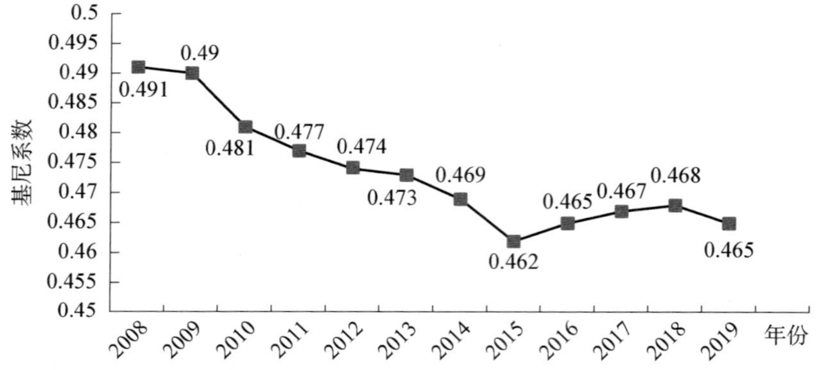

图 1 - 2　中国收入不平等的变化趋势

数据来源：世界银行数据库。

更为重要的是，与收入和财富不平等相比，人们面临的种种机会不平等所产生的影响日益深远。机会不平等现象在世界范围内广泛存在，在国与国之间、省市之间、城乡之间，乃至微观家庭之间，都呈现出机会不平等的迹象（表 1 - 2）。早在 2006 年，世界银行《人类发展报告》以"平等与发展"为主题，探讨了机会不平等对经济社会的影响，以及如何通过公共政策实现政治和经济竞争环境的公平化（The World Bank，2005）。当前，如何促进机会平等，已经成为世界范围内密切关注的命题。

表 1 - 2　中国代际收入弹性的不同估计

文献	年份	地区	代际收入弹性	数据来源
Fan et al.(2021)	2010—2016	城镇 农村	0.1840～0.2880 0.3420～0.3910	CFPS

续表

文献	年份	地区	代际收入弹性	数据来源
王伟同等(2019)	2014	全样本	0.2649~0.3503	CLDS 和 CSMAR
阳义南(2018)	2008—2012	全样本	0.0770~0.1180	CGSS
刘怡等(2017)	2014	全样本	0.4240	CFPS
		城镇	0.3940	
		农村	0.3720	
Fan(2016)	1995—2002	城镇	0.5010~0.5340	CHIP
陈琳(2015)	1995—2002	城镇	0.3490~0.8430	CHIP
阳义南和连玉君(2015)	2008—2012	全样本	0.0170~0.3880	CGSS 和 CLDS
徐晓红(2015)	2002—2012	城镇	0.3272~0.4720	CHIP 和 CFPS
		农村	0.2569~0.4348	
邸玉娜(2014)	2011—2012	全样本	0.1218	CHARLS
Deng et al.(2013)	1995—2002	城镇	0.47~0.53	CHIP
周兴和张鹏(2013)	1991—2011	全样本	0.3580~0.3930	CHNS
何石军和黄桂田(2013)	2000—2009	全样本	0.3500~0.6600	CHNS
陈琳和袁志刚(2012)	1988—2005	城镇	0.3000~0.5100	CHIP 和 CGSS
		农村	0.2200~0.4200	
Gong et al.(2012)	2004	城镇	0.1740~0.9730	UHEES 和 UHIES
孙三百等(2012)	2006	全样本	0.5200~0.6700	CGSS
韩军辉和龙志和(2011)	1989—2006	农村	0.2940~0.3500	CHNS
王海港(2005)	1988	城镇	0.3449~0.3940	CHIP
	1995	城镇	0.3524~0.4841	

注:CHIP 为中国家庭收入调查、CFPS 为中国家庭追踪调查、CLDS 为中国劳动力动态调查、CSMAR 为国泰安数据库、CHARLS 为中国健康与养老追踪调查、CGSS 为中国综合社会调查、CHNS 为中国健康与营养调查、UHEES 为国家统计局城镇住户教育就业调查、UHIES 为国家统计局城镇住户收支调查。

资料来源:曹晖和罗楚亮(2021)。

皮凯蒂在《21 世纪资本论》中通过分化的力量(r>g),从逻辑上推出财富的增长速度快于产出和收入,相对于劳动一生积累的财富,继承财富在财富总量中将不可避免地占据绝对主导地位。当前,中国已经步入中等收入国家行列,社会结构的固化、社会流动性低是最可怕的(蔡洪滨,2011),基尼系数高不影响社会稳定，机会不平等才影响社会稳定（甘犁，2013）①。

具体到中国内部，长期以来中国各地区“第一自然”（如自然资源和地理区位等）的差异十分明显，以及由此而产生的“第二自然”（如对外开放程度和产业集聚程度等）不尽相同，从而区域经济呈现尤为明显的空间分化态势。这使得不同地区如沿海和内地、城市和乡村居民的发展机会出现差异，具体表现为教育、医疗等公共品供给和就业机会差别等。与此同时，伴随着改革开放的浪潮，同一地区居民间的收入差异程度也居高不下，社会分层日益明显，从而不同的家庭背景同样使个人发展面临不平等的机会。这些引起机会不平等的因素长期存在，迫切需要一种社会结构的变动，冲击这一机会不平等的体系。而当前中国快速推进的城市化进程带来的劳动力流动（城乡间流动与城市间流动），对机会不平等而言恰是一个强有力的外部冲击。劳动力流动是劳动者改善自身收入、就业、教育医疗条件和其他生存环境，进而获取公平机会的重要途径。

第二节　可流动的空间

1800 年，全球仅有 2%的人口居住在城市，到了 1950 年，这个数字迅速攀升到了 29%，2008 年世界城市化率首次超过 50%。21 世纪的前 20 年已然过去，世界城市化进程仍在快速推进，对比全球各国（地区）60 年城市化率的变化（图 1－3），发现仅 12 个国家的城市化率略有下降，242 个国家（地区）的城市化率在上升，其中 81 个国家（地区）城市化率的增长幅度在 30%以上。按照各国家（地区）收入水平差异进行划分，发现城市化率越高则收入水平越高，2019 年低收入国家城市化率与高收入国家城市化率相差 48%左右。中国（未含港澳台地区）城市化率 60 年间增长了 44.11%，位居城市化率增幅的第一集团，远高于

① 甘犁.中国住房拥有率真的非常高.http://money.163.com/13/0515/14/8UU3V6U500254TV5.html，2013 年 5 月 15 日.

世界平均水平。同时,2019 年中国城市化率也超过世界平均水平,但是仍低于中高等收入国家、高收入国家的城市化率,离英美等发达国家的城市化率还有较大差距。

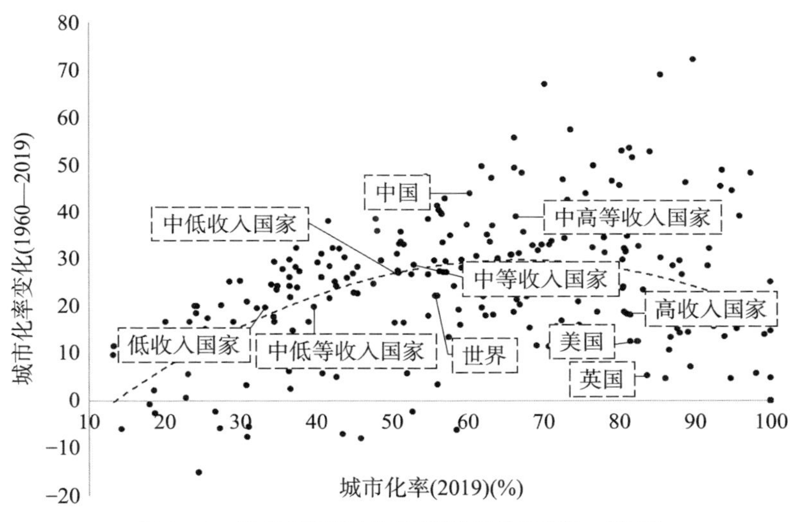

图 1－3　世界各国家(地区)城市化率(1960—2019)

数据来源:世界银行数据库。

即便目前中国城市化率已经超过 60%(图 1－4),但城市化的进程远未结束,大量的劳动力流动在以后相当长的一段时期内,都将持续存在。2020 年第七次人口普查数据显示,全国人户分离人口 49 276 万,占总人口的四分之一,与 2010 年第六次全国人口普查相比增长 88.52%。中国社会科学院的《社会蓝皮书:2015 年中国社会形势分析与预测》指出,就业、社会福利成为农民工最主要的政策诉求。流动人口如何切实通过迁移实现福利增进,成为中国下一阶段新型城镇化进程中需要重视的问题。根据麦肯锡公司 2008 年发布的报告,中国的城市人口到 2030 年将突破 10 亿,届时城市新增人口中必将有大量的流动人口。显然,城市化进程中的乡—城移民(从农村迁往城市),并非劳动力空间流动的全部,城市居民在城市间的流动(城—城移民)同样不容忽视。事实上,地区内部和地区之间的不平等，会引致大量的人口流动。如研究发现，在所有欧盟成员国群体中，收入不平等对人口迁入的影响比对迁出的影响更大，收入不平等只在中等收入不平等水平的州导致人口迁出(Laskien et al.，2020)。阮(Nguyen，2020)指出，负面的收入冲击鼓励了移民，由于人均收入下降，越南农村人口迁移的可能性增加了 0.06。那么，中国地区不平等与人口流动的关系又如何？

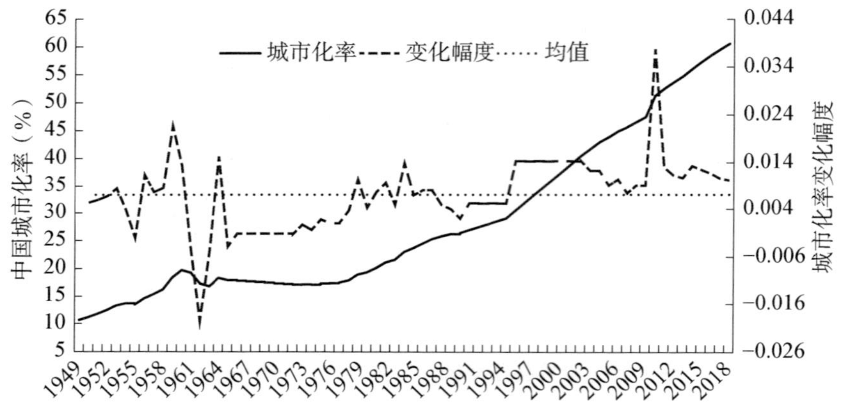

图 1－4　中国城市化率及其变化趋势(1949—2019)

数据来源：中国统计年鉴。

随着中国经济发展水平的日益提高，居民收入差距问题成为更加突出的问题，而这与机会不平等密切相关。陈斌开等(2013)指出："发达国家(如美国、英国和德国)在 20 世纪 60 年代以前，经济发展与收入分配之间的'倒 U 型'关系基本是成立的，也得到绝大多数的实证数据支持。然而，这种关系在 20 世纪 60 年代以后就不复存在。"而收入分配差距的一个重要来源，在于劳动者面临的机会不平等。如陈钊等(2009)指出，除了教育、工龄、年龄、性别这些可能表征劳动生产率的特征外，社会关系网络、父亲的教育和政治身份以及城镇户籍也是有利于劳动者进入高收入行业的因素。蔡洪滨(2011)认为："避免中等收入陷阱最核心的因素是社会流动性，收入分配、教育不平等、健康不平等，这些都是动态概念，并不是最可怕的，而社会结构的固化、社会流动性低才是最可怕的。”而且，机会不平等往往会对劳动者产生较大的影响。如陈叶烽等(2011)通过实验研究发现，分配动机的公平比分配结果的公平更会影响人们的决策行为，其暗含的政策含义是分配过程的公平比分配结果的公平更为重要。中国城市化进程中大量的流动人口跨地域迁移，在很大程度上就是一种对机会公平的追求，如寻找更好的就业机会等。曹晖和罗楚亮(2021)研究发现，劳动力为了机会公平而流动，即劳动力流入代际收入弹性越高的城市的可能性越小，代际收入弹性对于人口流入的阻碍作用，突出体现在落户门槛高的城市和受教育水平较高的个体。事实上，劳动力流动确实可以带来长期收益。美国住房和城市发展部在 20 世纪 90 年代中期发起了“搬向机遇”(Moving to Opportunity, MTO)试验，随机选取住在高贫困率区的一些家庭，补贴给他们一些住房券以搬到低贫困率的社区，而切蒂等(Chetty et al., 2016)基于这一项目研究发现 13 岁之前搬到贫困程度较低的社区会提高大学入学率和收入，并降低单亲率；13 岁以后搬家则有轻微的负面影响，表明童年时期生长在更好环境中的时间是决定孩子长期结果的一个重要因素。此外，美国大迁徙(1940—1970)导致儿童环境的总体变化，解释了黑人和白人男性之间向上流动差距的 43% (Derenoncourt, 2019)。可见，迁移与机会平等之间存在一定关联。

总体而言，劳动力的迁移具有双重特点：一是在地理空间转换上的表现，对迁移者而言属于一种自然属性的改变，可称之为空间流动；二是伴随空间流动而来的收入、职业的变动等，对迁移者而言属于一种经济、社会属性的改变，可称之为社会流动。对于第二种属性的流动，本书集中从经济学角度关注福利(收入、幸福感和福利指数)的流动问题。空间流动与福利流动紧密相连、互相促进。空间流动可能带来福利流动的机会，而福利流动促使空间流动成为可能。如劳动者可以通过空间流动，获取更好的职业，位于更具潜力的市场之中，从而获取更高的收入，同时劳动者收入的提升，可能促使其在空间上流动，选择更好的工作和居住区位等。此外，劳动力流动可以促进城市集聚经济的产生，降低就业的空间错配从而优化劳动力资源配置。更为重要的是,劳动力流动带来社会收入分配格局的改变,有利于化解分配不公带来的社会矛盾,而且这对整个社会而言可以实现整体福利水平的帕累托改进。

然而,在观察到大量劳动力流动增进社会福利的同时,更需要清晰地认识到,中国仍存在大量有迁移意愿却未能迁移的劳动者。如 2018 年农村地区总留守儿童 697 万人,而根据全国妇联的数据统计,2008 年全国留守儿童约有 5 800 万,这部分群体的状况理应被重视。这警示我们反思劳动力自由迁移所存在的障碍及其弊端。当前,中国大量流动人口通过迁移寻求机会公平的成本仍然较高。即使劳动力自由迁移在形式上没有受到明显的限制,一些隐性或间接的阻碍因素仍然存在,如户籍制度及其带来的社会保障问题、就业歧视和公共服务享受权利等。造成劳动力不能自由迁移的一个很重要原因,在于经济发展空间不协调和城市体系的不合理。城市公共服务(教育资源)的供给与需求,是影响劳动力自由迁移的重要因素。

在未流动人群中,放弃迁移和不必迁移者一样,可能形成一个这样的社会群体:他们被动或主动地固守在从父辈那里传承下来的社会、经济和地理空间中,极可能表现为很低的代际社会流动性,其反映的就是一种机会不平等。现实中,人们拼尽全力才能与之抗争,如云南丽江华坪女子高级中学校长张桂梅用生命教书育人,让大山里的女孩有了改变命运的机会,并且定了个不成文的规矩:毕业以后不准回来。人们与之抗争的低代际社会流动,表现在代际收入上,即父辈收入对本人收入的影响力度很强。这一问题虽然重要,但往往隐藏在备受关注的收入分配不平等的背后。人们普遍更加关注直观的个人收入与收入不平等程度。其实,相对于静态的收入差距问题,代际收入流动改变的是更长时期内(如下一代人)收入分配状况。同时,这一群体自由流动存在障碍,则必然失去通过迁移实现自身福利(如教育、医疗和就业等)增进的机会。

当然,劳动力流动同样会带来很多负面影响,如城市过度拥挤、公共品供给不足和环境污染日益凸显等一系列问题。虽然李实(1997)的研究表明,农村劳动力流动对城市经济的负面影响是微乎其微的，它所产生的就业替代效应仅为0.1左右，但一些负面因素可能对移民和本地居民的福利（收入、幸福感和福利指数）产生不利影响。即使迁移增加了迁移者的收入，但是迁入地较高的生活成本（高物价和高房价等）可能使这种增长的收入仅停留在“名义上”，而实际收入水平未必有效增长。而且对很多迁移者而言，在名义工资增长的同时未必实现幸福感的提升，特别是当迁移者面临户籍和地域等歧视时，可能面临幸福感的流失。同样，如果考虑更多福利相关的因素，如住房、居住环境和健康等，则迁移者的福利水平也会遭受一些负面影响。因此，劳动力通过迁徙追寻机会平等和高收入的同时，他们的福利水平理应成为公共政策关注的焦点之一。

第三节　不平等再生产

不平等通过其在代际之间的传递，可以实现再生产。低代际流动性是高度不平等的新兴经济体的共同特征（Piraino，2015），各国（地区）都存在明显的代际传递和不平等现象（表1－3）（Bishop et al.，2014）。

表1－3　各国家（地区）代际弹性估计（从低到高排序）

序号	国家（地区）	代际弹性（2009）	基尼系数（1990）（%）
1	拉脱维亚	0.234	22.5
2	德国	0.285	25.6
3	奥地利	0.299	23.6
4	瑞士	0.311	33.8
5	韩国	0.313	33.6
6	克罗地亚	0.327	22.8
7	澳大利亚	0.366	26.6
8	新西兰	0.367	31.8
9	伊克兰	0.368	33.1
10	挪威	0.373	22.2

续表

序号	国家(地区)	代际弹性(2009)	基尼系数(1990)(%)
11	中国	0.376	32.4
12	丹麦	0.389	22.6
13	中国台湾	0.393	31.2
14	匈牙利	0.397	27.3
15	爱沙尼亚	0.400	23.0
16	乌克兰	0.408	23.3
17	法国	0.413	29.0
18	瑞典	0.413	20.9
19	斯洛文尼亚	0.426	23.6
20	西班牙	0.455	33.7
21	日本	0.457	30.4
22	比利时	0.472	27.4
23	阿根廷	0.473	46.6
24	塞浦路斯	0.489	29.0
25	芬兰	0.489	20.9
26	波兰	0.491	26.9
27	英国	0.519	35.4
28	俄罗斯联邦	0.532	23.8
29	委内瑞拉	0.542	43.8
30	意大利	0.544	29.7
31	土耳其	0.576	43.6
32	智利	0.580	55.3
33	捷克	0.585	23.2
34	以色列	0.608	32.9
35	葡萄牙	0.637	32.9
36	保加利亚	0.647	23.4
37	斯洛伐克共和国	0.675	19.5
38	菲律宾	0.677	40.6
39	南非	0.716	63.0

资料来源：毕晓普等(Bishop et al., 2014)。

依据毕晓普等(Bishop et al., 2014)的研究，拉脱维亚、德国和奥地利的代际弹性相对较低，以色列、葡萄牙、保加利亚、斯洛伐克共和国、菲律宾和南非的代际弹性相对较高，其中南非收入不平等程度与代际弹性均处于样本国家（地区）中的最高行列。南美国家如智利和阿根廷代际弹性较高，同时基尼系数也超过 0.45（45%），即代际弹性与收入不平等均位于较高水平。与之相应的是斯洛伐克共和国、保加利亚、捷克和俄罗斯联邦的基尼系数处于较高水平，但是代际弹性相对较低。

收入不平等与代际流动性高度相关——“了不起的盖茨比曲线”（图 1－5）。迈尔斯·乔拉克（Miles Corak）首度发现社会流动与收入分配之间的关系，进而引起学术界的高度关注。随后的研究中，克鲁格（Krueger，2012）第一次使用“了不起的盖茨比曲线”来描述不平等与代际流动之间的关系。然而，跨国“了不起的盖茨比曲线”解释起来存在困难，因为很多维度的因素产生国家间的异质性，一些研究尝试从社会经济隔离、教育传递两类途径阐述了“了不起的盖茨比曲线”产生的机制（Durlauf and Seshadri，2018）。当前“了不起的盖茨比曲线”相关研究，逐渐从跨国研究转向国家内部研究，并且尝试对其存在的原因进行解释。事实上，以代际流动衡量的中国机会不平等程度可能处于相对较高的国家（地区）行列，而且各类研究发现代际收入弹性大致在 0.3～0.9 之间，中国社会的阶梯变得越来越长（熊易寒，2020）。因此，中国代际流动对不平等的影

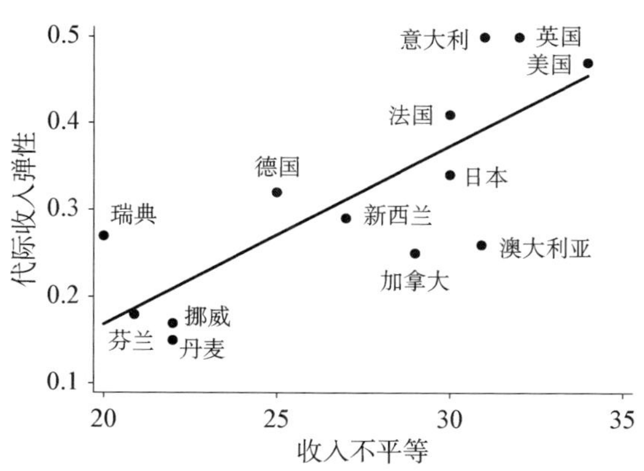

图 1－5　世界盖茨比曲线

资料来源：乔拉克（Corak，2013）。

响成为当前研究的热点。基于中国省份层面的研究发现，中国地区收入不平等与代际收入弹性正相关(Fan et al.，2021)，参见图 1－6。

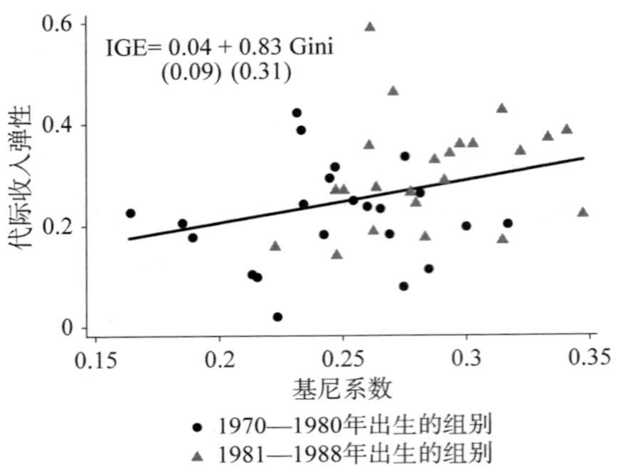

图 1－6 中国盖茨比曲线

资料来源：范等(Fan et al.，2021)。

不平等的再生产不仅体现在代际之间，在地理空间上同样有所体现。人口流动更多地带来经济活动的集聚和经济发展水平的分化，塑造新的空间不平等。在具体空间单元内部，本地人口与外来人口之间的发展机遇并不相同，而且即使同为流动人口，高技能和低技能流动人口的境遇差异同样备受瞩目。异质主体的集聚理论认为，城市对劳动力和企业有选择和类分效应。一些超大城市为控制人口规模进行人口疏解的同时，另一些大城市正在同时进行着"抢人大战"，二者背后对高技能和低技能人口的影响大相径庭。这种差异同样塑造着新的空间不平等。一些"城市的胜利"①之门，正在悄然关上。城市劳动主体

① 格莱泽(Glaeser，2011)在《城市的胜利》一书中指出，由于城市间公共服务提供的不均等，当某个城市通过完善公立学校或公共交通的方式改善现有贫困人口的生活状况，这种提高贫困人口生活水平的前景吸引更多的贫困人口迁入，进而形成"贫困悖论"——试图降低城市贫困水平的努力都有可能会弄巧成拙。不能单纯地仅从城市的居民的收入水平高低来衡量一个城市是否成功，城市的真正意义在于低收入群体在城市获得自我提升的机会。

的能力差异随城市规模递增，或者如果大城市吸引了更高比例的熟练工人，那么不平等必然存在。格莱泽等(Glaeser et al.，2009)的研究发现，美国大都市区的技能分布差异可以解释 1/3 的基尼系数变化。因此，为“机会”而流动的异质主体，其迁移的同时也在重塑新的不平等(图 1－7)，图中散点图的拟合曲线表明移民占比越高则收入不平等程度越高。基于中国的研究发现，仅移民的比例就占了中国城市规模不平等溢价的 40%以上，这主要是因为移民通过改变这些地方工人的技能组成，给大城市带来了更高的技能溢价(Chen et al.，2018)。乌普雷蒂(Uprety，2020)利用 1980—2010 年由 110 个发展中国家组成的小组，运用不同的计量经济学规范和子样本得出了可靠的结果，即高技能移民在短期内增加了收入不平等现象，而低技能移民似乎对不平等现象没有影响。

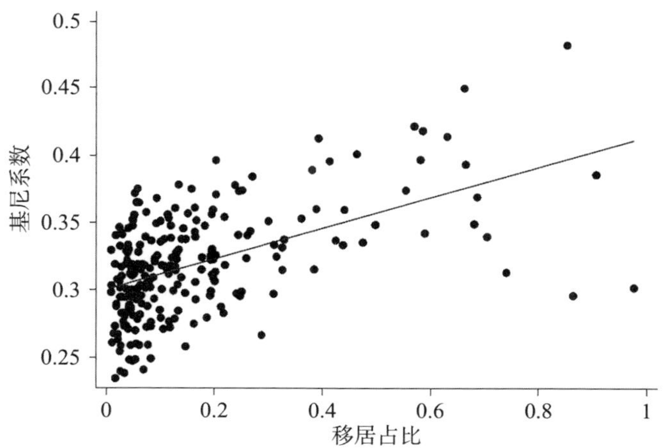

图 1－7　收入不平等与城市移民占比

注：横轴代表流动人口占城市人口的比例，纵轴代表城市内户籍人口和农村流动人口的收入基尼系数。

资料来源：陈斌开等(Chen et al.，2018)。

城镇化是推动经济发展的重要引擎。而城镇化带来的劳动力流动，在世界范围内因社会变迁而广泛地长期存在，如豪泽(Hauser，2012)构建了一个两部门模型，研究了技术冲击对 1976—2008 年美国州与州之间劳动力流动的影响。

现有研究运用2007年的数据，描述了中国地区劳动力流动情况，发现农村地区一半的样本家庭至少有一名成员在所在村以外的地方工作(Démurger，2012)。未来很长一段时间内中国城市化率将进一步提高，如何合理有序地推进城镇化进程成为国民经济发展的重要议题。迁移者能否更好地融入城市，促进城市和谐发展，在这一城市化进程中显得尤为重要。

迁移者(特别是乡—城移民)的福利变化，是他们在城市是否拥有安稳生活的直观表现。福利水平越高则表明他们有可能更好地或者已经很好地融入所在城市，反之则表明他们未能很好地实现真正意义上的城市化，仍然徘徊在城市的边缘，而仅仅是实现人口在空间上的转移。因此，在城市化进程中，分析迁移是否影响或者如何影响迁移者的福利水平，对于如何提高中国城镇化质量，以及探索新型城镇化道路而言具有重要意义。正是收入、幸福感和福利指数之间的关联和差异并存，近年来政府和公众不再简单地考虑收入的增长，而是在幸福感方面表现出更大的关注。尤其值得注意的是城市中流动群体的主观幸福感状态。因为城市化带来大量流动人口，这是中国当前经济发展的典型特征。虽然社会保障水平日益提高，但是城市的流动群体的福利是否增强，难以确定。这些流动人口中很大一部分属于外出务工的农民工，或者蜗居一族。流动群体在城市中，仍然面临诸多不便，这集中反映在城市公共服务(教育和医疗等问题)上。因此，如何提升迁移者的福利水平，需要更多的研究。

第二章 核心概念与理论演进

机会平等与劳动力流动是经济学、社会学和政治学等学科共同关注的研究主题，浩如烟海的经典文献为本书提供了十分重要的参考。本章将在梳理现有理论和学术研究的基础上，界定本书关注的相关核心概念，并对现有研究进行简要评述。

第一节 核心概念

一、机会平等

根据现代汉语词典的定义，“平等”指人们在社会、政治、经济和法律等方面享有相等待遇（中国社会科学院语言研究所词典编辑室，2012）。“不平等”的概念成为众多哲学家、统计学家、政治理论家、社会学家以及经济学家的研究主题（阿马蒂亚·森，2006）。关于机会平等，还有一些论述。如张影强（2010）指出，机会平等最早仅指在法律层面保障就业与教育机会平等。德沃金（Dworkin，1981a，1981b）认为机会平等需补偿一切个人无法改变的，并影响个人收入的因子。潘春阳（2011）认为，机会均等是指社会地位向所有人开放，个人前途依赖于他所具有的才能和努力，而不是运气或家庭背景，并且认为一个公平的竞争环境是实现社会机会均等的必要条件。李强（2012）认为，在处理社会分层和收入差距问题上，我们所追求的社会公正应该是机会公正、程序公正和结果公正三者的有机结合，为全体国民创造越来越多的公正竞争机会、公正的程序条件和公正的分配结果。

《2006 年世界银行发展报告》中明确指出：“机会平等指一个人生活的结

果(outcome,包括很多方面),应该主要反映他本人的努力程度和天赋,而不是他的背景。先天决定的环境——性别、种族、出生地、家庭背景——以及他出生其中的社会集团,不应该成为他在经济、社会和政治方面是否成功的决定因素(The World Bank, 2005)。”张春霖(2006)认为:“教育和医疗卫生服务的均等化程度是影响人们之间机会均等程度的两个主要因素。……机会均等的实质是一个人们普遍接受的公平概念:竞赛应该从同一起跑线开始。……均等的机会使所有人的天赋和潜能都有机会发展成为创造能力,从而可以把一个人口大国转化成为一个人力资源大国;机会的不平等则使人口当中的很大部分失去这样的机会,人口大国最后不得不成为失业和社会救济的大国。”

在本书中,仅关注经济不平等以及与之相关的机会不平等,并且没有严格区分“均等”与“平等”,而是视为等同的概念。关于机会平等的理解,主要借鉴《世界银行发展报告》的界定,即个人福利主要取决于自身努力,而与家庭背景和区域背景关系较小,同时改善自身机会的制度限制较少。

二、福利

在庇古之前,一些经济学家在福利问题上有所涉及。张世晴等(2006)指出:“福利经济学最早起源于英国经济学家和改良主义者霍布森(1858—1940),他在《社会问题》(1901)、《工业制度》(1909)、《现代资本主义的演进》(1894)和《工作与财富》(1914)等著作中对福利问题进行了探讨,但他不曾建立福利经济学自身的体系。霍布森认为资本主义社会存在突出的‘不平等’问题,并认为应当引起人们的足够重视,主张把‘社会福利’作为经济研究的中心问题。”

(一) 福利的效用论

西方“福利经济学之父”庇古(1877—1959),在对马歇尔经济学发展的基础上创立了福利经济学,其著作《福利经济学》开创了西方福利经济学的完整体系。关于庇古的福利思想,马涛(2002)指出:“庇古把‘福利’分为两类:一是广义的福利,即‘社会福利’;另一是狭义的福利,即‘经济福利’。广义的福利包括由于对财物的占有而产生的满足，或由其他原因（如知识、情感和欲望等）而产生的满足，涉及‘自由’‘家庭幸福’‘精神愉快’‘友谊’‘正义’等，但这些是难以计量的。福利经济学所要研究的应是能以货币计量的那部分社会福利，即经济福利，经济福利对社会福利具有决定性的影响。”

庇古以边沁的功利主义哲学及马歇尔等人的一般经济理论为基础，从边际效用价值论角度论述福利的含义（马涛，2002）。庇古的福利经济学在理论上主要有以下四个基本的论点：第一，一国的经济福利可以用国民收入的多少来表示；第二，一国的经济福利是国民中每个人的经济福利的总和，而每个人的经济福利由他所得到的物品的效用构成；第三，社会资源最优配置的条件是边际私人纯产值和边际社会纯产值相等；第四，国家应进行适度的干预（马涛，2002）。庇古认为，一个人所获得的经济福利多少，以及整个社会所提供的经济福利总量，可以采取传统的技术效用论的方法加以计量（张世晴和耿作石，2003）。

经济学家将庇古的福利经济学称为旧福利经济学，而将庇古之后的福利经济学称为新福利经济学。森认为“新福利经济”（1939—1950），着重于以纯粹事实为前提得到正常判断（阿马蒂亚·森，2004）。旧福利经济学运用基数效用论度量福利，而新福利经济学运用序数效用论度量福利。序数效用论认为效用无法精确计量，而只能进行排序。新福利经济学以序数效用论为依据，否定了庇古关于福利衡量的观点，并且把分配问题排除在福利经济学研究范围之外（张世晴和耿作石，2003）。

关于运用功利主义方法度量社会福利，以及分析不平等时存在的问题，阿马蒂亚·森（2004）作出说明：“最常用的方法是功利主义的方法，它是通过计算个体效用来作为社会福利的量值，对几种可能的排序也是基于个体效用值的总和来进行的。……此方法的问题在于：在追求个体效用值之和最大化时根本不关注这个总和在个体之间的分配状况，因而在测量或评价不平等时，该方法就尤其不合适。然而，颇为有趣的是，功利主义方法不仅被广泛应用于分配判断,甚至成为了平等主义的一个标准,这多少有些匪夷所思。”

（二） 福利的幸福（快乐）论

福利的幸福论代表为澳大利亚经济学家黄有光。在黄有光看来,福祉即为快乐。他认为:“welfare economics 向来被译为‘福利经济学’,但是‘福利’比较容易被误认为是指‘福利开支’,或被误认为是只限于有关物质利益的福利。把 welfare 译为‘福祉’,比较会被正确地理解为幸福或快乐。”(黄有光,2005)同时,黄有光(1991)认为:“人民福利,即是全体人民幸福或快乐的总和。在计算这总和中,人人平等。”

（三） 福利的可行能力观

阿马蒂亚·森(2002)认为:“一个人的‘可行能力’(capability)指的是此人有可能实现的、各种可能的功能性活动组合。可行能力因此是一种自由,是实现各种可能的功能性活动组合的实质自由。”为此,森提出五种工具性自由,包括经济机会、政治自由、社会条件、透明性保证以及防护性保障。

森指出,收入和福利之间存在差异,实际收入仅为衡量福利和生活质量的带有局限性的指标(阿马蒂亚·森,2002)。森认为:“一个人的福利可从其生活质量来判断。生命中的活动可以看成一系列相互关联的‘生活内容’(functioning),即‘一个人处于什么样的状态和能够做什么’(beings and doings)的集合。个人福利方面的成就可视为他或她的生活内容向量。……这些生活内容是个体生存状态的构成要素,对个体福利的评估也就成为对这些构成要素的评估。”(阿马蒂亚·森,2006)

经济学家基于不同的理念,对福利存在不同的界定,而对福利的度量,则通过效用、幸福(快乐)和可行能力或者综合评价指标等进行测定。在定量分析时,很多文献用收入和实际收入来衡量居民福利,然而从福利经济学角度来看,收入是衡量福利水平较为直接的指标,但并不是最好、最全面的度量指标。如果说高福利水平(快乐)是人们的最终目标,那么主观幸福感无疑是个人福利水平最直观的反映。而随着学术研究的不断推进,一些新方法(如模糊函数)用于测量福利，以更加全面地度量居民福利水平。基于已有研究，本书将从收入、幸福感和福利指数三个层面界定福利。

三、空间选择

本书中，空间选择指个体在地理空间上，对居住/生活/工作地点的选择，可以通过迁移或者不迁移决策进行选择。[①] 因而，与之密切相关的概念为人口迁移。迁移与流动在研究中通常被认为是两个不同的概念，而这主要是从中国特有的体制渊源和转变特征出发加以区分(蔡昉，1995)。迁移由公安部门严格控制，通过行政和计划部门的批准而实现居住地合法转移的人口，在传统统计口径上被定义为迁移人口，而临时性在区域间、城乡间往返的人口(正常流动人口)或者不通过计划而进入劳动力黑市或灰市的劳动者及其家属(过去称为盲目流动人口)构成统计口径上的流动人口(蔡昉，1995)。随着户籍制度不断改革以及市场化进程的不断推进，虽然一些超大或特大城市存在较高的户籍门槛，但是目前中国劳动力市场上人口迁移的管控方式发生了明显的变化，劳动力可以相对自由地选择就业城市。因此，本书并未区分上述流动人口与迁移人口，而是将居住/生活/工作空间发生转移的人口界定为迁移人口(不包括城市市区内部的迁移)，即空间选择。

同时，依据个体是否获取目前所在地的户籍，划分为获取户籍迁移和未获取户籍迁移，呈现出不同类型的空间选择结果。依据迁移个体空间转化的类型，可以划分为市内迁移和市外迁移。市内迁移是从农村地区迁移到同一城市的城市地区，市外迁移则是从一个城市迁移到另一个城市，即两种类型的空间选择形式。在进行空间选择时，本书分析个人不同类型空间选择的福利效应，并重点考察个体在不同城市的选择是否属于理性选择。

---

① 本书对空间选择的界定与异质主体集聚经济理论中的空间选择(spatial selection)不同。异质主体集聚经济理论的空间选择主要体现为城市对微观个体的选择(淘汰)，而本书中的空间选择指个体对城市的选择。

四、理性与非理性

加里·S.贝克尔(1995)指出:“现在,每个人或多或少地都认为,理性行为就是指效用函数或福利函数等良序函数的一致的极大化。”赫伯特·西蒙(1988)则认为:“一项决策如果真能在指定情况下使一定的价值最大化,则可称之为‘客观’理性的。一项决策所达到的价值最大化,如果是相对于决策者的主观知识而言的,那它就是‘主观’理性的。”

经济学家对理性的认识不断出现变化,并且非理性、有限理性等问题被提出和证实。贝克尔提到了非理性行为,西蒙提出了有限理性理论。赫伯特·西蒙(1989)指出:“贝克尔在一个脚注中写明,他所谓非理性,指‘对效用最大化的任何偏离’。”西蒙认为,由于在收集信息、推断和进行复杂计算这几种能力的限度,以及外部事件的不确定性和信息的不可靠性,人们把握事物的理性只能是有限的,它反映在决策与行为上,表现为自发性与盲目性(汪和建,1988)。此外,卡纳曼等心理学家通过大量的实验发现,人们的决策行为往往会背离传统的理性行为者模型(刘兵军和欧阳令南,2003)。

本书对于理性的理解,与传统经济学的经典定义不完全一样。正如赫伯特·西蒙(1988)所认为:“当一个行为仅仅是因为缺乏准确信息而失误时,我们是否把这个行为说成是‘理性的’?当我们从主观方面检验时,某人若相信一种药能医其疾,他服用该药就是理智的。当我们从客观上进行检验时,则只有该药确有疗效,他的行为才是理智的。……于是,一项决策如果真能在指定情况下使一定的价值最大化,则可称之为‘客观’理性的。一项决策所达到的价值最大化,如果是相对于决策者的主观知识而言的,那它就是‘主观’理性的。”本书在吸取了行为经济学等研究成果的基础上,从收入、幸福感和福利角度在“客观”上对理性行为和非理性行为进行界定,即认为“客观”上提升居民福利的行为属于理性选择行为。

第二节 基础理论

一、机会不平等理论

（一） 早期观点

关于机会不平等，相对早期的观点形成于20世纪80年代，不同领域的学者给出各自不同的答案。米尔顿·弗里德曼与罗斯·弗里德曼(1982)认为："平等越来越被解释为'机会均等'，即每个人应该凭自己的能力追求自己的目标，谁也不应受到专制障碍的阻挠。对于大多数美国公民来说这仍然是平等的主要含义。"同时他认为："实实在在的机会均等——即所谓'同等'——是不可能的。"约翰·罗尔斯(1988)提出正义的两个原则："第一个原则：每个人对与其他人所拥有的最广泛的基本自由体系相容的类似自由体系都应有一种平等的权利。第二个原则：社会的和经济的不平等应这样安排，使它们被合理地期望适合于每一个人的利益；并且依系于地位和职务向所有人开放。"进而，罗尔斯在论及第二个原则时，提出"机会的公平平等"，并且指出："公平机会原则的作用是要保证合作体系作为一种纯粹的程序正义。除非它被满足，分配的正义就无从谈起，即使在一定范围内。"莱斯利·A.雅各布(2013)指出："阿尼森说：'一种机会分配的标准应该容纳这一点，即最终的结果正好决定于由个体负责的个人选择。'与此类似，罗默声称：'社会在机会平等政策下应向其成员提供平等的机遇；但个人对通过努力将这种机遇转变为实际的利益负有责任。'"

（二） 罗默的机会不平等理论

约翰·罗默对机会不平等研究的推动作用，毋庸置疑。罗默和特拉努瓦(Roemer and Trannoy, 2013)指出："福利主义传统的社会选择理论认为，平等主义意味着福利或者效用的均等。然而，这一观点由于其中存在的问题，受到诸多批判；自罗尔斯之后，平等主义理论的发展，以努力用机会均等(equality of opportunities)代替收入均等(equality of outcomes)为特征，而机会均等则通过多种方式进行解读。”同时，机会均等被比喻为公平的竞争环境（leveling the playing field）和平等的起点（starting gate equality）。

（三） 森的机会不平等观

什么是机会平等，为什么要实现机会平等？阿马蒂亚·森（2006）指出：“在当代相互交锋的政治哲学理论中，平等的思想特点尤为明显，这些思想家及其思想包括罗尔斯的对自由权和‘基本善’的平等分配主张，德沃金的‘平等待遇’‘资源平等’主张，托马斯·内格尔的‘经济平等’主张，托马斯·斯坎隆的‘平等权’要求，当然还有其他一些赞成平等观点的学者及其思想。但即使那些被认为是反对平等或‘分配正义’的观点中，也仍有对平等的诉求。比如，诺齐克不主张效用或基本善的平等拥有，但他却坚决主张自由权的平等——即任何人都不应拥有比其他人更多的自由权。布坎南在他关于‘什么是良性运行的社会？’的论述中主张所有人都应受到平等法律待遇和政治待遇。在每一种理论里，在一个判定域内（该判定与在其理论中居中心地位）都能找到平等思想的影子。”

（四） 雅各布机会平等的三个维度论

莱斯利·A.雅各布（2013）认为：“传统的机会平等观点是单维的，关注的是程序公平。20世纪60年代，一大批富有影响的自由主义政治哲学家——最突出的有罗尔斯和布莱恩·巴利——提出了二维的机会平等观点。这种观点不仅强调程序公平，也强调背景公平。”莱斯利·A.雅各布（2013）提出一种新的机会平等理论，认为机会平等应该包括背景公平、程序公平和风险公平三个维度，并在此基础上深入阐述了作为调节理念的机会平等的三维模式。他用拳击比赛为例，论述机会公平的三个维度①。

① 雅各布认为：“这三个维度（程序公平、背景公平和风险公平）可以参照拳击比赛的例子来说明。拳击比赛典型地受特定常见规则的约束，即所谓标准拳击规则，它其中的一些规则反映了程序公平，如不得攻击对手腰部以下部位，不得用头部撞击，终场铃声响后不得挥拳攻击等。同样，公平的比赛并不是从认定的胜者开始，相反，胜出者是根据谁被击倒或谁在比赛中被记最多点数的规则来决定的。在这个意义上，程序公平的因素（转下页）

二、人口迁移理论

（一） 早期人口迁移理论

要素流动思想的源头最早可以追溯到古典经济学家威廉·配第，之后魁奈、亚当·斯密以及大卫·李嘉图均作了精彩的论述（侯方玉，2008）。对此，侯方玉（2008）进行了较好的梳理。威廉·配第在《政治算术》中分析了劳动力与资本流动的成因及其对经济的影响，认为发展经济需要允许劳动力和资本自由流动与迁移。法国经济学家、重农学派的代表人物魁奈认为，工资差异是导致劳动力流动的主要因素，认为除了能够获得更高的工资外，在大城市，人们能够生活得更好也是导致人口流动的一个主要原因。亚当·斯密认为，“通过市场的作用，使劳动力、资本发生流动，表现为劳动力、资本从工资与利润低的行业或地区流向高的行业或地区，最终使劳动力工资、资本利润大致相同”。斯密指出：“无论是资本还是劳动力，都将从农村流向城市。”李嘉图关于劳动、资本流动的观点，可以概括为：第一，从供求的角度来分析劳动力、资本流动；第二，农村劳动力将向城市流动。1885 年，列文斯坦（E. G. Ravenstein，1834—1913）发表《迁移规律》，提出人口迁移八律，大致可归纳为三个方面：第一，人口迁移的机制，有经济律和城乡律；第二，人口迁移的结构，有性别律和年龄律；第三，人口迁移的空间特征，有距离律、递补律、双向律和大城市律（Ravenstein，1885；胡兆量，1994）。瑞文斯汀提出了人口迁移的六个原则：一是有关人口迁移与距离，人们能迁移到他力所能及的地方；二是有关迁移的时间，有短期和长

（接上页）一般为人所熟知。但是拳击比赛也典型地关涉到公平的另一维度。如在奥运会拳击竞赛中，拳击手按照其体重分类，并与同等级别的对手比赛。这种做法根源于这一直觉，即一场在 125 磅轻量级选手与 200 磅重量级选手之间的比赛存在某种根本的不公。假设重量级选手赢得了这场比赛，即使拳击手没有违反诸如终场响铃后不得攻击等规则，其结果仍然会被说成是不公平的。背景公平反映了对拳击手在体重等同等条件下进入比赛的关注。换言之，当所有竞争者处在同一水平线的竞争领域时，就实现了背景公平。公平的第三个维度关心拳击比赛中的奖金或风险是什么。例如，职业拳击的报酬是奖金分配，惯例是胜者拿 75%，败者拿 25%，它突出的合理性就是这样比胜者拿走全部奖金更公平。这里所描述的公平这一维度，我称之为‘风险公平’。”

期之分；三是人口迁移总会遇到不同的阻碍；四是农村人口比城市人口更容易迁移；五是女性人口更倾向于短期迁移，男性人口迁移长、短期兼而有之；六是迁移有利于制造业和商业的发展（盛来运，2005）。胡兆量（1994）指出："自列文斯坦以后，李于1965年提出推力、拉力和中间障碍概念。士林斯基于1971年阐述人口发展与人口迁移模式的历史变化。"

（二）刘易斯模型（二元经济）

阿瑟·刘易斯于1954年提出二元经济模型，指出与发达国家单一的现代经济不同，发展中国家的经济由两个截然不同的部门组成：占主体地位的传统部门与刚刚起步的现代部门。从地域上看，前者位于农村，后者一般位于城市。发展中国家这种传统经济与现代经济的并存，就是二元经济（dual economy）。劳动力在家庭农场中工作，可以视为自我雇佣，他们的收入可以看作生存工资（subsistence wage）W_A，仅能维持生存或稍有富余。大量"零值劳动"的存在，是刘易斯模型的关键假设（图2-1）。边际生产率为零的农业劳动力，被称为剩余劳动力（surplus labor）。

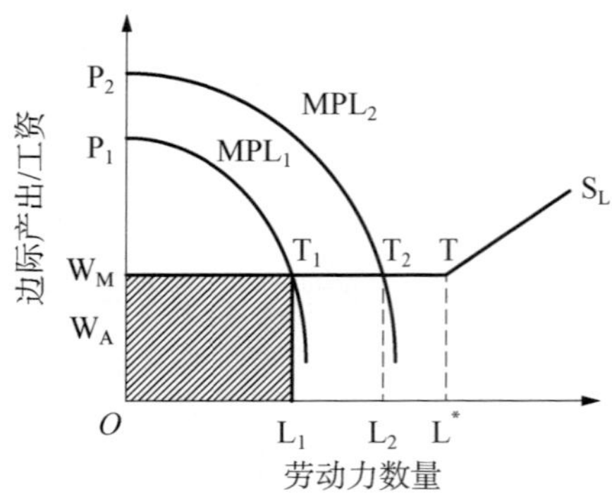

图2-1　刘易斯模型

现代部门的工资水平 $W_M > W_A$，吸引农业劳动力转移到现代部门。L^* 是初始时刻农业部门中"零值劳动"的数量，现代部门就业规模达到 L^* 以前，无需提高工资就能雇到更多的工人，似乎面临“无限”劳动供给。假设 T_1 时现代部门的资本存量为 K_1（固定不变），按照生产要素边际收益率递减规律，劳动的边际产品（MPL）逐渐减少，MPL_1 是 T_1 时现代部门的劳动需求曲线，供求曲线决定此时雇佣工人的数量为 L_1。此时，现代部门的总产出为 $OP_1T_1L_1$，工资成本为 $OW_MT_1L_1$，利润为 $W_MT_1P_1$。假设 T_2 时刻现代部门资本存量增加到 K_2，则劳动需求曲线右移至 MPL_2……当现代部门雇佣的工人数量达到 L^*，农业部门的剩余劳动力全部转移到现代部门。农业劳动边际生产率将提高，带动农业劳动力的收入提高。此后，现代部门要使用更多劳动力，就不得不提高实际工资水平。T 点为经济的转折点，在 T 点右侧，S_L 曲线斜率为正（齐良书，2007）。

（三） 托尼斯-费景汉模型

1961 年，托尼斯和费景汉对刘易斯模型进行了改进。托尼斯-费景汉模型强调，现代部门不仅要靠传统部门提供劳动力，还要靠传统部门提供农产品和储蓄。因此，托尼斯-费景汉模型关注工业和农业的平衡发展。托尼斯-费景汉模型确定了两个转折点（图 2-2）。

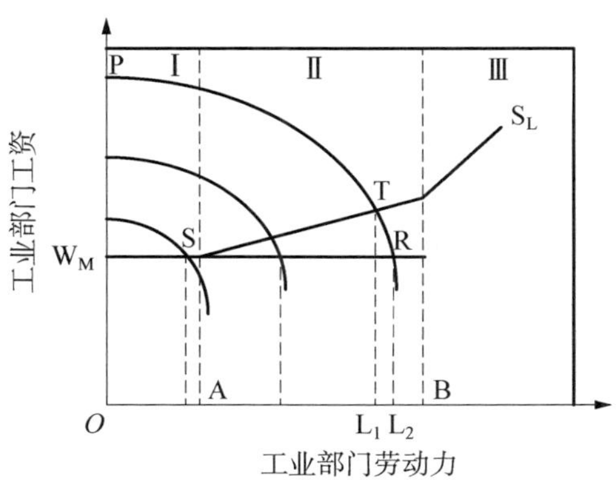

图 2-2 托尼斯-费景汉模型

随着劳动力从农业部门向工业部门转移，农业劳动力的数量逐渐减少，当剩余劳动力转移完毕之前，农业产出不变，并且农业部门的工资水平保持不变；

剩余劳动力转移完毕，到达A点，农业产出开始下降，出现粮食短缺。A点被称为短缺点，又叫“刘易斯拐点”。此时，农业部门中不再有剩余劳动力，但是仍有隐蔽失业。农业劳动力继续向外转移，农业产出随之下降，但是到达B点之前，农业产出下降的速度慢于农业部门总工资下降的速度；到达B点之后，所有隐蔽失业劳动力也转移完毕。B点被称为农业产业化点。此后，农业劳动力的进一步减少将使农业劳动的边际生产率大于原来的平均工资。农业部门的工资水平将和工业部门一样，由劳动的边际生产率决定(齐良书，2007)。

(四) 乔根森模型

美国经济学家乔根森于1961年创立了一个新的二元经济发展模型，此模型不再建立在剩余劳动和不变工资的假定上。当人口增长率达到生理最大量(极限)时，农业产出的增长率有可能快于人口增长率，农业剩余便产生了。农业剩余是乔根森人口流动模型建立的前提。在农业剩余存在的条件下，乔根森又作了一个重要假定，即人均粮食消费始终是不变的。当农业技术进步使更少的劳动力能够生产一个与人口增长相适应的农业总产出时，更多的劳动力将转到非农业部门从事工业品和劳务的生产。因此，在乔根森模型中，农业剩余的规模决定着工业部门扩张和农业劳动力转移的规模。农业剩余在总农业产出中的比例，等于工业部门劳动力在总人口中的比例(郭熙保，1989)。

乔根森模型还表明，只要存在农业剩余，总人口增长将快于农业人口增长，从而工业人口的增长快于总人口的增长。这意味着农业人口流入城市工业部门的速度快于人口的增长速度。但是从长期来看，工业人口增长率将持续下降，并且逐渐接近最大人口增长率。在乔根森模型中，工业部门工资水平取决于工业技术进步率。如果没有技术进步，工资水平就是不变的，这与刘易斯、拉尼斯和费景汉的观点是一致的。但是工业技术进步使工人的实际工资上升，而且农业工资也不是固定的。为了吸引农业劳动者转移到工业部门，工业工资必须高于农业工资。但是他假定这个工资差异在比例上是固定的(郭熙保，1989)。

（五） 托达罗的人口流动模型

刘易斯、托尼斯—费景汉模型无法解释为什么在城市存在失业的情况下，劳动力仍然源源不断地从农村涌向城市。20 世纪 60 年代末、70 年代初，托达罗和哈里斯合作，提出乡—城劳动力迁移模型，较好地解释了这一现象（图 2 - 3）。城市也存在二元结构——城市正规部门和非正规部门，其中正规部门是指正规的、现代化的工商业企业，非正规部门是指无组织、非合法注册的小规模生产和服务活动所构成的部门。劳动力流入应该使正规部门的工资水平降低，直到对农村劳动力失去吸引力。然而，托达罗指出，城市正规部门的工资受到政府工资政策和工会理论的影响，具有向下刚性，长期高于市场均衡水平，进而劳动供给大于劳动需求，形成城市失业。面对城市失业，准备迁移的农村劳动者必须考虑在城市正规部门找到工作的可能性有多大，即他们指望在城市获得的收入不是正规部门的实际工资，而是正规部门工资乘以在正规部门就业的概率，即预期收入（齐良书，2007）。

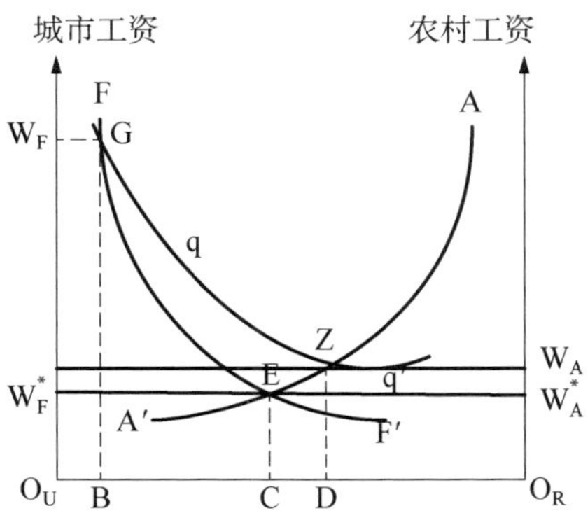

图 2 - 3 托达罗的人口流动模型

横轴表示劳动力总量，纵轴表示工资。农村的坐标原点在右边，AA′是农村的劳动需求曲线；城市的坐标原点在左边，FF′是城市的劳动需求曲线。如果工资能灵活变动，劳动力的均衡配置将是 AA′和 FF′的交点 E，城市的就业量为

O_UC,农村劳动力数量为 CO_R,城市工资水平为 W_F^* 和农村工资水平为 W_A^* 相等,城市非正规部门不存在。然而,实际上城市的工资水平被制度因素固定在高于 W_F^* 的水平 W_F 上,这决定了城市正规部门容纳的劳动力数量不会超过 O_UB,剩下的劳动力如果全部在农村,将使农村和城市出现巨大的工资差距,处于一种非均衡状态。一定会有很多农村劳动力抱着找到正规工作的希望进入城市。如果他们不能进入正规部门,只好进入非正规部门——至少从短期看,乡—城移民决策是不可逆的(齐良书,2007)。

(六) 人力资本迁移模型

明瑟(Mincer, 1974)和贝克尔(1975)把劳动力迁移理论和人力资本理论结合在一起,研究了传统劳动力迁移理论中的迁移者选择问题。在人力资本模型里,城市部门的预期工资被假设是每个移居者个人技能的函数(因为个人技能影响他们在两个部门的生产力)。人力资本劳动力迁移理论提出了一系列可以检验的假设。第一,年轻人因为比年长者可以通过更长时期的迁移而获得收益,因此更愿意迁移。第二,劳动力迁移和距离没有关系,但距离以外的其他考虑对那些受过较好教育、有"移民网络"并且与亲戚朋友有联系的人来说,可能更为重要。第三,那些在A地区比在B地区获得更高收入的特殊人力资本变量必然与从B地区向A地区的劳动力迁移有关。除了这些假设之外,人力资本理论还隐含着城乡收入差异会随着劳动力的迁移而消失(杨文选和张晓艳,2007)。

(七) 新劳动力迁移理论

新劳动力迁移理论的基本观点由斯塔克(Stark, 1991)与斯塔克和布鲁姆(Stark and Bloom, 1985)提出,他们认为,迁移决策不完全由个人决定,更多的是由其家庭决定的,当然也受其周围社会环境的影响(杨文选和张晓艳,2007)。新迁移理论有三个中心概念特别重要:一是"风险转移"。在当地市场条件下,家庭收入是不稳定的,为了规避风险和使收入来源多元化,家庭会决定部分家庭成员外出打工或迁移,以减少对当地传统的或单一的收入来源的依赖。二是

“经济约束”。在当地，许多家庭面临资金约束和制度供给的短缺，如没有农作物保险，没有失业保险，也没有足够的信贷支持，为了突破这些发展的制约因素，家庭决定部分成员外出挣钱，以获得必要的资金和技术。三是“相对剥夺”。新迁移理论质疑传统理论关于绝对收入对迁移的固定影响的假设，认为家庭在作迁移决策时不仅考虑绝对预期收入水平，而且考虑相对于本社区或参照人群的收入水平，以减轻相对剥夺的压力，即使自家的收入水平有很大提高，但只要提高的程度不及参照人群，他仍然有种被相对剥夺的感觉，仍然会决定迁移（盛来运，2005）。

三、异质主体集聚经济理论

近些年，越来越多的研究关注劳动力的异质性问题，《区域与城市经济学手册》第5卷对此进行梳理，并提出异质主体集聚经济理论（克里斯蒂安·贝伦斯和弗雷德里克·罗伯特-尼佑德，2017）。在城市经济学领域，异质主体集聚理论认为一些大城市吸引了大量的人才，而许多小城市却连本地人口都难以留住。城市会在人力资本、所吸引的工人和技能以及企业家和公司的“品质”上存在差异。城市成本并不像城市收益那样随能力变化，只有能力更高的主体才能承担起较高的城市成本。在存在主体差异并且区位选择偏好存在差异的世界里，在所有居住地都拥有相同效用水平将不再成立。

如图2-4所示，t^a 表示异质主体的能力，L 为城市规模，u_c 为个体的效用水平，三类人口规模不同的城市将集聚三类不同技能的主体，进而形成劳动力空间类分的现象，高技能劳动力更多集聚在大规模城市，而低技能劳动力更多集聚在小规模城市。具体而言，低技能劳动力选择小规模城市（图中粗线AB段对应的城市类型：城市1），中等技能劳动力选择中等规模城市（图中粗线BC段对应的城市类型：城市2），高技能劳动力选择人口规模最大的城市（图中粗线CD段对应的城市类型：城市3），而且在大城市的高技能劳动力的效用水平高于其他两类技能水平的劳动力。

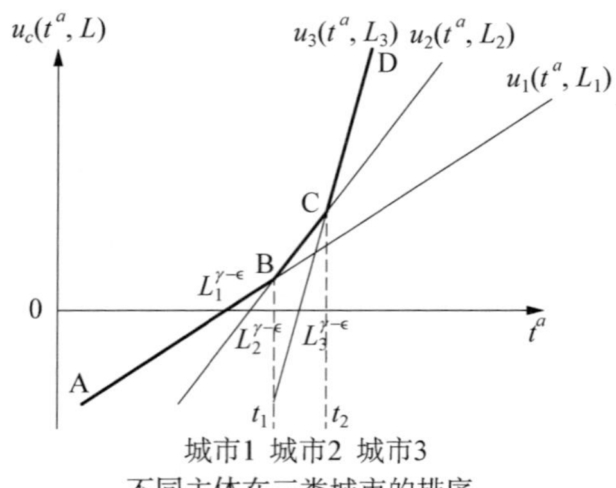

图 2－4 异质主体的空间选择

资料来源：克里斯蒂安·贝伦斯和弗雷德里克·罗伯特-尼佑德(2017)。

第三节 研究动向与述评

一、机会不平等研究

(一) 不平等及其分解研究进展

机会不平等问题在全球范围内广泛存在。阿诺等(Arnaud et al.，2006)对OECD国家的研究结果表明，除瑞典外的其他OECD国家都拒绝了机会平等的假设。罗默(Roemer，2006)的研究则表明，发展中国家的机会不平等程度远高于发达国家。布吉尼翁等(Bourguignon et al.，2013)以出生地、种族、父母受教育程度和父亲的职业地位等为背景变量，研究1996年巴西的机会不平等程度，发现相对于个人努力程度而言，背景变量对收入差距的贡献在10%～37%之间。切基和佩拉希内(Checchi and Peragine，2010)对意大利的研究发现，在相对贫穷的南部地区，机会不平等程度高于北部。高国希(2006)认为，提供公平公正的经济环境是最大的公共品，就业机会公平要首先解决教育公平，市场准入公平需要解决公共权力的运行公正，分配公平首先要解决起点公平。

奎斯塔（Cuesta，2014）研究了社会支出与机会均等之间的关系。另一项研究发现，局部（地方）的努力使机会均等问题形成“各自为政”的状态，意味着某些积极的措施对增加机会均等并无益处（Calsamiglia，2009）。

拉莫斯和范德盖尔（Ramos and Van de gaer，2012）与吕光明等（2014）对机会不平等测度方法进行了总结，认为主要有四类方法：一是直接测度法（包括事前法构造和事后法构造），二是间接测度，三是随机占优法，四是基准测度法。此外，艾伯格等（Aaberge et al.，2011）提出一种家庭依靠排序度量不平等和与机会不平等原理相一致的社会福利的方法，这一方法可以用于测量长期和短期的机会不平等。布鲁诺里等（Brunori et al.，2013）提出了一种事前的（ex-ante）经济机会不平等指数（IEO）。奎斯塔（Cuesta，2014）提出机会归属分析（Opportunity Incidence Analysis，OIA），并指出微观模拟分析可以用于考察提升机会均等的不同支出干预的成本效应。研究机会不平等的知名学者罗默和特拉努瓦（Roemer and Trannoy，2013）也对机会不平等研究的方法等，进行了全面回顾。

国外学者对收入分解测量地区机会不平等程度方法进行了众多讨论。如奥克（Ok，1997）指出在度量机会不平等时，应该拓展道尔顿转移原理（Dalton's transfer principle）。与估计代际收入流动不一样，布吉尼翁等（Bourguignon et al.，2013）运用收入不平等分解的新方法，测度了巴西的机会不平等程度。勒弗朗等（Lefranc et al.，2008）借助类别收入分布的广义洛伦茨曲线下的曲面来测算机会集的值。费雷拉和吉纽（Ferreira and Gignoux，2011）则提出衡量机会不平等方法（将收入分为机会不平等和努力不平等）。如前所述，关于此类方法，拉莫斯和范德盖尔（Ramos and Van de gaer，2012）进行了较好的总结、归纳和评价。与代际流动方法不同，国内学者用收入分解法测量城市机会不平等的研究相对较少。潘春阳（2011）运用费雷拉和吉纽（Ferreira and Gignoux，2011）的方法，测度了中国的机会不平等，并分析其对主观幸福感的影响。江求川等（2014）构造了一种新的反事实方法，研究中国城市居民 1996—2008 年的个人收入数据后发现，城市居民面临越来越严重的机会不平等，且机会不平等的上升速度大于收入不平等的上升速度；高年龄组人群比低年龄组人群面临更严重的机会不平等；经济发展水平落后的中西部地区面临的机会不平等更严重；家庭背景引起的机会不平等呈现出上升趋势。戴昕和李静（Dai and Li，2021）发现，中国个人环境在观察到的收入不平等中占比不到10%，性别和父亲特征比出生户口更容易导致收入不平等，中国西部省份的机会不平等程度最高，年轻群体的机会不平等程度小于年长群体。

总体而言，机会不平等相关研究主要使用 Oaxaca-Blinder 分解法和 Shapley 值法对收入机会不平等进行分解，发现个体特征、劳动力市场歧视、教育固化、家庭背景、城乡和地区是构成机会不平等的重要因素，农村居民的收入机会不平等占比高于城镇，女性高于男性，80 后群体低于 50 后至 70 后群体，家庭背景对各出生组收入机会不平等的贡献率存在明显差异（宋扬，2017；靳振忠等，2018；李莹和吕光明，2019）。基于 2011 年欧盟收入和生活条件统计（EU-SILC）数据，估计 26 个欧洲国家教育和职业类别对机会不平等的贡献率，发现教育渠道的贡献率高达 30%，大部分国家职业的贡献率不足 5%（Palomino et al.，2019）。李莹和吕光明（2019）根据个体生命周期特点，构建多层次"反事实"收入，分解中国居民机会不平等中教育、就业间接渠道，发现 2008—2015 年教育间接渠道占比约为 36%～39%，并逐渐降低，就业间接渠道变动较小且无明显差异。

关于机会不平等的影响，一些文献是从教育机会平等角度进行研究。刘崇顺和 C. M. 布劳戴德（1995）指出，教育机会平等实现的程度如何，受社会政治、经济、文化等诸多因素的制约；家庭条件，特别是父母的状况（文化程度、政治状况、职业和工作单位性质），对于学生获得更好的教育机会是至关重要的。中国在教育方面缺乏平等机会，主要源于户口制度，而父亲的教育、子代出生队列、子代 12 岁所在省份、父母的政治面貌、子代性别、家庭规模和种族也作出了重要贡献（Golley and Kong，2018）。此外，还有一些研究从就业角度研究机会不平等问题。余向华和陈雪娟(2012)研究了劳动力市场的机会差异问题。徐秋慧(2012)指出,中国大量进城务工经商的农民始终未能与城市居民平等地分享就业机会;应当打破城乡劳动市场分割,开放城市就业机会,逐步实现城乡居民就业机会平等化。孙三百(2013)研究了就业机会问题,发现社会资本对合意就业存在显著的影响。此外,中国经济发展水平、资源要素禀赋等呈现出明显的地域差异,这种空间分化带来的是不同城市和地区居民面临不同的发展机会。已有文献中,很多学者对发展机会的空间差异进行了探讨。范剑勇和张雁(2009)的研究表明,各地级城市的市场准入差异是其工资差距存在的重要原因,而市场准入差异是劳动力流动的不充分性所产生的。陆铭和陈钊(2004)指出,1997 年以后随着农产品收购价格的下降,城乡收入差距又进一步扩大,基于1987—2001 年间省级面板数据的估计结果显示,城市化对降低统计上的城乡收入差距有显著的作用。颜银根(2012)指出,贸易自由化可能扩大或缩小地区间收入差距,当本地接近于国外市场并且产业份额相对较小时,贸易自由化与区域间收入差距呈倒 U 型关系;否则,贸易自由化将扩大区域间的收入差距。

(二) 代际流动研究进展

代际收入流动作为机会不平等的衡量指标之一,一直以来同样备受学术界关注。贝克尔和托马斯(Becker and Tomes, 1979)首次在效用最大化模型下,运用父母对子女进行人力资本投资和其当前消费之间的决策,分析了代际收入传递的机制。何石军和黄桂田(2013)使用 CHNS 的 1989—2009 年数据,估计出中国 2000、2004、2006 和 2008 年的代际收入弹性分别为 0.66、0.49、0.35 和 0.46。周波和苏佳(2012)研究发现中国县级教育事业费支出的增加能降低代际收入弹性,有助于机会平等的实现,而文教科卫支出和全口径财政支出的影响相对较弱。还有研究指出,健康(Bowles et al., 2001; Anne, 2002; Thompson, 2014)与代际收入流动有关;父母收入仅仅解释了子女收入变化的 9%～11%,家庭背景则增加 3%～5%的拟合优度(Peters, 1992)。社会学家从

“文化资本”①角度研究代际收入传递，如“好父母”将给子女创造良好的文化环境，低收入家庭收入的传递效应大于高收入家庭（Mayer，2002）。在经济发展水平较高的国家，代际收入流动性更高，并且这种流动性与收入不平等程度正相关，因为经济增长会激励教育投入，使人力资本进行重新分配（Maoz et al.，1999）。

关于中国的研究中，不同学者用不一样的微观数据估计了代际收入弹性（王海港，2005；尹恒等，2006；王美今和李仲达，2012；何石军和黄桂田，2013；龙翠红和王潇，2014），由于估计样本与方法不一致，代际收入弹性大致在0.3～0.9之间。此外，胡洪曙和亓寿伟（2014）指出随着收入从低到高分布，代际收入流动性呈上升趋势，而农村低收入家庭群体具有明显的贫困持续性现象。李小瑛和魏洲（2014）研究发现，2001—2006年我国香港居民代际收入流动增强。何石军和黄桂田（2013）发现，父亲对儿子和母亲对女儿的代际网络效应有显著正向的影响，其大小分别约为3535元和2000元。南（Nam，2004）认为美国高收入儿子们比过去更容易维持他们的经济优势，然而低收入儿子们摆脱他们经济劣势并没有变得轻松，这表明在研究代际经济流动时需要关注非线性问题。章奇等（2007）发现最穷的25%的农村居民收入地位向上流动的可能性在增加，而中等收入农民的向上收入流动性却逐步陷入停滞。乔拉克（Corak，2013）指出家庭、劳动力市场和公共政策共同构造孩子的机会，美国顶端收入1%者收入增长，他们的子女更容易接受高质量的人力资本投资，进而代际职业、财富传递呈现更高的比例。马超等（2014）发现1995年、2002年和2007年，性别工资差异中由机会不平等造成的部分分别为68.3%、60.5%和80.3%；虽然中国性别歧视仍有扩大的趋势，但性别之间在教育环境上的机会不平等现象已经有了很大的好转。李和塞沙德里（Lee and Seshadri，2019）发现，父母的状况可以解释子

① 这里狭义的“文化资本”是指孩童时期家庭的社会环境，如家庭的稳定性、贫困程度等；而广义的“文化资本”则还包括子女生活的社区环境，如邻居阶层、种族等特征。父母收入可以通过个性传递来完成，例如对未来的期望、效率意识、工作伦理、教育和风险承担等。

代一半的财富不平等和 1/4 的一生收入不平等。此外，研究表明代际流动呈现非线性模式，即父母收入不同的个人具有不同程度的代际流动性，认知能力在解释代际流动性方面发挥了作用（Kourtellos et al.，2020）。家庭贫困与教育的代际关联之间有着密切的关系，与男性相比，女性的这种关系要强烈一些（Momo et al.，2021）。

（三） 地区差异与迁移研究进展

当前代际流动的地区差异备受关注。李任玉等（2018）发现，经济发展对代际间收入流动的促进作用主要体现在收入分布中间位置，收入分布两端群体的流动性未能随着经济发展得以提升。艾代米尔和亚泽哲（Aydemir and Yazici，2019）发现土耳其在较发达地区长大的女儿的教育程度较少依赖于父母的教育程度。莱昂内（Leone，2019）指出，在最不发达国家，教育水平的代际持续性尤其强烈，贫富国之间的流动性差距随着时间的推移而扩大。阿赫桑和查特吉（Ahsan and Chatterjee，2017）发现，印度城市地区更容易受到贸易自由化影响的儿子比他们的父亲更有可能从事更好的职业。巴比里等（Barbieri et al.，2020）认为意大利代际持久性在不同的宏观地理区域内存在差异。埃里克森和芒克（Eriksen and Munk，2020）发现丹麦中等收入农村市镇内最高的代际收入流动性，以及城市和贫困农村市镇内最低的代际收入流动性，国内代际流动与就业和已婚居民的工作年龄比例呈正相关，与单亲、青少年出生、非西方移民和劳动力以外居民的比例呈负相关。张义祯（2016）的研究表明，中国的代际教育流动性表现为总体流动性较强与局部强继承性共存——存在“悖论”，代际教育流动不平等问题不容忽视。李萍和谌新民（2021）发现，在高城镇化和高工业化的地区，父母对子女职业等级的影响力下降，代际职业流动性上升；在城镇化和工业化推进深入阶段，代际职业流动性更高。

近些年来，一些文献关注机会不平等（代际流动）与劳动力流动的关系。鲍尔和里普汉（Bauer and Riphahn，2013）发现入学年龄与教育流动性之间的相关性，在移民和非移民之间存在差异，在第二代移民中上幼儿园的入学年龄与教育流动性最为密切相关。切蒂等(Chetty et al., 2016)的研究表明,13 岁之前搬到贫困程度较低的社区会增加大学入学率和收入。而美国大迁徙(1940—1970 年)导致儿童环境的总体变化,可以解释黑人和白人男性向上流动差异的 43%(Derenoncourt, 2022)。金和李(Kim and Lee, 2019)发现,有学龄儿童的高学历家庭选择有利于向上流动的地区。曹晖和罗楚亮(2021)研究发现,劳动力为了机会公平而流动。杜斯特曼(Dustmann, 2008)认为父亲对儿子的教育投资,以及儿子的收入都与父亲成为永久性移民的概率正相关。

二、迁移的福利效应研究

(一) 迁移与收入研究进展

关于劳动力流动与收入的关系,现有文献关注较早,大部分认为流动人口可获取更高的收入(或名义收入)。哈里斯和托达罗(Harris and Tordaro, 1970)认为移民不会导致城乡地区工资的平衡,由于政府政策、行业工会组织行为的作用,城市正式部门保持较高的工资水平。农村劳动力流动不但可以直接、间接地提高外出打工户的家庭收入水平,而且就全国而言还会抑制农村居民收入差距的扩大、对缓解城乡居民收入差距的扩大发挥积极的作用(李实, 1999)。人口迁移显著缩小收入差距,且通过户籍城镇化机制发生作用,迁入人口若能顺利转变为城镇人口可缩小收入差距(宋建和王静,2018)。孙三百(2015)研究发现,与未迁移者相比,迁移的平均收入增长效应为 44.34%;其中市外迁移的平均收入增长效应大于市内迁移的平均收入增长效应,未获得户籍迁移的平均收入增长效应大于获取户籍迁移的平均收入增长效应。此外,相似研究发现市外迁移的平均收入增长效应大于市内迁移的平均收入增长效应;分户籍类型来看,农村户籍迁移的平均收入增长效应大于城市户籍的平均收入增长效应(李静等,2017)。当然,也有研究得出了不一样的结论,如研究发现瑞典 1980—1990 年劳动力流动对实际可支配收入的影响并不显著(Axelsson and Westerlund, 1998)。

关于劳动力流动与收入差距,存在不同的结论。赵伟和李芬(2007)指出,高技能劳动力流动所产生的集聚力量远大于低技能劳动力流动，高技能劳动力的地区集聚更倾向于扩大而非缩小地区收入差距，而低技能劳动力流动有助于延缓地区收入差距的扩大。而现实中中国区域差距并未明显缩小，鉴于此，蔡昉和王美艳(2009)认为劳动力流动没有缩小城乡收入差距的原因在于，现行的调查制度不能覆盖“常住流动人口”，从而在住户统计中低估了这个群体的收入，造成城市收入水平的夸大和农村收入水平的低估；劳动力流动不仅理论上具有缩小城乡收入差距的作用，而且事实上正在产生这种缩小差距的效果。

（二） 迁移与幸福感研究进展

关于幸福感的改善，一些研究认为，由教育、医疗和社会保障构成的亲贫式支出对国民幸福感有显著的促进作用(鲁元平和张克中，2010)；政府提供某些公共产品和服务，能够大大提高居民的生活质量和幸福感，因为政府支出是对资源的重新配置，能够将竞争性十分激烈的私人消费，转移到几乎人人都能共享的公共支出，降低由攀比效应带来的幸福损失，从而有利于幸福感的提升(Ng，2003)。拉姆(Ram，2009)使用145个国家的大样本，发现政府支出水平(用政府财政支出占GDP的比重来度量)与主观幸福感之间显著正相关。孙凤(2007)发现社会保障和收入分配政策直接影响居民幸福感；收入和声望越高的职业，主观幸福感越高。何强(2011)认为，重视社会公平，建立良好的收入获取和消费习惯，增强人们对未来的预期，对持续提高居民幸福度起着关键作用。

现有关于迁移影响幸福感的文献得出较为一致的研究结论。奈特和古纳蒂拉克(Knight and Gunatilaka，2010)首次研究了发展中国家主观福利与迁移之间的关系，指出农村—城市间移民的主观幸福感，低于未迁移的农村居民。在控制了其他变量的情况下，迁移者比非迁移者表现出更低的幸福感；并且移民者的幸福感与收入之间的联系比其他群体更强(Bartram，2011)。罗楚亮(2006)发现农村居民的主观幸福感高于城镇居民，这主要是由于预期的满足程度、收入变化预期、对生活状态改善的评价等差异所引起；城镇失业与就业居民的主观幸福感差异则主要由收入效应导致。此外，通过研究不同群体(户籍相关)主观幸福感,发现其受到不平等的影响存在差异(Jiang et al.,2009、2012)。陈飞和苏章杰(2020)的研究表明,乡—城迁移提高了移民的收入但却以幸福损失为代价。欧洲内部移民与类似非移民相比,移民有更高的收入和更高的主观幸福感(subjective well-being, SWB)水平(Gruber and Sand,2020)。跨国研究表明,1981—2004年间84个国家的幸福与移民率呈U型关系:相对不幸福的国家的移民率下降,而相对幸福的国家的移民率上升(Polgreen and Simpson,2011)。从较贫穷的国家移民到较富裕的移民往往会导致移民的相对经济地位下降(即使在“绝对”意义上增加了他们的收入),因此也可能导致他/她的幸福感下降,按照同样的逻辑,从富裕国家到贫穷国家的移民可能会为移民带来更高的地位,从而可能提高他/她的幸福感(Bartram,2015)。琼斯(Jones,2014)发现,玻利维亚移民造成的家庭解体进一步降低了家庭的幸福感,最终的结果是移民家庭的幸福感远远低于非移民家庭。基于1981—2020年的世界价值调查累积数据集,发现城市居民并不比农村居民更快乐,“不幸福”在不同国家的城市中普遍存在(Okulicz-Kozaryn and Valente,2021)。

(三) 迁移与福利水平研究进展

现有文献从福利的不同层面展开,分析迁移对福利的影响。研究发现,城市之间和城市内部移民的福利影响有很大的差异(Piyapromdee,2021)。蒲艳萍(2010)认为,农村劳动力流动对改善农民家庭福利状况具有积极效应。但是,同样有研究表明,外来人口在进入城市劳动力市场、获取城市公共资源等方面均处于不利地位,尤其是在劳动福利获得方面普遍遭受歧视(杨桂宏和胡建国,2006;曹信邦,2008)。此外,大量涌入城市的农民工确实占用了部分城市公共资源或公共服务,但这种占用是有限的,农民工并没有大量占有或公平享有城市的公共资源或公共服务(程名望等,2012)。基于北京市居民抽样调查的实证研究表明,与居住空间需求相比,居民对于住房区位质量的需求对家庭收入和户口状况的反映更加敏感;户籍制度限制了移民获得当地公共服务的机会(郑思齐等,2012)。谢童伟和吴燕(2013)发现劳动力流动的福利变化存在地域差异，劳动力净输出地表现为福利损失，而劳动力净流入地为福利受益；其中广东净受益最多，四川福利损失最多，云南基本持平。可见，现有关于迁移与福利的研究，主要集中在城市公共服务方面。

早期研究指出，根据国家统计局2006年对外来人口中农民工的劳动就业和社会保障情况调查显示，农民工的福利待遇普遍不高，有双休日的仅占11.87%，可以带薪休假的仅占20.47%，购买养老保险、医疗保险、失业保险、工伤保险的农民工分别占被调查农民工总数的26.63%、26.23%、15.35%和32.54%，这些数字都远低于本地就业人口（王海宁和陈媛媛，2010）。进一步，王海宁和陈媛媛（2010）以2008年四大城市的外来人口问卷调查资料为基础，对比分析了本地市民、外来市民和农民工在劳动福利总量及具体福利项目获得上存在的差异及其影响因素，发现三类群体在劳动福利获得上存在“梯度”差异；劳动合同和城市因素对各群体的影响均显著，农民工受人力资本和社会禀赋的双重影响，本地市民和外来市民则受雇主类型的影响较大；与本地市民相比，农民工和外来市民在劳动福利获得上均存在歧视，且前者所受歧视程度大于后者；与外来市民相比，农民工在社会保险参与率上存在歧视，但在假期获得上不存在歧视。

总体而言，现有关于迁移如何影响居民福利的研究，尚存在一些有待改进的地方。第一，现有文献只是关注收入、幸福感、住房或者公共资源等某一方面，未能运用微观数据较为全面地衡量迁移者的福利水平。而事实上，除了收入、幸福感、社会保障以外，福利包含其他诸多方面。如基于阿根廷的数据研究发现，可以推测他人的境况、看低自我价值、目标自主性、未来寻找工作中可能遭遇种族歧视、安全感以及压力对生活质量（福利）具有显著的决定性作用（Anand et al.，2011）。因此，对居民福利进行较为全面的测量，才能较为完整地评估迁移对居民福利的影响。第二，现有相关文献大部分未考虑迁移者与未迁移者之间的异质性或样本选择问题对估计结果的影响，或者未能从市内市外、获取户籍或未获取户籍层面划分迁移的类型，并检验其对福利影响的差异。

第三，现有文献未能对迁移影响福利的机制进行分析。针对这三个方面的不足，本书将在现有研究基础上进行拓展与补充。

三、城市规模与城市体系研究

（一） 城市规模与居民福利研究进展

居民福利具有多维属性，因而现有相关研究从多个角度展开。其中，城市规模相关文献在收入、不平等、生活满意度（幸福感）、环境、个体行为模式等方面展开了系列研究，很多研究发现城市规模对上述变量具有非线性影响。以下主要从城市规模对居民福利相关方面（如收入、幸福感、环境污染等）的影响、中国最优城市规模估计两个角度，梳理现有研究的进展。

第一，城市规模与收入及其不平等相关研究进展。关于城市规模对居民收入的影响，一些研究发现不同技能劳动力均享受了大城市的工资溢价（陈飞和苏章杰，2021），另一些研究则发现考虑劳动者的不可观测能力特征和选择偏差问题后，大城市劳动者的收入优势不再存在，甚至可能出现收入劣势（宁光杰，2014）。劳动者的高工资很大程度上源于大城市生活成本相对高昂，所以大城市工资溢价不过是一种货币补偿和名义现象（Albouy，2008）。关于城市规模与收入不平等，研究发现城市内部收入不平等与城市人口规模正相关，而移民占比能解释其中 40%的相关性（Chen et al.，2018）。此外，还有研究发现城市规模与收入不平等呈现 U 型关系（Castells-Quintana，2018）。

第二，城市规模与生活满意度或幸福感相关研究进展。关于生活满意度的研究发现，中国城市规模变化影响居民特别是新城市居民的生活满意度，人口规模在 20 万～50 万的城市居民生活满意度最高（Chen et al.，2015）。关于城市规模对幸福感的影响，现有研究的结论存在一定差异。这些研究在变量选取和研究结论上存在差异。德国相关研究发现尽管人们为城市经济而担心，但是并不影响其幸福感，这可能是因为人们能承受一些挑战，或者因为幸福感变低的人群已经离开这一城市（Delken，2008）。倪鹏飞等（2012）指出，中国城市幸福感（城市居民幸福感得分均值）呈现出典型的俱乐部特征，与城市人均 GDP、基础设施、城市特征等硬性指标无关。而拉丁美洲的 18 个国家居民生活在大城市减少了幸福感，但是影响并不显著（Graham and Andrew，2006）。一些研究发现城市规模对居民主观幸福感的影响为负（覃一冬等，2014），意大利相关研究也得出相似结论，大城市幸福感更低主要源于通勤的负面影响（Loschiavo，2021）。另一些研究按照 1990 年城市非农人口将城市划分为大、中、小三个等级，并设置虚拟变量对其影响加以控制，其中非农人口超过 150 万的界定为大城市，发现生活在大城市的居民幸福感更强（Jiang et al.，2012）。还有研究发现，城市规模与幸福感呈现非线性关系（Dang et al.，2020）。

第三，城市规模与“城市病”相关研究进展。“城市病”相关研究主题中，城市规模与能源环境问题受到较多关注，并存在三种不同的研究结论：一类研究发现城市人口规模的增加导致城市空气质量恶化（马素琳等，2016），另一类研究发现城市人口集聚会使城市排污产生规模效应，进而减少人均排污量（郑怡林和陆铭，2018），而更多研究发现城市规模与环境污染存在非线性关系（Borck and Takatoshi，2019）。此外，犯罪率较高也是“城市病”的一种体现，研究发现人均犯罪率随城市规模上升而增加（Gaigné and Zenou，2015）。

总体而言，现有文献从不同角度对城市规模的影响进行了探讨，涉及居民福利的诸多方面，如收入、满意度、环境污染、通勤时间等，为本书的研究提供了较好的理论基础。然而，现有文献多为单一指标下的分析，且没有考虑个体异质性的影响，而居民福利具有多重属性，劳动者具有异质性，因此关于城市规模对居民总体福利的分析亟待从多维视角进一步推进。

同时，政治经济学领域，也有很多关于城市、城市化的研究。熊九玲（2007）在回顾了世界体系论的主要观点的基础上，系统地总结了从世界体系角度出发的世界城市理论，并指出：“该理论认为，世界城市的性质、地位和内部特征都由世界经济体系决定，随着劳动分工、资本控制的变化而变化；在信息时代和全球化的背景下，世界城市承担着国际生产、金融和资本控制中心的职能，实现着最大化的剩余价值抽取；跨国资本阶层是世界城市的主人和主要受益者，中低收入阶层、移民等群体的处境却在恶化；世界城市由于在金融、生产性服务业和企业总部等方面的集中性程度的差异，构成了一个以中心和半边缘地带的世界城市为核心、世界其他地区为边缘的世界城市体系。”

（二） 最优城市规模研究进展

关于中国最优城市规模的研究进展，主要从以下三个方面展开：一是关于工资与城市规模关系的研究。肖文和王平（2011）通过构建一个新经济地理学模型，发现实际工资与城市规模之间呈现出倒 U 型关系，得出与欧（Au）和亨德森（Henderson，2006）一致的结论。当然，也有一些研究得出不同的结论，如研究发现中国城市人均 GDP 增长与城市规模呈现倒 N 型关系（Zhang et al.，2016）。二是关于城市规模与劳动生产率关系的研究。研究发现中国劳动生产率与城市规模之间的关系符合经典的倒 U 型曲线理论（梁婧等，2015）。三是关于城市最优规模异质性的研究。研究发现最优城市规模随着房价、生态环境质量以及政府政策的变动而变动（焦张义，2012）。城市规模与城市生产率的倒 U 型关系也存在异质性，即随着城市产业结构从以工业为主转向以服务业为主的过程而变化（Chen and Zhou，2017）。

关于城市规模还有一些其他研究，如扎劳（Salau，1986）发现尼日利亚生活在大城市的居民生活质量更高。王小鲁和夏小林（1999）将聚集效应和外部成本进行量化，运用不同方法得到中国的最佳城市规模大致在 50 万～400 万人范围之间，其峰值的位置基本上在 100 万～200 万人之间。欧和亨德森（Au and Henderson，2006）运用中国城市的相关数据，验证了人均实际收入与城市规模之间的倒 U 型关系。焦张义（2012）运用数值模拟研究发现，最优城市规模随着房价、生态环境质量以及政府政策的变动而变动。高鸿鹰等（2007）指出，城市的平均集聚效率指数的高低与城市规模分布比重的增减相一致。卡佩罗（Capello，2000）认为，关于城市最优规模的讨论走偏了方向，实际问题应该是“有效规模”而非“最优规模”，有效规模由城市的基本特征以及空间自组织决定；并且，他给出了计算城市有效规模的方法。

（三） 城市体系研究进展

由于在城市系统内部、城市之间存在差异，而专业化和多样化是描述城市特征的重要指标。谢燮和杨开忠(2003)指出，关于产业的地方化或者说城市的专业化，阿尔弗雷德·马歇尔早在其1920年出版的《经济学原理》中就有过经典的分析；保罗·克鲁格曼对城市的专业化成因作了更详尽的阐释：(1)城市专业化有利于劳动力市场的共享；(2)城市专业化与中间投入品相关；(3)城市专业化与厂商之间的技术外溢相关。

基于一些历史实践和数据的分析，为认识城市体系及其演变提供了很好的基础。杜政清(1996)认为，美国城市体系的空间分布经历了三个发展阶段：大城市时期(19世纪末以前)、城市带时期(前一时期终结到20世纪40年代)和大城市区时期(20世纪40年代以来到现在)。杜国庆(2006)研究了中国城市化发展迅速的1980—1990年期间，中国城市体系的空间结构及其变化，将中国城市体系划分为以北京、上海和重庆为中心的3个城市体系，以下又可细分为包括沈阳、哈尔滨、武汉、广州、昆明、成都、西安、兰州、乌鲁木齐在内的12个子城市体系，并根据城市最大连接、中心城市势能、城市数、城市体系平均城市势能等指标及其变化，把12个子城市体系分为低发展型、中心城市发展型和综合发展型3种形态。范剑勇和邵挺(2011)指出："地级及以上城市体系的扁平化趋势，即'中小型城市发展过多、大型城市集聚相对不足'，可能是中国经济增长粗放、产能过剩的体现。通过遏制房价水平非正常过快上涨等方法来扭转城市体系的扁平化趋势可能对调整经济结构与增长方式等具有启示意义。"

此外，许政等(2010)利用中国城市级面板数据，考察了到大港口和大城市的距离对城市经济增长的影响，发现中国城市经济增长和到大港口(香港或上海)的地理距离存在"∽型"关系，这与新经济地理学中城市体系的"中心—外围模式"是一致的；同时，发现距离区域性的大城市越近，越有利于城市经济增长，但省际行政边界的存在降低了区域性大城市对外省城市的吸纳效应，这也证实了省际市场分割的存在。张浩然和衣保中(2011)发现，城市间溢出效应随距离的增加呈现先升后降的倒U型曲线过程，最优的溢出距离出现在50公里左右；城市间的外溢效应在180公里范围内表现得最为显著，200公里以外明显减弱。这一结论为中国当前经济圈的划分提供了依据。他们的研究还证实了科技投入、公共服务水平、金融条件和产业结构的优化是推动中国城市体系演变的关键因素。梁琦等(2013)指出："要素流动如劳动力迁移受各种因素影响，主要因素归结为第一自然(first nature)因素、第二自然(second nature)因素和制度因素。其中第一自然因素主要是指自然地貌、气候与文化等(Albouy et al., 2013)。第二自然因素进一步可以分为集聚力和分散力，其中集聚力包括高工资与收入(Baum-Snown et al., 2012)、知识外部性(Charlot and G. Duranton, 2004)、劳动力池(Andersson et al., 2009)、技能提升(Bacolod et al., 2009)、市场潜力(Kondo and Okubo, 2012)、消费经济性(Tabuchi and Thisse, 2002)等因素的重要性，而分散力则指大城市的交通拥堵、高房价或高房租、高物价、环境污染等城市摩擦问题。制度因素包括地区政策差异，如地区税收政策、生育政策和户籍政策。"梁琦等(2013)研究发现，户籍制度阻碍劳动力流动，使中国城市规模分布扁平化，偏离城市层级体系的帕累托最优；而放松户籍制度，并不会导致城市无限度扩张，大城市生活的高成本所引致的分散力，会内生地约束城市扩张；户籍改革有助于优化中国城市层级体系。

四、文献评述

总体而言，现有文献在机会不平等、劳动力流动、城市体系方面有不少研究，为本书提供了坚实的理论基础。然而，现有研究在以下方面仍存在可改进之处：

第一，缺乏主观机会不平等影响因素的实证研究，尤其是劳动力流动对主观机会不平等的影响。分析机会不平等带来的影响者居多，很少有文献用基于微观数据的实证研究，探讨机会平等的影响因素。即使在已有关于代际收入流动的实证研究中，有关于跨国移民对代际收入影响的研究，但是未考察国内人口迁移对代际收入弹性的影响。

第二，关于劳动力流动福利效应的考察，仍有待进一步探索。劳动力流动福利效应的相关研究，仅分别对收入、就业等问题进行了研究，未能更加全面、系统地进行考察。同时，在考虑迁移所带来影响时，现有文献没有考察获取户籍迁移和未获取户籍迁移之间的差异；在分析迁移和户籍对收入、主观幸福感和福利的影响时，在估计方法上鲜有考虑个体异质性带来的影响，导致估计难免存在较大偏误。

第三，缺乏移民收入增长来源的实证研究。在研究劳动力流动对收入影响时，更多的研究在讨论其对城乡收入差距、流动者收入增长的作用，缺乏在中观层面（城市）讨论移民收入增长来源的研究。

第四，当前城市规模与幸福感相关研究，有待进一步完善。一类以城市幸福感均值为因变量的研究，将城市中不同个体的幸福感同质化，从而很难从更加微观的视角反映个体差异，另一类研究中城市规模并非核心变量，未能有效地解决内生性问题，估计结果可能存在遗漏变量带来的偏误。因此，有待运用微观数据对二者关系进行更为准确的考察。

第五，缺乏移民空间选择问题的实证研究。关于城市规模和城市体系的研究，未能运用微观数据对移民的空间选择问题进行分析。现有研究讨论了近年来中国劳动力流向、趋势及其影响因素，但是未能考察城市规模变动和城市体系重构与机会平等、收入溢价、幸福感和福利之间的关系，也就未能从机会平等、收入溢价、幸福感和福利角度出发，探讨劳动力流动的空间选择问题。

第三章　劳动力迁移政策与态势变迁

劳动力流动是世界范围内广泛存在的现象，然而与其他国家相比，中国在劳动力流动政策上具有较为鲜明的特征，并且自新中国成立以来关于劳动力流动（或迁移）的政策不断演变，对国内劳动力流动也产生了深远影响。

第一节　劳动力迁移政策的演变

虽然中国劳动力流动的政策不断变化，但是户籍制度从新中国成立以来便持续存在。陆益龙(2002)指出："户籍制度，是指与户口或户籍管理相关的一套政治经济和法律制度，其中包括通过户籍来证明个人身份、执行资源配置和财富分配。"新中国成立初期，各级政府组织公安机关，设立户籍管理部门，着手建立新的户籍制度（姚秀兰，2004）。

一、第一阶段（1949—1957 年）

第一阶段（1949—1957 年），是新中国成立初期短暂的户口自由迁移时期，此后户籍制度便逐渐建立（张英红，2002）。陆益龙(2002)认为："户籍制度已渐渐趋向于以界定和区分家庭和个人身份，对人进行分类控制为目标。随着政府对粮食进行集中控制，粮食及日用品供应和分配与户口开始联系起来。"

表 3-1　1949—1957 年户籍制度的酝酿和形成过程

年份	法 规 制 度
1949	新中国成立，户籍法规随之废除。
1950	要求先在城市开展户籍制度管理工作。

续表

年份	法规制度
1950	公安部制定《关于特种人口管理的暂行办法》《城市户口管理暂行条例》。
1951	公安部颁布实施《城市户口管理暂行条例》。中国第一次制定全国统一的城市户口管理法规。
1953	中央人民政府政务院颁布《全国人口调查登记办法》,并通过了《关于实行粮食的计划收购和计划供应的命令》。
1954	第一部《宪法》明确规定:"中华人民共和国公民有居住和迁徙的自由。"
1954	要求建立农村户口登记制度,加强人口统计工作。
1955	国务院发布《关于建立经常户口登记制度的指示》。
1956	公安部召开的首次全国户口工作会议的三个文件。
1957	中共中央、国务院联合发出《关于制止农村人口盲目外流的指示》。

资料来源:引自陆益龙(2002)。同时参考张英红(2002)、姚秀兰(2004)制作而成。

二、第二阶段(1958—1978 年)

第二阶段(1958—1978 年),是严格限制户口迁移特别是严格限制农民向城市迁移时期。陆益龙(2002)指出:"1958 年的《户口登记条例》,后来成为各种行政部门限制或控制个人的迁徙和居住自由以及接近和占有资源权利的法律依据。"姚秀兰(2004)指出:"1963 年以后,公安部在人口统计中又把是否吃国家计划供应的商品粮作为划分户口性质的标准,吃国家计划供应商品粮户即城镇居民户就划分为'非农业户口'。从此,'商品粮户'和'非农业户'成为广泛使用和广为人知的概念。"

表 3-2　1958—1978 年户籍制度变迁

年份	法规制度
1958	全国人民代表大会常务委员会第九十一次会议通过了《中华人民共和国户口登记条例》。二元户籍管理制度开始以立法的形式正式确定下来。
1958	公安部制定和颁发了《关于执行户口登记条例的初步意见》。

续表

年份	法规制度
1958	《关于精简职工和减少城镇人口工作中几个问题的通知》规定“对农村县镇迁往大中城市的，目前要严格控制”。
1961	公安部转发三局《关于当前户口工作情况的报告》，要求对户口工作进行彻底检查整治，健全户口管理机构。
1962	公安部发出《关于处理户口迁移问题的通知》。
1962	公安部颁布《关于加强户口管理工作的意见》，适当控制大城市人口。
1963	1963年以后，公安部在人口统计中把是否吃国家计划供应的商品粮作为划分户口性质的标准，吃国家供应粮户也即城镇居民称作“非农业户口”。
1964	《关于户口迁移政策规定》对农村迁入城市的人口进一步实行严格控制。
1977	国务院批转公安部《关于处理户口迁移的规定》指出：“由农业人口转为非农业人口，从其他市迁往北京、上海、天津三市的，要严格控制。”
1978	第五届全国人大第一次会议通过的《宪法》没有恢复公民的居住和迁徙自由权。

资料来源：参考张英红(2002)和姚秀兰(2004)制作而成。

三、第三阶段(1979—2013年)

第三阶段(1979—2013年)，户籍制度的逐步改革主要是小城镇户籍制度改革时期。1978年12月召开的十一届三中全会标志着中国进入了改革开放的新时期。在这样的大背景下，国家开始调整和逐步改革户籍制度(张英红，2002)。

表3-3　1979—2013年户籍制度变迁

年份	法规制度
1980	公安部、粮食部、国家人事局联合颁布《关于解决部分专业技术干部的农村家属迁往城镇由国家供应粮食问题的规定》。
1984	《中共中央关于一九八四年农村工作的通知》是小城镇户籍制度改革的最先声。

续表

年份	法规制度
1984	《关于农民进集镇落户问题的通知》是中国进行户籍制度改革的第一个规范性的政策规定,它的历史功绩在于打开了几十年来铁板一块的二元户籍制度的一个缺口。自理口粮户口的实施是中国户籍制度的一项重大改革突破。
1990	《关于"农转非"政策管理工作分工意见报告的通知》对"农转非"采取政策和指标双控的办法,大量压缩了"农转非"数量。
1992	《关于坚决制止公开出卖非农业户口的错误做法的紧急通知》对各地卖户口行为进行制止。
1992	《关于实行当地有效城镇居民户口制度的通知》征求各部门和地方政府意见,开始实行"当地有效城镇居民户口制度",同年 10 月广东、浙江、山东、山西、河南等十多个省先后以省政府名义下发了实行"当地有效城镇居民户口"的通知。
1992	1992 年底,国务院正式成立了户籍制度改革文件起草小组。
1993	国务院颁布《关于户籍制度改革的决定》,主要精神是对户籍制度进行较大的改革。
1993	由全面改革转向改革小城镇的户籍制度为重点。
1997	国务院批转公安部《关于小城镇户籍制度改革试点方案》,规定试点镇具备条件的农村人口可以办理城镇常住户口。
1998	十五届三中全会通过《中共中央关于农业和农村工作若干重大问题的决定》,提出了"发展小城镇是带动农村经济和社会发展的一个大战略"。
2000	中共中央、国务院印发《关于促进小城镇健康发展的若干意见》。
2001	《关于推进小城镇户籍制度改革意见》全面推进小城镇户籍制度的改革,进一步放宽农村户口迁移到小城镇的条件,并将城乡户籍改革的权限下放到各地方政府,使地方政府拥有了一定的改革主动权。
2003	进入 2003 年,各地又推出新的户籍改革措施,停办蓝印户口;取消农业户口与非农业户口类别,推行城乡户口一体化;进一步降低城市门槛,以准入条件入户。

资料来源:参考张英红(2002)和姚秀兰(2004)制作而成。

四、第四阶段(2014 年至今)

2014 年,《国务院关于进一步推进户籍制度改革的意见》指出,适应推进新型城镇化需要，进一步推进户籍制度改革，落实放宽户口迁移政策，有序放开中等城市落户限制，合理确定大城市落户条件，严格控制特大城市的人口规模，改进城区人口500万以上的城市现行落户政策，建立完善的积分落户制度。至此，中国劳动力流动政策呈现出更加明显的分化态势。北上广深等超大城市采取人口疏解措施，控制城市的人口规模，而更多的其他城市（杭州、武汉、西安等）采取人才政策，开始“人才争夺战”（图3-1）。中共中央、国务院关于对《北京城市总体规划（2016年—2035年）》的批复提出，严格控制城市规模，到2020年常住人口规模控制在2300万人以内，2020年以后长期稳定在这一水平。北京市积极采取人口疏解措施，2018年末北京市常住人口2154.2万人，比上年末下降0.8%。2020年第七次全国人口普查数据显示，北京常住人口为2 189.3万人，与2010年第六次全国人口普查数据相比，十年增加228.1万人，年平均增长1.1%。

事实上，当前劳动力流动相关政策已经促使部分城市对人才进行“选择”，即这些城市的人才政策更加偏好于高技能劳动力，对低技能劳动力缺乏足够友好的态度。而事实上高技能劳动力与低技能劳动力具有很强的互补性，城市发展不仅需要高技能劳动力，还需要低技能劳动力。当前，从劳动力户籍获取难度来看，城市规模越大，则城市落户门槛指数相对更高（图3-2），尤其是北上广深的落户门槛明显高于其他城市。因此，虽然户籍制度在不断改革，但是超大城市的户籍门槛仍对劳动力迁移产生深远的影响，部分迁移者无法获取超大城市的户籍，也就无法享受与之相应的公共服务。而户籍门槛恰恰是除了高房价和高生活成本外，大城市对人才进行“选择”的重要方式，当前户籍门槛位于前列的恰恰是北京、上海、深圳、广州这4个典型一线城市。

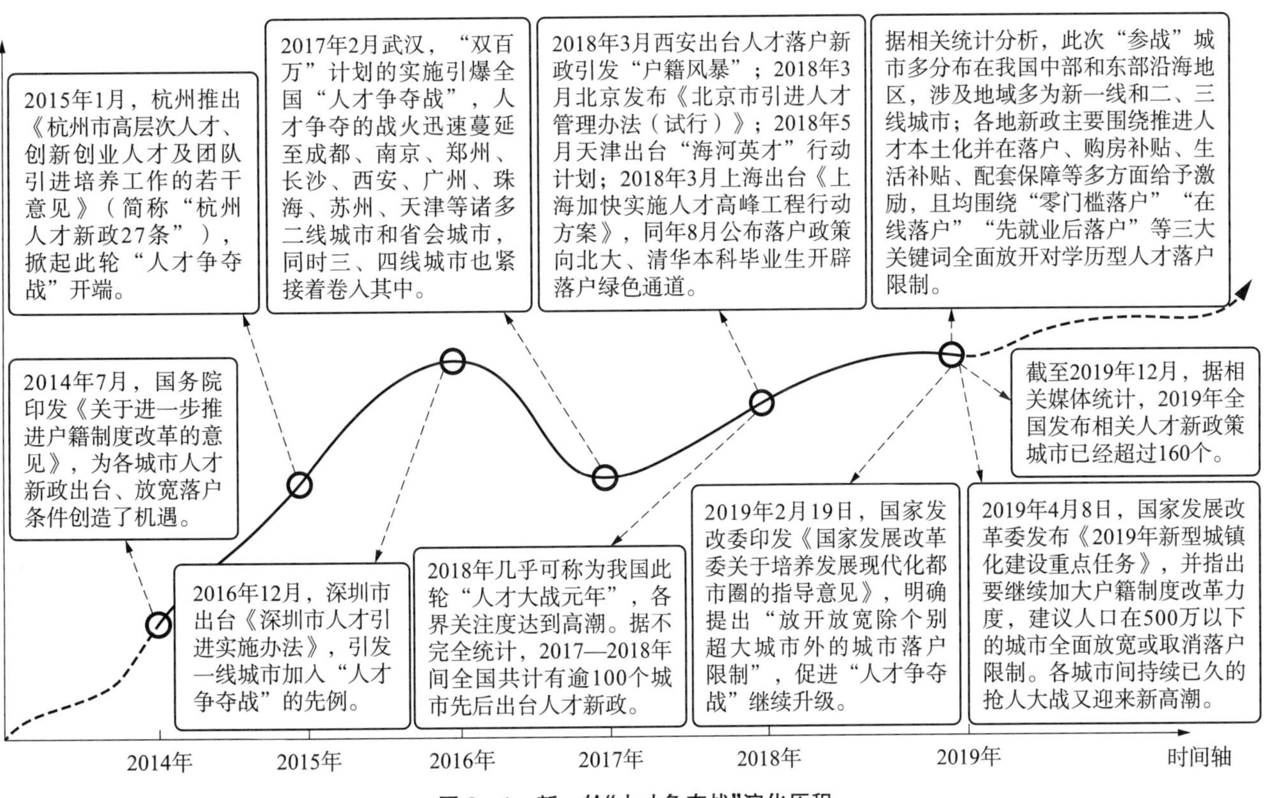

图 3-1　新一轮“人才争夺战”演化历程

资料来源：何江等(2020)。

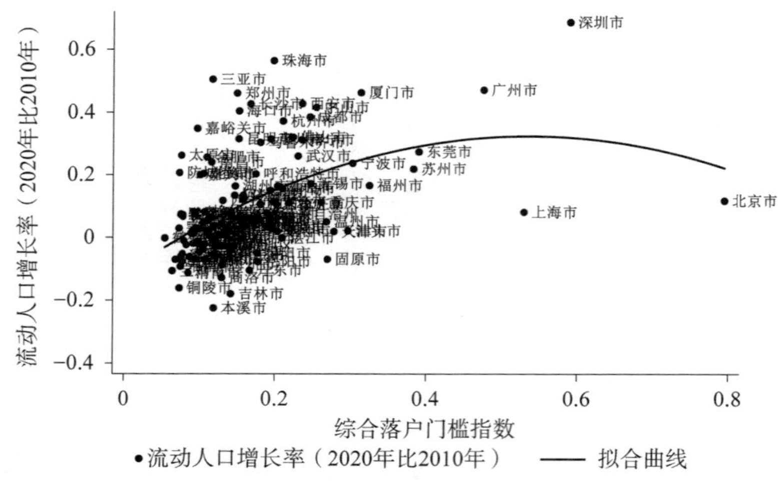

图 3－2　落户门槛与人口增长率

数据来源：户口门槛指数来自张吉鹏和卢冲(2019)。

第二节　劳动力迁移的态势

虽然中国劳动力分布在空间上总体呈现出相对稳定的态势，如胡焕庸线描绘的那样东南地区人口密集，而西北地区人口稀少，然而劳动力流动还是在局部空间上呈现出不断变化的趋势。

一、胡焕庸线

分析中国人口迁移与空间分布，备受关注的是胡焕庸先生(1901—1998，地理学家)1935 年提出的一条中国人口地域分布线(黑河—腾冲线，即胡焕庸线)，当时在胡焕庸线东南侧，面积约占中国面积的 36%，而人口却占总人口的 96%，该线西北侧面积约占全国面积的 64%，人口仅占全国的 4%。此后半个世纪以来，中国人口分布的这种大趋势一直没有大的变动。1982 年第三次人口普查时，胡焕庸线东南包括台湾地区在内总面积 411.7 万平方公里，占全国面积的 42.9%，人口为 97 139 万人，占全国总人口的 94.4%。即使时至今日，胡焕庸线仍然存在(胡焕庸，2015)，中国东南沿海地区集聚了绝大多数劳动力。

二、迁移人口空间分布演变

虽然中国人口长期主要分布在胡焕庸线东南方，但是进入 21 世纪以来流动人口数量不断上升，人口空间分布在局部空间内不断变化。2000—2010 年和 2010—2020 年两个十年间，总人口分别增长 7 206 万和 7 389 万，而流动人口分别增长 10 036 万和 15 439 万，进而流动人口占比从 2000 年的 9.56% 增长到 2010 年的 16.53%，并于 2020 年占比达到 26.62%(图 3 - 3)。全国流动人口增幅明显，如果算上获取户籍的迁移人口，则在空间上流动的人口占比将更高。

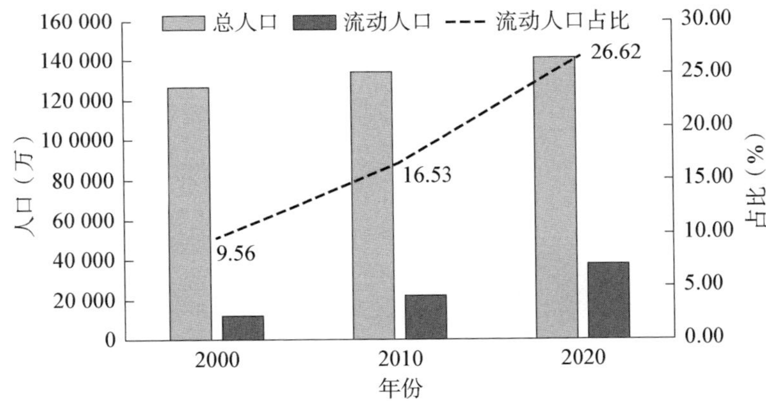

图 3 - 3　中国流动人口及其占比变化

注：流动人口指人户分离人口中扣除市辖区人户分离的人口。市辖区内人户分离人口是指一个直辖市或地级市所辖的区内和区之间，居住地和户口登记地不在同一乡镇街道的人口。

数据来源：国家统计局网站。

在分析中国劳动力流动态势时，由于 2020 年人口普查的城市层面的流动人口数据尚未公布，因而使用数据为 2000 年和 2010 年的人口普查数据。对比 2000 年和 2010 年人口普查的城市层面的常住人口数据，发现城市常住人口在东、中、西部之间的差异变得更加明显，即将两个年份城市常住人口四等级化，

2000 年西部地区城市多为第二层级，而 2010 年则多为第一层级(等级越高表明该指标数值越大)。进一步观察外省流动人口在地理空间上的分布，发现无论是 2000 年还是 2010 年，东部沿海地区绝大部分城市均处于第四等级，即属于外省流动人口密集区，相对而言 2010 年西部地区流动人口处于第一等级的城市增加。这表明 2000—2010 十年间，常住人口和流动人口在西部与中部、东部城市之间的分布有进一步分化的趋势。为考察城市之间人口和流动人口的空间相关性，进一步统计 2000 年和 2010 年常住人口和流动人口的莫兰(Moran)指数。中国 2000 年普查人口的莫兰指数小于 2010 年的莫兰指数，表明常住人口的空间自相关性有所增强(图 3－4)。2000 年流动人口的莫兰指数同样小于 2010 年流动人口的莫兰指数，表明流动人口在城市间的空间自相关性同样有所增强。莫兰指数散点图将变量 x 与其空间滞后向量(Wx)之间的相关关系，以散点图的形式加以描述(图 3－5)。

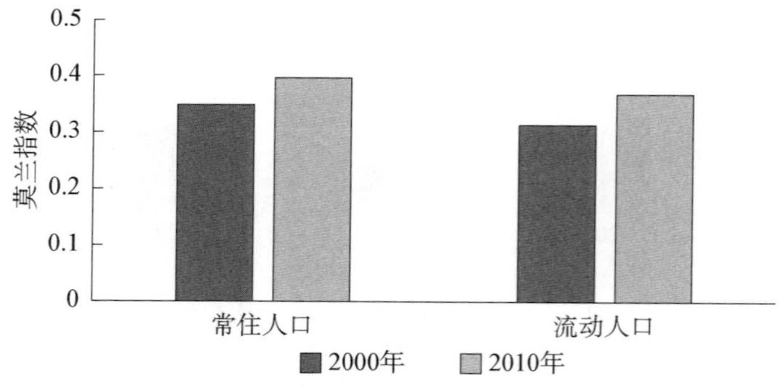

图 3－4　常住人口与流动人口莫兰指数比较

其中，图 3－5 横轴对应变量 x 的所有观测值(标准化后)，纵轴对应空间滞后向量(Wx)的所有取值。每个区域观测值的空间滞后就是该区域周围邻居观测值的加权平均，具体通过标准化的空间权重矩阵来加以定义。莫兰散点图分为四个象限，分别对应四种不同的区域经济空间差异类型。观测值的高(H)和低(L)是相对于区域总体的算术平均值而言。莫兰散点图表示的区域经济空间

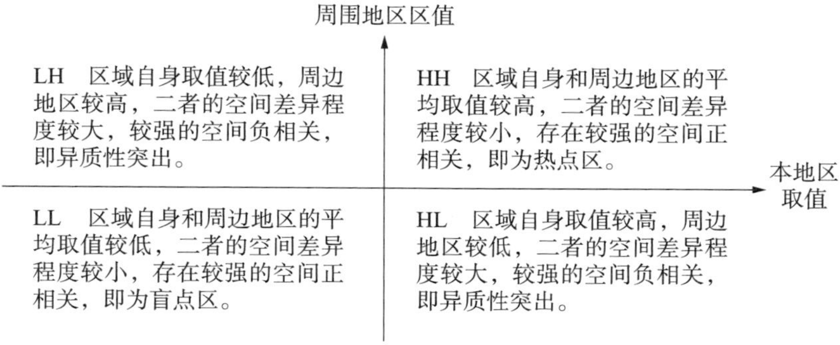

周围地区区值
LH　区域自身取值较低，周边地区较高，二者的空间差异程度较大，较强的空间负相关，即异质性突出。
HH　区域自身和周边地区的平均取值较高，二者的空间差异程度较小，存在较强的空间正相关，即为热点区。
本地区取值
LL　区域自身和周边地区的平均取值较低，二者的空间差异程度较小，存在较强的空间正相关，即为盲点区。
HL　区域自身取值较高，周边地区较低，二者的空间差异程度较大，较强的空间负相关，即异质性突出。

图 3－5　莫兰散点图空间含义解释

差异变化尚缺乏统计含义（蒲英霞等，2005）。从图 3－6、图 3－7、图 3－8、图 3－9 可以看出，2000 年和 2010 年的散点图具有相似的特征，即分布在四个象限，其中分布第一象限的散点最多，属于 HH 型的点多于其他类型的点。由此可见，劳动力流动的空间分布呈现较弱的分化态势。

莫兰指数=0.3185
2000年周围常住人口
5
0
−5
−10
−5
0
5
10
2000年常住人口

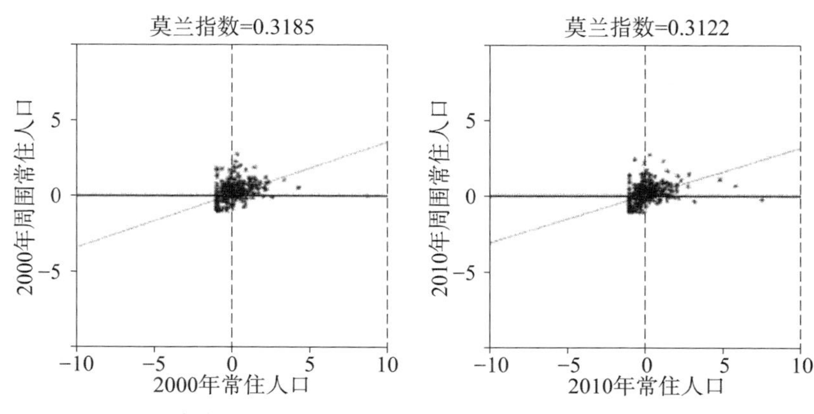

图 3－6　2000 年普查人口莫兰指数

莫兰指数=0.3122
2010年周围常住人口
5
0
−5
−10
−5
0
5
10
2010年常住人口

图 3－7　2010 年普查人口莫兰指数

三、迁移人口空间集聚趋势

进一步运用局部莫兰指数考察常住人口空间集聚形态的变化，与 2000 年相比，2010 年城市人口规模基本上维持着西部地区低低集聚，长三角、珠三角、

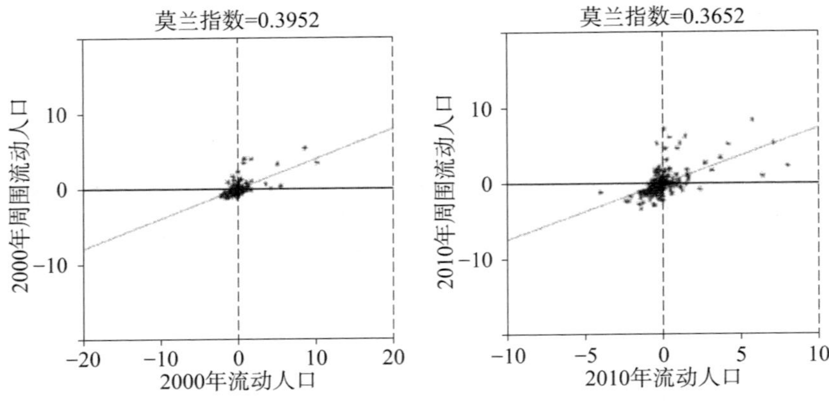

图 3－8　2000 年流动人口莫兰指数　　**图 3－9　2010 年流动人口莫兰指数**

京津冀等地区部分城市高高集聚的总体特征，同时中西部地区部分城市出现高高集聚、低高集聚。2000 年和 2010 年中部地区许多城市都是呈现低低集聚的特征，即均为劳动力净流出的城市，北京、上海等地则呈现高高集聚的特征，表明其周围地区人口净流入。值得注意的是，2010 年中部流动人口呈现低低集聚的城市，在数量上比 2000 年有所增加。将流动人口分为外省移民、本省移民和本市移民，空间统计结果发现三类指标呈现出不同的空间形态，西部大部分城市三类指标均处于低低集聚的形态。然而，三类指标高高集聚的空间形态，存在较为明显的差异。

从 2000 年至 2010 年的城市移民数量的空间结构来看（表 3－4），绝大部分地市州的空间特征一直没有任何变化。2000 年和 2010 年东莞市、中山市、广州市、惠州市、江门市、深圳市、珠海市、苏州市、廊坊市、嘉兴市、湖州市位于 HH 象限，2010 年 HH 象限增加了上海市和天津市。2000 年和 2010 年内江市、巴中市、广安市、达州市、遂宁市、亳州市、六安市、淮南市、阜阳市、茂名市、北海市、梧州市、玉林市、九江市、赣州市、信阳市、南阳市、周口市、商丘市、平顶山市、漯河市、驻马店市、十堰市、黄冈市、永州市、郴州市、重庆市位于 LH 象限，但是位于 LH 象限的城市变较多了。此外，2000 年和 2010 年南通市、保定市一直位于LL象限，合肥市一直位于HL象限。

表3－4　流动人口空间格局的变化

年份	HH(高高)	LH(低高)	LL(低低)	HL(高低)
2000	东莞市、中山市、广州市、惠州市、江门市、深圳市、珠海市、苏州市、廊坊市、嘉兴市、湖州市	内江市、巴中市、广安市、达州市、遂宁市、亳州市、六安市、**池州市**、淮南市、**铜陵市**、阜阳市、**揭阳市**、**梅州市**、**汕尾市**、**河源市**、湛江市、**潮州市**、茂名市、**阳江市**、北海市、梧州市、玉林市、**贺州市**、**钦州市**、九江市、**抚州市**、赣州市、**鹰潭市**、**三门峡市**、信阳市、南阳市、周口市、商丘市、平顶山市、漯河市、驻马店市、十堰市、黄冈市、永州市、郴州市、重庆市	**清远市**、南通市、保定市、**舟山市**、**莆田市**	合肥市、**南昌市**、**随州市**
2010	**上海市**、**天津市**、东莞市、中山市、广州市、惠州市、深圳市、珠海市、苏州市、廊坊市、嘉兴市、湖州市、**舟山市**	内江市、**南充市**、巴中市、**广元市**、广安市、**泸州市**、**绵阳市**、**自贡市**、**资阳市**、达州市、遂宁市、亳州市、六安市、**安庆市**、**宿州市**、**淮北市**、淮南市、阜阳市、**枣庄市**、**济宁市**、**菏泽市**、湛江市、茂名市、北海市、**南宁市**、梧州市、玉林市、**贵港市**、**宿迁市**、**徐州市**、**淮安市**、**连云港市**、九江市、赣州市、信阳市、南阳市、周口市、商丘市、**开封市**、漯河市、驻马店市、十堰市、**恩施**、**神农架林区**、**随州市**、黄冈市、永州市、**湘西土家族苗族自治州**、**邵阳市**、郴州市、**毕节地区**、**遵义市**、**铜仁地区**、重庆市、**安康市**	南通市、保定市、**承德市**	合肥市

注：表中加粗的城市为2000年与2010年不一致的城市。

第三节　劳动力迁移的空间偏好

由于中国经济发展水平空间差异明显，与之相应的是流动人口的分布也具有十分明显的空间差异化特征。从城市常住人口规模与人口净流入数据(常住人口减去户籍人口)来看,即使北上广深等超大城市存在很高的户籍门槛,这些超大城市仍然属于流动人口的重要选择地(图 3－10)。无论是 2000 年、2010 年人口普查数据还是最新的 2020 年人口普查数据,北上广深都是人口净流入地,尤其是 2020 年第七次人口普查数据显示深圳市净流入人口规模位居榜首。北京市和上海市虽然受到城市人口规模控制政策的影响,但是与 2000 年和 2010 年相比,2020 年净流入人口规模仍然呈现上涨态势。与之相反,重庆市作为人口规模位居第一位的城市,2000 年为人口净流入地,2010 年和 2020 年则都是人口净流出地。虽然超大城市中存在重庆市这样的特例,但是从总的趋势来看,城市常住人口规模越大则人口净流入规模也越大,即流动人口更加偏好于前往大城市(尤其是超大城市和东南沿海发达城市),这一趋势在 21 世纪以来的历次人口普查数据中呈现出越来越明显的特征。

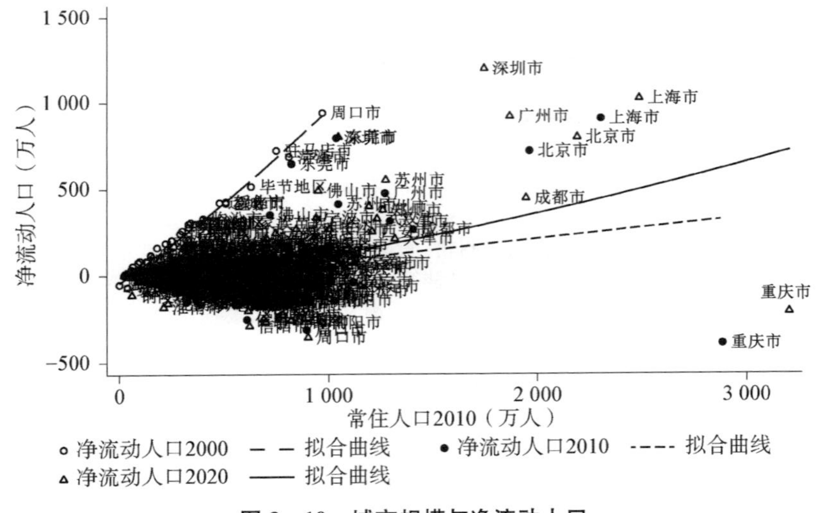

图 3－10　城市规模与净流动人口

通过直接比较 2010 与 2020 常住人口增长率与城市规模的关系,同样发现人口往往更加偏好大城市。从中国第七次和第六次人口普查数据来看,除北京、上海和重庆外，城市规模越大则常住人口增长率越高(图 3－11)。北京和上海常住人口增长率位于中等水平的主要原因在于严格的人口控制政策，同时虽然人口净流入位居前列，但是其人口基数较大，进而增长率相对较小。2020 年与 2010 年相比，城市常住人口增长率最高的是深圳市，位列超大城市前列，广州市和成都市常住人口增长幅度较大。此外，常住人口在 1 000 万以下的城市中，珠海市、三亚市、厦门市、郑州市、银川市、长沙市、西安市、杭州市、海口市、嘉峪关市等常住人口增长率较高，可见这些城市对流动人口的吸引力不断增强。

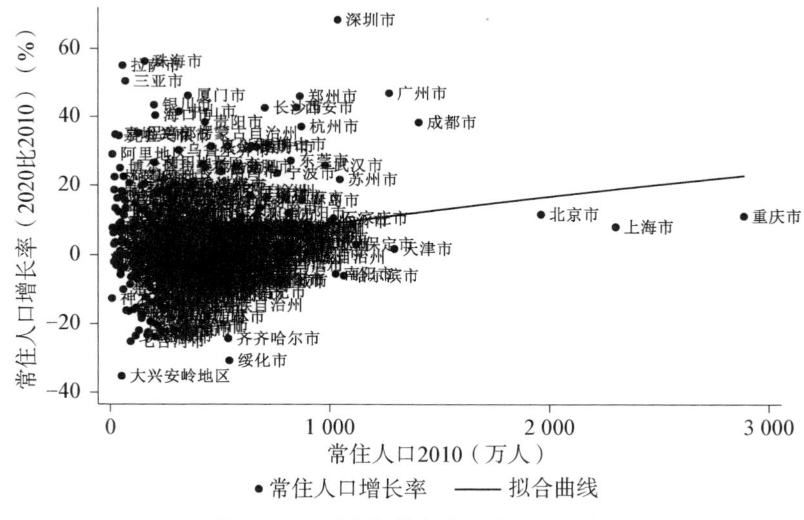

图 3－11　城市规模与常住人口增长率

通过梳理劳动力流动的经典理论与前沿进展，发现劳动力流动理论在分析劳动力流动动因、劳动力剩余等方面均有诸多经典论述，并且当前研究更加注重劳动力个体的异质性。而中国劳动力流动相关的政策也在不断演变，从限制劳动自由流动向当前逐渐放松劳动力的管制进行转变。同时，不同类型城市对异质性劳动力的“选择”日趋明显，运用人口普查数据对比分析 2000—2020 年常住人口和流动人口空间分布及其演变态势,发现城市人口规模基本上维持着西部地区低低集聚、东部地区高高集聚的总体特征。而从流动人口来看,中西部地区作为主要的人口净流出地,2010 年比 2000 年低低集聚的区域有所扩大。2020 年最新的人口普查数据则表明,超大城市仍然属于流动人口的重要选择地,城市规模越大则常住人口增长率越高,即流动人口仍然偏好于超大城市和大城市。那么,在现行户籍制度和超大城市的"选择"效应之下,劳动力的空间选择又会产生什么影响呢?这需要进一步在微观个体层面展开研究。

第四章　迁移与机会平等

在现实生活中，机会不平等的表现形式多样，测量角度也有所差异，迁移对不同类型机会不平等的影响也将有所不同。从现有研究来看，衡量机会不平等程度的方法大体可以分为三类：第一，利用被调查者对机会不平等程度的主观判断进行衡量，包括感知机会不平等指数和成功可控法测度的机会不平等；第二，利用客观指标进行衡量，如代际收入流动性等，通过考察父代对子代收入的影响程度来度量机会不平等程度；第三，通过对收入不平等进行分解，测量全国、省（区）、市层面的机会不平等。本书将选择机会不平等的三类指标，即主观衡量指标、代际收入（教育）流动性和根据机会不平等新方法测量省区市机会不平等，对中国主观机会不平等和客观机会不平等问题进行分析，并尝试回答迁移是否促进机会平等。

第一节　迁移与主观机会不平等

一、主观机会不平等测度

（一）　感知机会不平等的测度

关于机会平等的主观衡量方法，史耀疆和崔瑜（2006）在研究中使用两个变量来考察主观机会平等：一是“现在人们获得成功的机会对每个人都是一样的”，用来考察公民对机会获取的公平程度的评价；另一个变量是“只要机会均等，就算有穷有富也是公平的”。参考何立新和潘春阳（2011）与潘春阳（2011），采取另一种主观机会不平等指数的构建方法，运用 2005 年和 2015 年的中国综合调查数据库(Chinese General Social Survey, CGSS)①的数据构造"机会不平等感知指数"(Opportunity Inequality Perception Index,OIPI)。设 X_1、X_2、X_3 分别表示被调查者对调查问卷中三个问题②的同意程度的得分,X_1 为收入机会公平指数,X_2 为教育机会公平指数,X_3 为社会流动机会公平指数,则"机会不平等感知指数"构造如下:

$$OIPI = \frac{X_1 + X_2 + X_3 - 3}{12} \tag{4-1}$$

以上计算方法可保证指数取值在 0 到 1 之间。显然,OIPI 取值越大,则表示居民认为当前机会不平等程度越高。本部分运用 2005 和 2015 年 CGSS 数据对被调查者感知机会不平等进行测度,并将样本年龄控制在 18~65 岁之间。反映收入获取、升学、社会流动机会的三类感知机会不平等指数的基本统计量(表 4-1)表明,收入获取机会、升学机会、代际流动机会的均值和标准差统计量的差别不大,并且平均而言各类主观机会不平等指标的均值低于 3,即总体上比较认同各类机会较为均等。

表 4-1 三类主观机会不平等感知指数的基本统计量

变量名称	变量基本含义	样本量	均值	标准差
收入获取机会	现在有的人挣的钱多,有的人挣得少,但这是公平的。非常同意=1,同意=2,无所谓=3,不同意=4,非常不同意=5	16 595	2.55	1.10

① 该数据来自中国国家社会科学基金资助之"中国综合社会调查"(CGSS)项目。该调查由中国人民大学社会学系与香港科技大学社会科学部执行,项目主持人为李璐璐教授、边燕杰教授。作者感谢上述机构及其人员提供数据协助,本书内容由作者自行负责。

② 根据 CGSS2005 的调查问卷,有三个问题分别从收入公平性、教育机会平等性和社会经济地位获取机会平等性方面,反映居民对当前社会机会平等程度的主观感知:问题一:现在有的人挣的钱多,有的人挣得少,但这是公平的;问题二:只要孩子够努力、够聪明,都能有同样的升学机会;问题三:在我们这个社会,工人和农民的后代与其他人的后代一样,有同样多的机会成为有钱、有地位的人。

续表

变量名称	变量基本含义	样本量	均值	标准差
升学机会	只要孩子够努力、够聪明,都能有同样的升学机会。非常同意=1,同意=2,无所谓=3,不同意=4,非常不同意=5	16 669	2.15	0.96
代际流动机会	在我们这个社会,工人和农民的后代与其他人的后代一样,有同样多的机会成为有钱、有地位的人。非常同意=1,同意=2,无所谓=3,不同意=4,非常不同意=5	16 619	2.36	1.08
感知指数	运用收入获取机会、升学机会与代际流动机会估计的综合指数	16 438	0.34	0.20

进一步分析四类主观机会不平等指数的频数分布(图 4 - 1),发现被调查者中认为收入获取、升学、社会流动机会公平者相对较多,而认为机会不平等程度较大者相对很少。从机会不平等程度指数的分布来看,感知机会平等的被调查者同样占据多数。对比 2005 年和 2015 年的主观机会不平等程度,两个年份在收入获取机会不平等、教育获取机会不平等、社会流动机会不平等和感知机会不平等指数四个方面,被调查者的分布情况均较为相似,没有出现明显的变化,只是感知社会流动机会不平等的个体数量增加。可见,2005—2015 年这十年间中国居民感知机会不平等程度没有出现十分明显的变化。

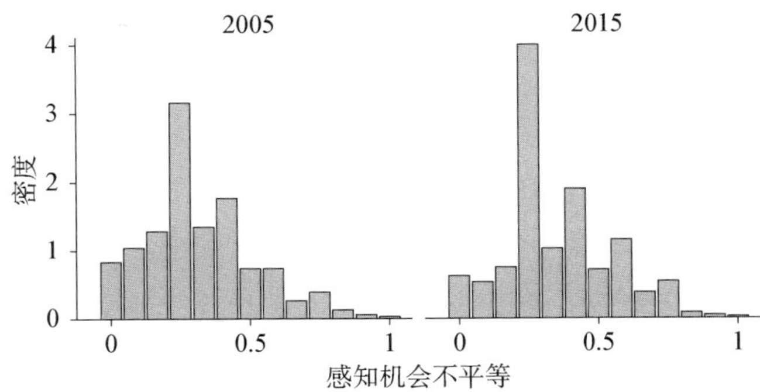

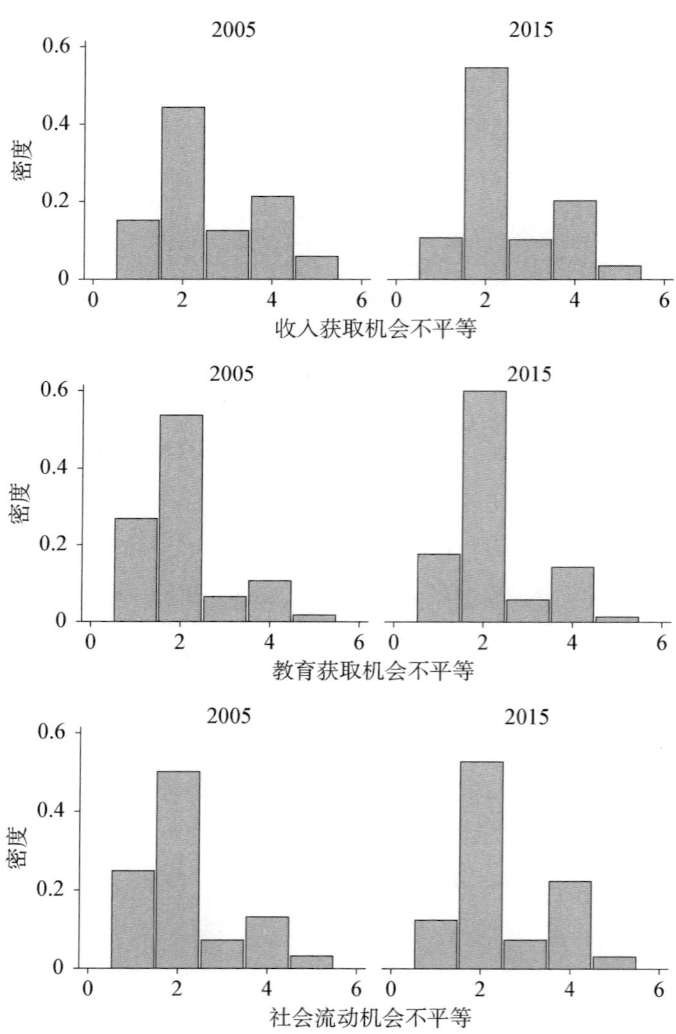

图 4－1　感知机会不平等的分布情况

比较四类主观机会不平等指标的相关系数(表 4－2),发现感知不平等指数与社会流动机会不平等指数的相关系数最高,与教育机会不平等指数的相关性次之,与收入机会不平等指数的相关性最低。此外,教育机会不平等指数与社会流动社会不平等指数相关性较强,而收入机会不平等指标与教育机会不平等指标和社会流动机会不平等指标的相关系数较小。

表 4－2　四类机会不平等感知指数的相关性

(样本量＝9031)	收入机会	教育机会	流动机会	感知指数
收入机会	1.00			
教育机会	0.26	1.00		
流动机会	0.29	0.54	1.00	
感知指数	0.70	0.77	0.81	1.00

(二)　成功可控法测度的机会不平等

借鉴伊萨克森和林斯科格(Isaksson and Lindskog, 2009)和潘春阳(2011)的方法,同时构造“成功可控”“成功半可控”“成功不可控”三个反映社会机会不平等程度感知的主观变量进行分析。第一类为个人可控性较强的因素,如有进取心和事业心、努力工作。第二类为个人在一定程度上可以控制的因素,如自己受过良好教育、社会关系多。第三类为个人难以控制的因素,如家境富裕、年龄、出生在好地方、命运。

第一类个人可控性较强的因素,即“努力”,包括“有进取心/有事业心”“努力工作”“政治表现”。“成功可控”(sucs_ctrl)指数设计如下:

$$sucs_{ctrl} = \frac{1}{3}\sum_{i=1}^{3} x_i \qquad (4-2)$$

第二类为个人在一定程度上可以控制的因素,即半可控因素,包括“自己受过良好教育”“个人的聪明才智”“社会关系多”“认识有权的人”。“半成功可控”(sucs_semictrl)指数设计如下:

$$sucs_{semictrl} = \frac{1}{4}\sum_{i=1}^{4} y_i \tag{4-3}$$

第三类为个人基本无法控制的因素，即“环境”因素，包括“家境富裕”“父母教育程度高”“年龄”“天资与容貌”“性别”“出生在好地方”“命运”。“成功不可控”(sucs_unctrl)指数设计如下：

$$sucs_{unctrl} = \frac{1}{7}\sum_{i=1}^{7} z_i \tag{4-4}$$

本部分基于 2006 年 CGSS 调查数据中相关信息计算出三类机会不平等指标，其基本统计结果见表 4－3。成功(半)可控指数越高，则表明被调查者认为个人可控制的因素对其成功的作用越小，即机会不平等程度更高。与之相反，成功不可控指数越高，则表明机会不平等程度越低。从基本统计结果来看，三类因素的均值差别不大，即认为三类机会不平等指数处于比较重要的层次，可见被调查者主观上认为三类指数对个体是否取得成功的重要性较为接近，而且标准差大小也较为接近。

表 4－3　机会平等指标基本统计(成功可控法)

变量名称	变量基本含义	样本量	均值	标准差
成功可控	成功可控因素计算的指数。具有决定性作用＝1，非常重要＝2，比较重要＝3，不太重要＝4，一点都不重要＝5	8 331	3.70	0.62
成功半可控	成功半可控因素计算的指数。具有决定性作用＝1，非常重要＝2，比较重要＝3，不太重要＝4，一点都不重要＝5	8 511	3.78	0.59
成功不可控	成功不可控因素计算的指数。具有决定性作用＝1，非常重要＝2，比较重要＝3，不太重要＝4，一点都不重要＝5	7 871	3.04	0.62

同样，比较三类主观机会不平等指数的相关系数（表 4－4），发现成功可控指数与成功半可控指数的相关系数最高，与成功不可控指数的相关性较小，其原因在于二者反映的机会不平等程度恰好相反，而成功半可控指数与成功不可控指数的相关性也较强。

表 4－4　机会平等指标相关系数（成功可控法）

（样本量＝8068）	成功可控指数	成功半可控指数	成功不可控指数
成功可控指数	1.00		
成功半可控指数	0.51	1.00	
成功不可控指数	0.27	0.43	1.00

进一步分析三类机会不平等度量指数的分布情况（图 4－2），发现被调查者中认为机会不平等者相对较多，即成功可控指数、成功半可控指数得分较低者居多，而成功不可控指数得分居中者较多。可见，被调查者中认为不可控因素

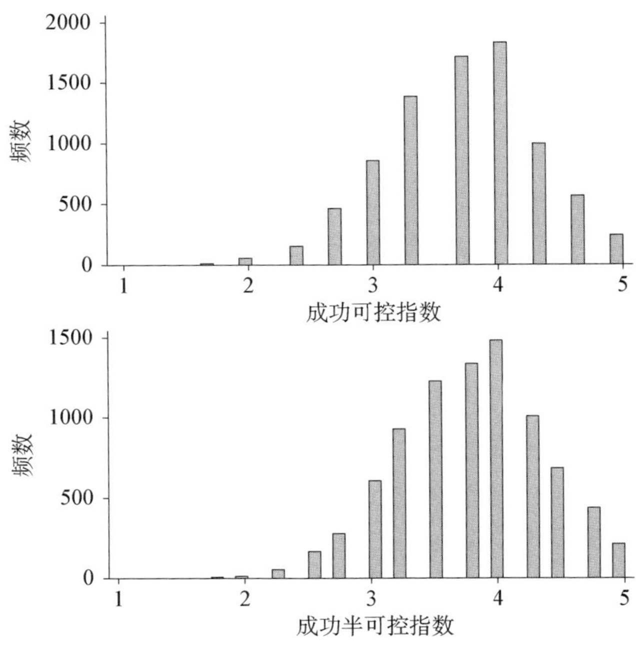

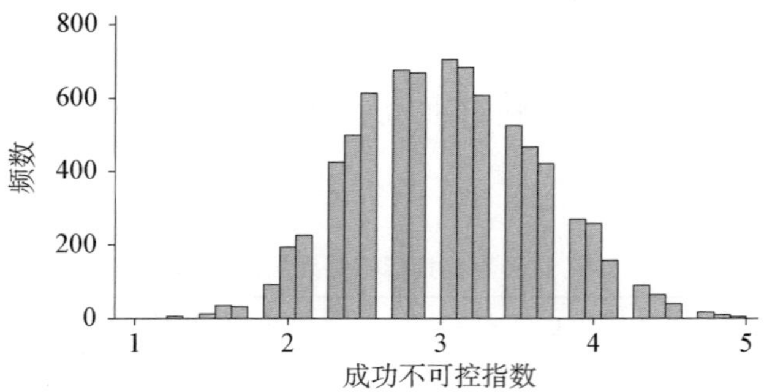

图 4-2　机会不平等感的分布情况(成功可控法测度)

对个人是否取得成功影响很大者较少,认为其影响不大者也不多。总体而言,成功可控指数与成功半可控指数的分布情况较为相似,而与成功不可控指数的分布略有差异。

二、主观机会不平等的决定

(一) 感知机会不平等的影响因素

按照 2006 年世界银行发展报告关于机会平等的界定,可知影响机会平等的因素,应该包括性别、种族、出生地、家庭背景、社会资本、教育资源获取等。罗默(Roemer, 1998)、费雷拉和吉纽(Ferreira and Gignoux, 2008)的研究表明,影响机会不平等的因子,主要包括父母的教育水平和职业、家庭收入、家庭人口规模、居住地或出生地、民族或种族、性别、社会政策等。因此,在考察主观机会不平等影响因素时,主要考虑个人特征变量 X_{ij},包括性别、受教育程度、户籍等;家庭背景变量 z_{ij},包括父母平均受教育程度、母亲户籍、父亲政治身份;同时运用城市固定效应 δ_j,对个体的所在城市生活环境产生的影响进行控制。

$$Op_{ij}=\alpha_0+\alpha_1 X_{ij}+\alpha_2 z_{ij}+\beta_j\delta_j+\mu_{ij} \tag{4-5}$$

使用 2005 年和 2015 年 CGSS 调查数据,考察感知机会不平等指数的影响因素,剔除异常值后包含感知机会不平等指数的可用样本为 16438 个

（表 4－5）。基于 2005 年和 2015 年 CGSS 数据指标可获得性，选取年龄、教育、男士、本人户籍、本人年收入、同龄地位、地位变化作为反映个人特征的变量，以控制性别、不同年龄阶段、受教育程度以及社会地位对个体主观机会不平等感的影响；同时选取父亲教育作为反映个体家庭特征的变量，以控制家庭背景对个人主观机会不平等感的影响。从基本统计量来看，感知机会不平等指数的均值为 0.34，即总体而言被调查者感知机会不平等程度较低。使用样本的年龄平均在 42 岁左右，受教育程度的均值为初中，男士占比 47%。此外，样本的年收入均值为 0.4 万元，最高值为 40 万元，而主观社会经济地位指标显示，很多群体认为自己的社会经济地位与同龄人差不多或者较低，但是认为近三年社会经济地位有所上升的个体较多。

表 4－5　感知机会不平等及其影响因素的描述统计

变量名称	变量基本含义	样本量	均值	标准差
感知机会不平等	感知机会平等指数，取值越高，机会不平等程度越高，取值在 0 和 1 之间	16438	0.34	0.20
年龄	本人的年龄	16771	42.82	12.61
教育	本人的受教育程度	16765	3.04	1.54
男士	男士＝1，女士＝0	16771	0.47	0.50
本人年收入	本人年收入（百万元）	16288	0.00	0.01
同龄地位	与同龄人相比，您认为您本人的社会经济地位。较高＝1，差不多＝2，较低＝3	16561	2.31	0.56
地位变化	与三年前相比，您认为您的社会经济地位。上升了＝1，差不多＝2，下降了＝3	16636	1.77	0.69
父亲教育	父亲受教育程度	16636	1.77	0.69

在表 4－6 中，模型（1）、模型（2）和模型（3）被解释变量为感知机会不平等指数，依次增加家庭背景变量、样本类型（城市还是农村）和城市固定效应。模型（1）估计结果表明，受教育程度越高，感知机会不平等程度越大；收入越高者

感知不平等指数越低,并且收入对感知机会不平等的负向影响存在递减趋势;与同龄人比较,社会经济地位越低,则感知不平等指数越大;三年来社会经济地位变差,则感知不平等指数同样越大。在模型(2)中控制父亲教育反映的家庭背景变量,发现父亲受教育程度越高,则感知机会不平等程度越大。在模型(3)中发现,控制城乡分类变量,发现城市居民的感知机会不平等程度更高,而且控制城乡分类变量和城市固定效应后,年龄、年收入和父亲教育程度对被调查者感知不平等指数的影响不再显著。由于模型中各变量均进行标准化处理,可以对其影响程度进行横向比较。从各变量的估计系数大小来看,教育程度是影响感知机会不平等的最主要因素,其次是社会经济地位及其变化,而年龄、收入和父亲受教育程度的影响相对较小。

表 4-6 主观机会不平等程度的影响因素

变量名称	(1)	(2)	(3)	(4)	(5)	(6)
	感知指数	感知指数	感知指数	收入获取	升学机会	代际流动
年龄	0.016*	0.020**	−0.007	0.051***	−0.052***	−0.019**
	(0.009)	(0.009)	(0.009)	(0.009)	(0.009)	(0.009)
教育程度	0.121***	0.114***	0.065***	0.040***	0.061***	0.048***
	(0.009)	(0.010)	(0.011)	(0.011)	(0.011)	(0.011)
男士	0.010	0.016	0.027*	0.009	0.034**	0.021
	(0.016)	(0.016)	(0.016)	(0.016)	(0.016)	(0.016)
年收入	0.011	0.007	−0.012	−0.029*	−0.005	0.002
	(0.012)	(0.012)	(0.014)	(0.015)	(0.014)	(0.014)
年收入平方	−0.027***	−0.025***	−0.010	0.003	−0.013*	−0.011
	(0.007)	(0.007)	(0.007)	(0.009)	(0.007)	(0.007)
同龄地位	0.083***	0.082***	0.073***	0.085***	0.036***	0.047***
	(0.008)	(0.009)	(0.008)	(0.009)	(0.009)	(0.008)
地位变化	0.080***	0.081***	0.067***	0.051***	0.039***	0.058***
	(0.008)	(0.008)	(0.008)	(0.009)	(0.008)	(0.009)
父亲教育		0.021**	−0.002	−0.008	0.007	−0.001
		(0.009)	(0.010)	(0.010)	(0.010)	(0.009)

续表

变量名称	(1)	(2)	(3)	(4)	(5)	(6)
	感知指数	感知指数	感知指数	收入获取	升学机会	代际流动
城市样本			0.051***	0.042***	0.041***	0.026**
			(0.010)	(0.011)	(0.010)	(0.011)
城市固定效应	×	×	√	√	√	√
年份固定效应	√	√	√	√	√	√
样本量	15717	15402	15402	15537	15602	15558
拟合优度	0.035	0.036	0.127	0.106	0.097	0.121

注：各变量均进行标准化处理。常数项估计结果未列出。括号中为稳健标准误。***、**、*分别表示在1%、5%及10%的显著性水平上显著。

为进一步细致分析感知机会不平等的影响因素，模型(4)、模型(5)和模型(6)分别以收入获取机会、升学机会、代际流动机会作为被解释变量进行估计。这些模型的估计结果表明：第一，年龄越大、受教育程度更高、与同龄人比较社会经济地位更低者、地位变差者和城市户籍者的收入获取机会不平等感越强；年收入越高则收入获取机会不平等感越低，而父亲教育对收入获取机会不平等感没有显著影响。同时，与同龄人相比的社会经济地位是影响收入获取机会不平等感最主要的因素，其次是年龄、与同龄人相比的社会经济地位变化和是否城市样本，而年收入对收入获取机会不平等感的影响反而相对较小。第二，受教育程度越高、男士、与同龄人比较社会经济地位更低者、地位变差者子女升学机会不平等感越强；年龄越大、年收入越高则子女升学机会不平等感越低。各自变量的横向比较发现，对教育感知机会不平等影响最大的是个人受教育程度，其次是个人年龄，而性别、与同龄人相比的社会经济地位及其变化的影响相对较小。第三，代际教育流动感知不平等指数估计结果表明，教育程度越高、与同龄人比较社会经济地位更低、社会经济地位变差、城市样本的代际流动机会不平等感越强；而年龄越大者代际流动机会不平等感更低，性别和收入对代际流动感知机会不平等程度没有显著影响。通过对各影响因素的横向比较发现，影响代际流动感知机会不平等程度的主要因素是与同龄人相比的社会经济地位、社会经济地位变化和受教育程度，而年龄、是否城市样本对代际流动感知机会不平等程度的影响相对较小。

（二）成功可控法机会不平等的影响因素

本部分用 CGSS2006 的数据进行分析，剔除异常值后，解释变量的观测值数量基本上都在 8000 左右（表 4－7）。同样，基于 CGSS2006 的数据，选取年龄、教育、男士、本人年收入、地位变化作为反映个人特征的变量，以控制性别、不同年龄阶段、受教育程度以及社会地位对个体主观机会不平等感的影响；同时选取父亲教育作为反映个体家庭特征的变量，以控制家庭背景对个人主观机会不平等感的影响。从变量的基本统计量来看，成功可控指数和成功半可控指数的均值高于成功不可控指数，但是三类变量的标准差比较接近，由于信息缺失问题导致三类机会不平等指标的样本总量略有差异。样本中本人年龄均值在 41 岁左右，与感知机会不平等分析时的样本年龄均值较为接近；教育年限的均值为 9 年左右，即初中教育程度；男性占比 46%；父亲教育程度的均值相对较低，未达到初中教育水平；年收入均值为 1 万元左右；地位变化变量的均值为 1.92，即大部分群体认为其社会经济地位与三年前相比并无明显变化。城市地区虚拟变量的统计结果表明，研究样本中城市地区样本占比高于农村地区，占到 56%。

表 4－7　成功可控法机会不平等及其影响因素描述统计

变量名称	变量基本含义	样本量	均值	标准差
成功可控	构造的成功可控指数	8331	3.70	0.62
成功半可控	构造的成功半可控指数	8511	3.78	0.59
成功不可控	构造的成功不可控指数	7871	3.04	0.62
年龄	2006 年本人的年龄	8740	41.11	12.61
教育程度	本人的受教育年限	7892	9.01	3.49

续表

变量名称	变量基本含义	样本量	均值	标准差
男士	男士=1,女士=0	8740	0.46	0.50
年收入	2006 年本人年收入(百万元)	8076	0.01	0.02
地位变化	与三年前相比,您本人的地位有什么变化。上升了=1,差不多=2,下降了=3	7966	1.92	0.55
父亲教育	父亲受教育程度	7986	2.26	1.59
城市样本	是否在城市地区(城市地区=1,其他=0)	8740	0.56	0.50

回归分析时(表 4-8),同样对各因素进行标准化处理,以比较各变量估计系数的大小,并通过是否加入城市样本虚拟变量和城市固定效应,对三类机会不平等变量的估计结果进行对照,结果表明部分变量的估计结果的显著性随着是否控制城市虚拟变量而发生变化,即遗漏变量(城市特征)对自变量估计结果的显著程度可能具有较大的影响。具体而言,在对成功可控变量的回归分析中[模型(2)],本人教育程度越高,越认为自身可控因素对是否取得成功更加重要;近三年社会经济地位降低,认为自身可控因素对是否成功的重要性越低,其他因素如年龄、性别、父亲受教育程度和是否城市地区样本对成功可控指数没有显著影响。通过系数比较发现,影响成功可控指数的主要因素是受教育程度,其次是社会经济地位变化。在对成功半可控变量的回归分析中[模型(4)],男士、城市样本认为成功半可控因素对是否取得成功更加重要,而其他因素无显著影响,而且相对而言城市地区虚拟变量的影响大于性别,可见城乡差异是影响成功半可控指数的重要指标。在对成功不可控指数的回归分析中发现[模型(6)],受教育程度越高、男士,认为不可控因素对是否取得成功的重要性更低,这一估计结果与成功可控因素正好相反,恰好也印证了两类指标对成功可控法度量机会不平等程度的可靠性。同时,性别和受教育程度变量对成功不可控指数的影响程度,并无明显差异。

表 4-8　成功可控法机会不平等程度的影响因素

变量名称	(1)	(2)	(3)	(4)	(5)	(6)
	可控	可控	半可控	半可控	不可控	不可控
年龄	0.025*	0.009	0.049***	0.004	0.071***	0.017
	(0.014)	(0.014)	(0.014)	(0.014)	(0.015)	(0.015)
教育程度	0.093***	0.053***	0.091***	0.021	0.034**	−0.037**
	(0.015)	(0.016)	(0.015)	(0.016)	(0.016)	(0.017)
男士	−0.000	0.010	0.003	0.028**	−0.064***	−0.038***
	(0.013)	(0.012)	(0.013)	(0.012)	(0.014)	(0.012)
年收入	0.029*	−0.008	0.029**	−0.004	0.016	−0.030
	(0.017)	(0.014)	(0.014)	(0.014)	(0.022)	(0.020)
地位变化	−0.003	−0.025**	0.019	0.007	0.023*	0.007
	(0.013)	(0.013)	(0.013)	(0.012)	(0.013)	(0.012)
父亲教育	0.001	−0.017	0.036***	−0.010	0.029*	−0.012
	(0.014)	(0.013)	(0.014)	(0.014)	(0.015)	(0.015)
城市样本		0.023		0.071***		0.023
		(0.020)		(0.019)		(0.020)
城市固定效应	×	√	×	√	×	√
样本量	5 973	5 972	6 082	6 081	5 683	5 682
拟合优度	0.011	0.141	0.014	0.186	0.010	0.220

注：常数项估计结果未列出。括号中为稳健标准误。***、**、*分别表示在1%、5%及10%的显著性水平上显著。

三、迁移与主观机会不平等

（一）迁移与感知机会不平等

1. 计量模型设定

城市移民通过地域流动寻找新的机会，但同时面对迁入地的制度障碍，地域歧视、户籍歧视等因素将影响迁移者的主观机会不平等感。在现有研究中，尚未看到迁移如何影响主观机会不平等感的论述。劳动者迁移行为总体上可以从两个方面来改变迁移者的主观机会不平等感。首先，从全国视角来看，地理空间变化带来了社会经济条件变化，如经济发展水平、就业机会、教育和医疗资源的从无到有，将改变迁移者整体上的主观机会不平等感。其次，从局部地区视角来看，迁移者和原居民以及其来源地居民面临的机会公平程度差异，将影响迁移者的主观机会不平等感，如收入水平、收入差距、公共资源的获取机会、户籍制度障碍等。可见，主观机会不平等感的影响源自诸多方面，迁移既可能产生正面影响，又可能带来负面影响（特别是劳动力自由流动的制度障碍），最终对迁移者的影响如何，有待进一步论证。

前文分析了影响主观机会不平等感的因素，此处在这一估计模型的基础上，探讨迁移行为 $Migr_{ij}$ 对主观机会不平等感 Op_{ij} 的影响。由于迁移行为存在异质性，将用三类模型对其影响进行估计，分别为最小二乘法（OLS）、线性异质性模型和非线性异质性模型。其中，OLS 估计的基准模型如下：

$$Op_{ij}=\alpha_0+\alpha_1 X_{ij}+\alpha_2 Migr_{ij}+\mu_{ij} \tag{4-6}$$

考虑到样本异质性问题，本节还使用处理效应模型［参见周亚虹等（2010）］进行估计。

（1）考虑异质性的模型，在模型中加入了控制异质性的迁移与其他控制变量的交互项，与实际更加相符。具体方程如下：

$$Op_{ij}=\alpha_0+\alpha_1 X_{ij}+\alpha_2 Migr_{ij}+Migr_i\times[X_i-\overline{X_i}]'\gamma+e_{0i} \tag{4-7}$$

其中，$\overline{X_i}$ 为各协变量的均值。

（2）线性模型考虑了迁移影响的异质性，但是对函数作了线性的限制，因此进一步放松线性假定，从而估计方程为：

$$Op_{ij}=u_{0i}+\alpha\times Migr_i+\beta P(X_i)+Migr_i\times[P(X_i)-\overline{P}]\gamma+e_{0i} \tag{4-8}$$

其中，$\overline{P}$ 为非参数估计倾向得分的均值。

考虑到样本选择偏差和遗漏变量等问题对模型估计带来的影响，进一步使用处理效应模型对迁移的影响进行再次估计。

$$Migr_i=\begin{cases}1, & \beta_1 X_i+\beta_2 Z_i+\varepsilon_i \\ 0, & \text{其他}\end{cases} \tag{4-9}$$

其中，Z_i 为估计处理效应的工具变量(instrumental variable, IV)。现有研究多采取移民网络(Hu, 2012; Huang et al., 2016)、失业率与就业人口结构变化(连玉君等，2015)作为迁移的工具变量。2015 年 CGSS 调查数据提供了个体家乡所在省份信息，因而参考现有文献的工具变量思路，运用 2000 年人口普查数据中家乡所在省份户籍人口中外出人口占比作为工具变量。① 家乡所在省份外出人口占比会对个体迁移行为产生影响，但是不会对迁移者迁移后在当前所在城市的主观机会不平等产生直接影响，因而可以满足工具变量的基本要求。

2. 数据与描述性统计

本部分所用数据为 2005 年和 2015 年 CGSS 调查数据，使用样本为 16 771 个，其中城市样本 9 819 个，农村样本 6 952 个；未迁移者为 8 514 个，迁移者为 8 257 个。有效样本中，迁移者占总体的 49.23%。进一步将样本进行分类，城市原居民为 4 433 个，城市迁移者为 5 386 个，农村迁移者为 2 871 个，农村本地居民为 4 081 个。从四类机会不平等指数的基本统计来看(表 4-9)，城市原居民和城市迁移者的收入机会不平等感、代际流动机会不平等感以及感知指数的均值略高，而农村迁移者和农村居民较低；农村迁移者的教育机会不平等感最低，城市原居民和城市迁移者的教育机会不平等感较高。此外，统计结果显示，四类感知指数在四类样本中的标准差并无明显差异。

表 4-9　主观机会不平等指数及其分组统计

类型	组别	统计量	收入	教育	代际流动	感知指数
城市	原居民	均值	2.60	2.25	2.49	0.36
		标准差	1.09	0.99	1.10	0.20
	迁移者	均值	2.65	2.21	2.38	0.35
		标准差	1.13	1.01	1.11	0.20

① 1990 年之前的人口普查数据中，没有调查流动人口相关信息。而 1990 年人口普查区县层面的数据中，没有提供流动人口相关信息，但是微观数据中有是否迁移的信息，因而选择运用微观数据进行估算。因此，本书仅保留 1990 年之后迁移的样本和未迁移者。

续表

类型	组别	统计量	收入	教育	代际流动	感知指数
农村	迁移者	均值	2.46	1.99	2.17	0.30
		标准差	1.12	0.90	1.03	0.19
	农村居民	均值	2.42	2.06	2.32	0.31
		标准差	1.04	0.88	1.04	0.19
全部	全部	均值	2.55	2.15	2.36	0.34
		标准差	1.10	0.96	1.08	0.20

为考察四类感知机会不平等指数在不同样本中的分布(图 4-3),进一步比较迁移者与未迁移者四类感知机会不平等的分布情况,结果表明二者的感知机会不平等指数分布较为接近,大部分样本的机会不平等感知指数在 0.5 以下。细分感知机会不平等类型发现,迁移者感知收入获取机会不平等程度较高者略多于未迁移者,具体表现为迁移者认为收入分配公平者更少,而认为收入分配不公平者更多(更多样本分布在感知不平等指数取值 0.4 以上的位置)。迁移者认为子女升学机会不公平者少于未迁移者,但二者的机会不平等指数分布差异不大。然而,这与直觉有所差异,可能的原因是对于大部分迁移者而言,其子女并未随迁到流入地,而是在迁出地接受教育(留守儿童),进而对所在地子女教育升学机会感知程度与本地居民存在差异。值得注意的是,在社会流动感知机会不平等指数分布比较中发现,迁移者认为社会流动性更强者相对较多,即

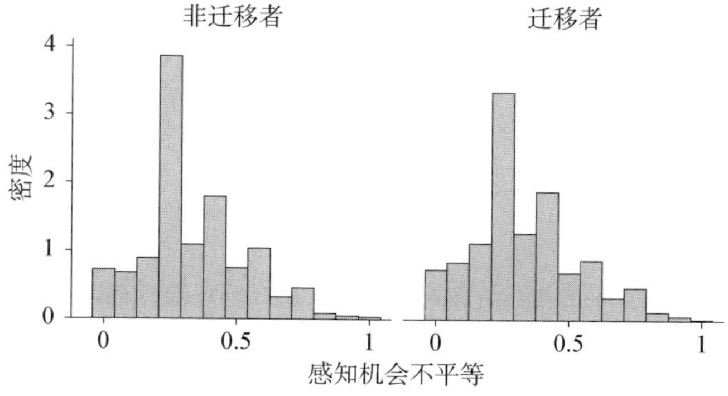

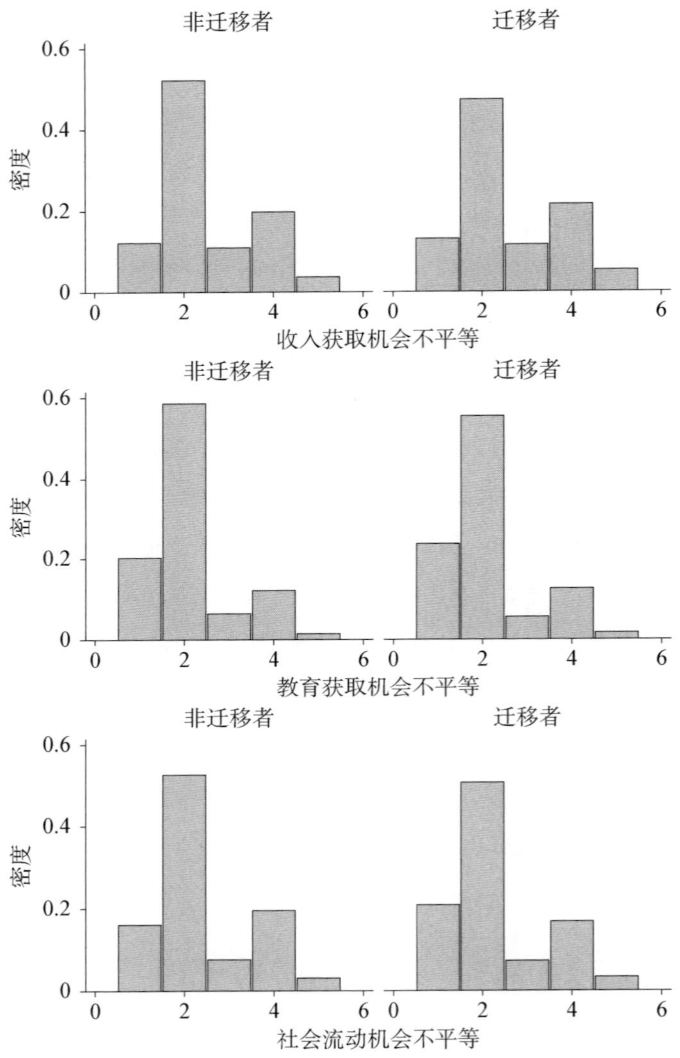

图 4－3 移民和非移民的机会不平等感

在社会流动感知不平等指数分布中更多分布在 2 的左侧。总体而言，四类机会不平等指数在本地居民和迁移者的主观感知中，并没有明显的差异。

3. 回归结果

基本统计分析发现迁移者和本地居民的感知机会不平等程度分布并无明显差异，进一步运用 OLS 估计迁移对四种主观机会不平等指标的影响（表 4－10），结果表明在控制了个人特征和城市特征后，迁移者和未迁移者的主观不平等指数并无显著差异。然而，仔细分析感知机会不平等指标发现，迁移者子女升学机会不平等和代际流动机会不平等感知指数高于未迁移者，这与两类居民感知机会不平等指数的分布反映的情况有所不同。

表 4－10　迁移与主观机会不平等感

变量名称	(1) 感知指数	(2) 收入获取	(3) 升学机会	(4) 代际流动
		OLS 估计结果		
迁移	0.006	－0.011	0.040**	0.039*
	(0.004)	(0.021)	(0.018)	(0.020)
样本量	15 402	15 537	15 602	15 558
拟合优度	0.127	0.106	0.097	0.121
		线性异质性模型估计结果		
迁移	0.007*	－0.008	0.041**	0.042**
	(0.004)	(0.021)	(0.018)	(0.020)
样本量	15 402	15 537	15 602	15 558
拟合优度	0.127	0.106	0.098	0.122

注：城市固定效应、常数项以及在四个模型中控制变量估计结果未列出。括号中为标准误。***、**、*分别表示在 1%、5%及 10%的显著性水平上显著。

考虑到个体异质性对迁移变量的估计结果产生影响，运用线性异质性模型进行估计。结果发现估计系数的显著性发生变化，即迁移者的感知机会不平等指数显著高于未迁移者，同时子女升学机会不平等和代际流动机会不平等感知均仍然高于未迁移者，但是迁移对收入获取机会不平等指数仍然没有显著影响。

进一步放宽模型假定，运用非线性假定的异质性模型估计迁移的影响（表

4－11)，发现迁移者(包括城市迁移者或者农村迁移者)和城市本地居民进行对照时，迁移对四类主观机会不平等指数的影响均不显著，而且迁移和倾向得分的交互项，同样不存在显著的影响，可见个体异质性对这两类群体的主观机会不平等感的影响不存在明显差异，并且估计结果不受个体异质性问题的影响。将迁移者和农村本地居民进行对照后发现，迁移者四类感知机会不平等指数显著高于未迁移者，但是仅子女升学机会感知机会不平等指数估计方程中迁移和倾向得分的交互项显著。这表明考虑个体异质性后，迁移对升学机会感知机会不平等的影响明显存在，即考虑个体异质性后迁移者认为子女的升学机会更加不平等。总体而言，移民与农村地区居民相比，感知机会不平等程度显著更高。

表 4－11　迁移与主观机会不平等感(非线性异质性模型)

变量名称	(1) 感知指数	(2) 收入获取	(3) 升学机会	(4) 代际流动
		城市居民和移民		
迁移	0.001	−0.040	0.024	0.028
	(0.005)	(0.026)	(0.024)	(0.026)
倾向得分	−0.060	1.036***	−1.174***	−0.628*
	(0.061)	(0.327)	(0.302)	(0.329)
交互项	0.013	0.283	0.057	−0.025
	(0.085)	(0.469)	(0.425)	(0.463)
样本量	9406	9480	9559	9531
拟合优度	0.087	0.077	0.073	0.097
		农村居民和移民		
迁移	0.019***	0.070**	0.084***	0.061**
	(0.005)	(0.028)	(0.024)	(0.028)
倾向得分	−0.011	−0.135	−0.032	0.036
	(0.024)	(0.131)	(0.112)	(0.132)
交互项	0.041	0.165	0.308**	0.015
	(0.029)	(0.160)	(0.137)	(0.159)
样本量	11805	11927	11959	11927
拟合优度	0.125	0.102	0.098	0.126

注：城市固定效应、常数项以及在四个模型中控制变量估计结果未列出。***、**、*分别表示在1%、5%及10%的显著性水平上显著。

为验证上述实证结果的稳健性，充分利用2015年CGSS调查数据报告的个体家乡省份信息，运用2000年家乡所在省份户籍人口中外出务工人口占比作为迁移的工具变量，采用处理效应模型再次估计迁移对感知机会不平等的影响（表4-12）。第一阶段估计结果表明，家乡所在省份外出人口占比对迁移产生显著的正向影响，即工具变量与迁移具有显著相关性。然而，处理效应模型估计结果与上文异质性模型估计结果存在差异，迁移变量仅对收入获取机会不平等程度存在显著正向影响，对感知机会不平等指数、子女升学机会不平等感知指数和代际流动机会不平等感知指数均无显著影响。结合不同方法的估计结论，发现总体而言迁移并未对主观机会不平等感知指数产生显著影响，即使存在影响也仅限于迁移者与农村居民之间的比较，但是迁移者的收入获取机会不平等指数高于未迁移者，这一点在处理效应模型和非线性异质性模型中均有所论证。

表4-12 迁移与主观机会不平等感（处理效应模型）

变量名称	(1) 感知指数	(2) 收入获取	(3) 升学机会	(4) 代际流动
迁移	0.050	0.767*	−0.006	−0.198
	(0.082)	(0.456)	(0.397)	(0.457)
IV：外出占比	9.204***	9.203***	9.267***	9.327***
	(0.872)	(0.868)	(0.864)	(0.867)
lambda	−0.023	−0.441	0.040	0.137
	(0.051)	(0.282)	(0.246)	(0.283)
样本量	5083	5126	5140	5131

注：城市固定效应、常数项以及在四个模型中控制变量估计结果未列出。***、**、*分别表示在1%、5%及10%的显著性水平上显著。

（二）迁移与成功可控法机会不平等

1. 数据与描述性统计

本部分所用数据为2006年CGSS，有效样本①为6939个，其中城市样本为

① 删除了原始样本（10372个）中，被调查者不耐烦、教育、收入等不可信的样本。

3 335 个，农村样本为 3 604 个；未迁移者为 4 545 个，迁移者为 2 394 个。有效样本中，迁移者占总体的 34.5%，可见 2006 年的调查数据中未迁移者占据大多数。进一步将样本进行分类，城市原居民为 1 244 个，城市迁移者即迁移到城市的被调查者为 2 091 个，农村迁移者即迁移到农村的移民为 303 个，农村居民为 3 301 个。城市原居民的三类机会不平等指数均值都较高(表 4－13)，而城市迁移者的成功不可控指数均值高于城市原居民。农村原居民与农村迁移者相比，三类指数均值高于后者，但四类样本的三种机会不平等指数的标准差无明显差异。

表 4－13　成功可控法机会不平等分类统计

类型	统计量	成功可控	成功半可控	成功不可控
城市原居民	均值	3.79	3.89	3.07
	标准差	0.63	0.61	0.64
城市迁移者	均值	3.73	3.81	3.09
	标准差	0.62	0.57	0.62
农村迁移者	均值	3.59	3.60	2.93
	标准差	0.61	0.56	0.56
农村居民	均值	3.61	3.67	2.94
	标准差	0.61	0.57	0.57
全部样本	均值	3.68	3.75	3.01
	标准差	0.62	0.59	0.61

为考察成功可控机会不平等指数在样本间的分布差异，进一步比较不同类型被调查者的机会不平等指数分布情况(图 4－4、图 4－5、图 4－6)。迁移者和未迁移者机会不平等指数的分布显示，三类机会不平等指数在两类样本中的分布总体上较为相似，均呈现出接近正态分布的特征，但是存在一些差异。就成功(半)可控指数而言，迁移者中认为成功(半)可控重要性更低者占比略高于未迁移者，即分布更加偏向于右侧。与之相反，迁移者中认为不可控因素重要性更强者占比，略多于未迁移者。

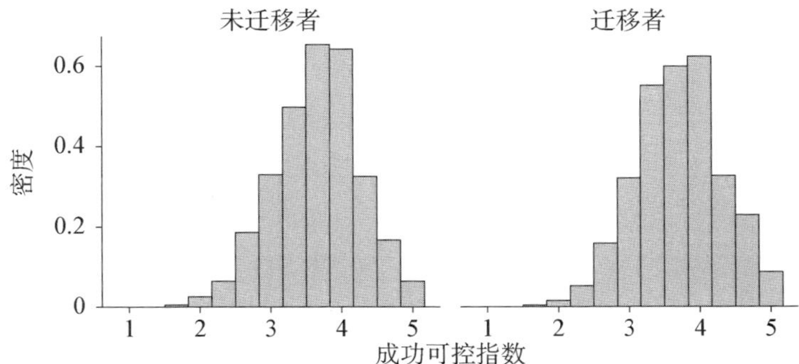

图 4-4　未迁移者与迁移者成功可控指数分布

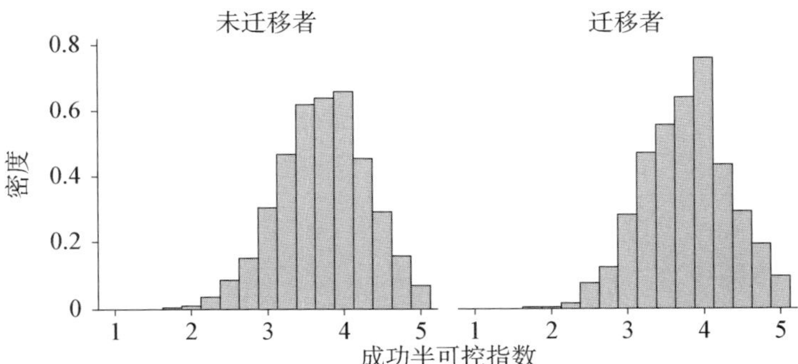

图 4-5　未迁移者与迁移者成功半可控指数分布

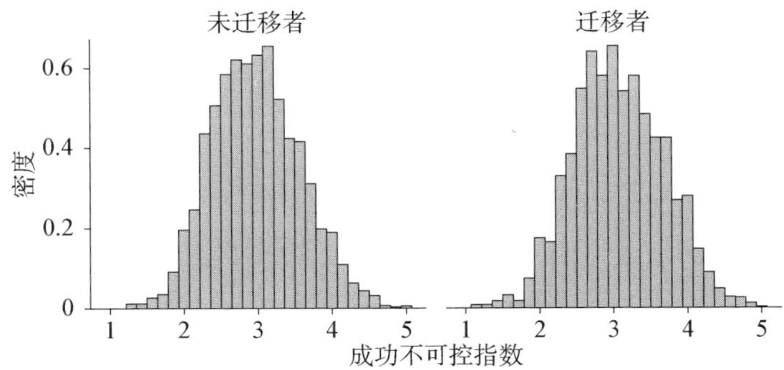

图 4-6　未迁移者与迁移者成功不可控指数分布

2. 回归结果

为考察迁移对劳动者机会不平等感的影响，在前文影响因素分析的基础上增加迁移和未获得户籍迁移者两类虚拟变量，考察其对三类机会不平等指数的影响。估计结果(表 4－14)表明，在未考虑个体异质性影响时，迁移和未获取户籍迁移对成功可控、成功半可控、成功不可控指数度量的机会不平等均不存在显著影响。当在模型中考虑个体异质性所产生的影响，并采用线性异质性模型进行估计时，结果表明迁移者认为半可控因素对成功的重要性更大，而迁移对成功可控和成功不可控因素度量的机会不平等程度仍然无显著影响。与其他群体相比，未获得户籍迁移对三类机会不平等指数仍无显著影响。

表 4－14　迁移与主观机会不平等感(成功可控法)

变量名称	(1) 可控	(2) 半可控	(3) 不可控	(4) 可控	(5) 半可控	(6) 不可控
			OLS			
迁移	−0.030	−0.031	0.024			
	(0.024)	(0.022)	(0.024)			
未获户籍				−0.034	−0.020	0.036
				(0.023)	(0.022)	(0.024)
样本量	4 637	4 722	4 401	4 621	4 706	4 385
拟合优度	0.152	0.192	0.230	0.153	0.192	0.230
			线性异质性模型			
迁移	−0.034	−0.040*	0.032			
	(0.025)	(0.023)	(0.025)			
未获户籍				−0.036	−0.032	0.041
				(0.026)	(0.023)	(0.025)
样本量	4 637	4 722	4 401	4 621	4 706	4 385
拟合优度	0.155	0.193	0.230	0.157	0.194	0.231

注：城市固定效应、常数项以及控制变量估计结果未列出。* 表示在 10% 的显著性水平上显著。

为进一步考察迁移变量、未获得户籍变量对成功可控法度量的机会不平等感的影响，用非线性异质性模型估计城市样本(表 4 - 15)中迁移的影响，结果表明与城市本地居民相比，迁移者认为不可控因素对成功的影响更小，未获得户籍迁移者同样认为不可控因素对成功的重要性更小，这一点与线性异质性模型的估计结果存在差异。但是，在成功不可控指数估计方程中，迁移和倾向得分的交互项、未获得户籍迁移和倾向得分的交互项均不显著。农村样本分析表明，迁移者和未获取户籍迁移者对成功可控、半可控因素重要性的主观感受，与农村居民存在显著差异，即迁移者认为成功可控因素和半可控因素对成功的重要性更大。而在非线性假定下，农村样本中迁移对成功不可控方法衡量的机会不平等感的影响并不显著。总体而言，迁移对总体样本的机会不平等感的影响，在城市样本和农村样本间具有一定的异质性，即在城市地区迁移影响成功不可控因素的主观感知，而在农村地区迁移影响成功可控因素和半可控影响的主观感知。

表 4 - 15　迁移与成功可控法机会不平等(非线性模型)

变量名称	OLS1 可控	OLS2 半可控	OLS3 不可控	变量名称	OLS4 可控	OLS5 半可控	OLS6 不可控
			城市样本				
迁移	−0.013	−0.002	0.061*	未获户籍	−0.013	0.022	0.070**
	(0.031)	(0.030)	(0.034)		(0.031)	(0.030)	(0.034)
倾向得分	0.022	0.087	0.083	倾向得分	0.043	0.144	−0.002
	(0.185)	(0.193)	(0.219)		(0.159)	(0.154)	(0.183)
交互项	−0.221	−0.291	−0.051	交互项	−0.423*	−0.354*	−0.039
	(0.249)	(0.251)	(0.285)		(0.217)	(0.213)	(0.250)
样本量	2 341	2 370	2 225	样本量	−0.013	0.022	0.070**
拟合优度	0.155	0.171	0.210	拟合优度	(0.031)	(0.030)	(0.034)
变量名称	OLS7 可控	OLS8 半可控	OLS9 不可控	变量名称	OLS10 可控	OLS11 半可控	OLS12 不可控
			农村样本				
迁移	−0.062*	−0.051*	−0.007	未获户籍	−0.062*	−0.051*	−0.007
	(0.035)	(0.031)	(0.032)		(0.035)	(0.031)	(0.032)

续表

变量名称	OLS7 可控	OLS8 半可控	OLS9 不可控	变量名称	OLS10 可控	OLS11 半可控	OLS12 不可控
倾向得分	0.194*	0.039	−0.166*	倾向得分	−0.194*	0.039	−0.166*
	(0.107)	(0.097)	(0.100)		(0.107)	(0.097)	(0.100)
交互项	−0.168	0.013	−0.324*	交互项	−0.168	0.013	−0.324*
	(0.183)	(0.167)	(0.177)		(0.183)	(0.167)	(0.177)
样本量	2918	2997	2772	样本量	2918	2997	2772
拟合优度	0.151	0.191	0.276	拟合优度	0.151	0.191	0.276

注：城市固定效应、常数项估计结果未列出。城市样本迁移变量进行倾向匹配时，未能加入母亲受教育程度。农村户籍样本在进行倾向匹配得分时，控制变量未加入个人年收入、母亲受教育程度。**、* 分别表示在 5%、10%的显著性水平上显著。

第二节　迁移与客观机会不平等

一、客观机会不均等的影响因素

代际流动是衡量客观机会不平等的重要指标。关于代际流动的影响因素，现有研究进行了丰富的讨论。陈琳(2015)认为，增加对幼托和初中阶段教育的公共投入可能更有利于提高代际收入流动性，而增加高等教育投入的作用可能有限。当然，政府支出在代际收入流动方面发挥着至关重要的作用，更高的政府支出，提高了小学和中等教育的质量，使贫困家庭受益更多(Huang et al., 2021)，政府支出在增加不发达家庭代际流动性和改善中国机会平等方面非常重要(Tang et al., 2021)。南(Nam, 2019)发现，美国政府支出有助于促进代际收入流动，政府支出缓和了收入不平等对代际收入流动的影响。盖尔等(Gayle et al., 2021)发现，一旦考虑到父母与孩子相处的时间投入，父母在前五年的收入在统计上就不再显著，父母双方在幼儿期的父母时间投资在统计和数量上都是儿童教育结果的重要决定因素。阳义南(2018)指出，2008—2012 年间的市场化改革则对父辈影响产生了显著的负向调节作用，使父辈对子代的影响平均下降了 0.8%。杨汝岱和刘伟（2019）认为，市场化通过优化资源配置、活跃市场主体、增加就业流动性等渠道提高了代际收入流动性。郑筱婷等（2020）发现城市产业总体就业扩张、第二产业和服务业的就业扩张可减弱代际收入相关性，促进收入的代际流动。吴奇峰和苏群（2017）指出，行业垄断加剧了劳动力市场的行业和职业分割，父代处于低端职业的子代很难流入高端职业，但高端职业内部的代际流动性较强；行业垄断对代际职业流动的直接阻碍效应会随着经济发展而逐步减小。刘琳和赵建梅（2020）认为社会网络显著促进了代际收入流动。奈德赫费尔（Neidhöfer，2019）使用来自 18 个拉丁美洲国家的统一微观数据研究表明，在儿童时期经历较高的收入不平等与在成年时期经历较低的代际流动性有关。阿布拉米茨基等（Abramitzky et al.，2021）利用美国 100 多年历史的数百万对父子，发现不同来源国的移民的孩子比美国出生的孩子有更高的上升率，移民获得这一优势的部分原因是选择在为孩子提供更好前景的地方定居。达鲁伊奇和科兹洛夫斯基（Daruich and Kozlowski，2020）发现生育率和代际转移差异对理解代际流动性都很重要，生育率差异占数据中观察到的代际流动性的 6%，大约相当于代际流动性标准差的 1/3。基于中国的研究发现，中国 1986 年实施的《义务教育法》和 1999 年开始的大学扩招政策，对中国城市代际流动有积极影响，但农村地区的情况则不太乐观（Guo et al.，2019）；中国居高不下的房价收紧了家庭的信贷约束，进而对代际教育传递产生影响（You et al.，2021）。

二、迁移如何影响代际流动

代际收入流动是反映客观机会不平等的重要指标。代际收入流动可以通过代际收入弹性（父母收入增加 1%时，子女收入增加的百分比）来反映。根据一般经验估计，其值介于 0 和 1 之间。代际收入流动较小，将使社会收入分层固化，更表现为不同个体的机会不平等。如果不平等固化在代际之中，成为长期的、动态的不平等，社会结构也将逐渐固化，平等就业的机会将被剥夺，并进一步影响经济增长和社会稳定。那么，人口迁移使代际收入流动发生何种变化呢？

在代际收入传递路径中，受教育程度、健康状况、文化资本、社会关系与迁移决策高度相关。因而，迁移致使社会总体代际收入弹性发生改变，可以理解为在本人受父辈收入影响基本成型的前提下，通过迁移改变其从父辈继承而来的差异，并最终通过收入变动表现为改变代际收入弹性。这可能更多地展现为在没有较好社会资本的家庭、个人受教育程度低的个体，可以通过迁移获取更好的就业机会，跳出“代际低收入传承陷阱”①。迁移改变整个群体的代际收入流动性，推动社会朝着机会平等的方向改进，这一影响路径如图 4－7 所示。图中“正”表示正向影响，“负”表示负向影响。

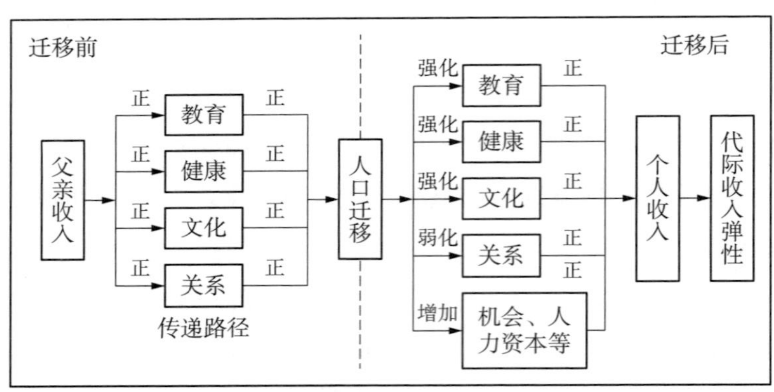

图 4－7　迁移与代际收入流动关系图解

在迁移影响代际收入流动的诸多路径中，最为重要的是迁移者将增加个人见识、学习新事物，通过“干中学”提高自身劳动技能，并且获得新的（就业）机会，增加新的社会关系，从而最终拓展了个人收入的决定因素。这些新增因素，将“稀释”原有代际收入传递因素的影响程度。

① 低收入父亲对子女收入的正向影响较小，而子女又难以改变这一现状，我们将其称为“代际低收入传承陷阱”。

三、迁移是否影响代际流动

（一）计量模型设定与数据分析

为更加准确地估计代际收入弹性，沿用索伦（Solon，1992）提出的在回归方程中增加本人与父亲年龄及其平方的估计方法，以克服单一年份收入数据估计导致向下偏误。在此基础上，引入反映是否迁移的虚拟变量及虚拟变量与父亲收入的交互项。模型具体形式如下：

$$LnY_c = \beta_0 + \beta_1 LnY_f + \beta_2 Migr + \beta_3 LnY_f \times Migr + \beta_z Z + \mu \quad (4-10)$$

上式中，LnY_c 为本人收入的自然对数，LnY_f 为父亲收入的自然对数，β_1 即为代际收入弹性。$(1-\beta_1)$反映代际收入流动性。*Migr* 为虚拟变量，代表本人是否迁移，$LnY_f \times Migr$ 为迁移变量和父亲年收入自然对数的交互项，Z 为控制变量，包括本人的年龄及其平方和父亲的年龄及其平方；反映本人所在城市属性（选取城镇人均消费支出）、代际收入传递主要路径的变量（如本人受教育程度、健康状况、父亲户籍、文化资本）。

然而，迁移个体存在异质性，因此采取两阶段估计方法进行估计。第一阶段估计时，模型具体形式如下：

$$P(Migr_i = 1 \mid M_i) = \Phi(a_i M_i) \quad (4-11)$$

M_i 为用于估计迁移概率的自变量，包括本人年龄、性别、阶层、教育、健康自评、书籍、父亲户籍类型、家庭人数、就业机会与城市人口；Φ 为标准正态分布函数。第二阶段，用迁移概率倾向分数代替迁移虚拟变量重新估计模型。

本部分实证分析中的数据主要来自 2006 年全国综合社会调查数据库①和

---

① 原始数据中，父亲健在的样本数量为 6 103 个，其中有本人和父亲收入、年龄信息的样本数为 3 056 个，去除调查员认为信息不可靠、收入信息虚假者等样本后，剩余 2 028 个可用样本。最后再进行样本迁移识别，以形成有效样本。我们比较了可用样本与有效样本中主要变量（本人与父亲的收入和年龄，本人的受教育年限）的基本统计量，以避免因为迁移识别导致样本选择偏差。统计结果表明二者之间较为一致。如可用样本的父亲收入均值为 0.86 万元，本人收入均值为 1.32 万元，而有效样本的父亲收入均值为 0.89（转下页）

《中国区域经济统计年鉴2006》。同时，使用中国家庭追踪调查(China Family Panel Studies, CFPS)调查数据①进行稳健性检验。CGSS调查数据中的全部有效样本为892个，其中城市样本共529个，农村样本共363个，分布在全国90个市州。表4-16汇报了有效样本主要变量的具体含义及其基本统计量。

表4-16　代际收入流动及其影响因素基本统计量

变量名称	变量具体含义	样本量	均值	标准差
父亲收入	2005年父亲的年收入(万元)	892	0.894	0.971
本人收入	2005年本人的年收入(万元)	892	1.332	1.389
父亲年龄	2005年父亲年龄(岁)	892	57.96	8.927
本人年龄	2005年本人年龄(岁)	892	30.55	7.704
教育	本人受教育年限(年)	869	10.26	3.177
书籍	本人18岁时家庭藏书数量(册)	892	2.313	1.309
父亲户籍	父亲现在的户口类别(农村=1,城镇=2,县级市=3,地级市=4,省会城市=5,直辖市=6)	892	2.332	1.793
本人户籍	本人现在的户口类别(分类同上)	892	2.498	1.853
城镇消费	本人所在城市的城镇人均消费支出(万元)	892	8.931	0.321
消费差额	本人与父亲所在地人均消费支出的差额(万元)	640	0.005	0.222
家庭人数	2005年家庭成员数(人)	892	2.498	1.083
就业机会	本人所在城市的就业机会(城镇就业人数/总人口数)	892	0.246	0.359
城市人口	本人所在城市的总人口(万人)	892	604.3	431.9
阶层	自我阶层评价(农民=1,工人=2,中产=3,企业家=4)	864	1.653	0.658

(接上页)万元，本人收入均值为1.33万元，不存在显著差异。此外，我们考察了两类样本核心变量的Kernel分布情况，Kernel分布曲线几乎重合。而且，从城市类型来看，基本上涵盖了东中西部大中小城市。因此，有效样本具有一定的代表性。同样，按照分样本回归分类标准，对其样本代表性作了相同的验证。

① 中国家庭追踪调查旨在通过跟踪收集个体、家庭、社区三个层次的数据，反映中国社会、经济、人口、教育和健康的变迁，为学术研究和公共政策分析提供数据基础。CFPS由北京大学中国社会科学调查中心(ISSS)实施。感谢项目组的数据支持，本书观点作者自负。

户籍制度在人口迁移分析时具有十分重要的地位。有效样本按照户籍类型划分后，农村户籍者481个，略多于城市户籍者数量。无论父亲属于哪一类型的户籍，本人户籍与父亲户籍类型相同者占据该类型样本的绝大多数。其中父亲为农村户籍、直辖市户籍者，本人户籍与父亲户籍一致的比例最高。有效样本中迁移者[①]占总体的37.4%。

（二） 迁移对代际收入流动的影响

在不考虑是否迁移的情况下，在回归结果（表4－17）中，模型OLS表明可用样本的代际收入弹性为0.56，即父亲收入对本人收入存在显著正向影响。这表明中国代际收入流动与其他国家相比，几乎处于最低水平。[②] 所有有效样本的回归结果表明，模型OLS1中，代际收入弹性高达0.59，与可用样本估计结果差别不大，即代际收入弹性估计系数相对较为稳健。模型OLS2在模型OLS1的基础上加入反映迁移的虚拟变量后发现，迁移对本人收入具有十分显著的正向影响；迁移与父亲收入交互项的估计系数显著为负，表明迁移与非迁移样本的代际收入弹性存在明显的差异，未迁移群体的代际收入弹性为0.64，而迁移群体仅为0.39，后者不到前者的2/3。这表明迁移群体的代际收入流动性更强，或者说其父亲收入对本人收入的影响程度更低。从而这一结论验证了前文的理论分析。

在模型OLS3中增加了城镇消费[③]变量，以便尽可能地反映样本所在城市

---

① 迁移者包括农村户籍者和城市户籍者，农村户籍迁移者表示外出务工，但是没有获得城市户籍。城市户籍迁移者即现在是城市户籍，但是出生时并不都是城市户籍。按照2005年是进城务工、本人与父亲户籍信息比较、城市户籍的年龄、户籍所在地与问卷所在地是否一致、与父母是否同住或居住距离远近、与父母见面次数等进行迁移识别。

② 美国等传统发达国家的代际收入相关关系普遍较高，达到0.4～0.5，而北欧国家如芬兰、丹麦和挪威等普遍较低，仅为0.2（Corak，2006）。显然，中国代际收入流动性偏低。此外，未作异常值处理时，所有包含本人、父亲收入和年龄信息的样本，代际收入弹性估计值为0.5。

③ 分析区域特性时，尝试考虑人均GDP、住宅均价、城镇消费的影响，当同时纳入人均GDP、住宅均价、城镇消费三个变量时，人均GDP、住宅均价对收入的影响变得不再显著，其他变量的显著性和系数仅发生微弱变化。

表 4 - 17 迁移对代际收入流动的影响

变量名称	OLS	OLS1	OLS2	OLS3	IV1	IV2	OLS(R)	IV(R)
父亲收入	0.56***	0.59***	0.64***	0.52***	0.67***	0.55***	0.64***	0.66***
	(0.02)	(0.03)	(0.03)	(0.04)	(0.04)	(0.05)	(0.03)	(0.05)
迁移			0.36***	0.31***	0.81***	0.64***	−0.05	0.17
			(0.06)	(0.05)	(0.09)	(0.09)	(0.09)	(0.15)
交互项			−0.25***	−0.20***	−0.37***	−0.33***	−0.27***	−0.35***
			(0.06)	(0.06)	(0.09)	(0.09)	(0.07)	(0.13)
城镇消费				0.90***		0.85***		
				(0.09)		(0.09)		
消费差额							0.00***	0.00***
							(0.00)	(0.00)
年龄及常项	是	是	是	是	是	是	是	是
样本量	2028	892	892	892	842	842	640	611
拟合优度	0.34	0.36	0.42	0.49	0.43	0.49	0.46	0.45

注：*** 表示在 1%的显著性水平上显著。

生活成本差异所导致的整体收入水平差异。结果显示，城镇消费变量估计系数十分显著，未迁移者代际收入弹性、迁移以及交互项系数的绝对值都有所降低，但并未改变模型 OLS2 的根本结论。由于用 OLS 对本部分模型估计迁移的影响，不能考虑个体之间的异质性。因此，用迁移概率作为工具变量，重新对模型进行估计。模型 IV1 表明考虑了个体异质性后，与模型 OLS2 相比，变量回归系数的绝对值增大，未迁移者代际收入弹性更高，迁移对个人收入的影响程度更大，迁移群体的代际收入弹性不到未迁移群体的 1/2，迁移导致的这一变化至少可以使整整一代人免受低收入传承的困扰。当然，IV 未改变 OLS 的根本结论。

进一步，在模型 IV2 中增加区域特性变量后，方程系数的绝对值同时减小，但是总体结论与模型 IV1 保持一致。模型 OLS(R)与 IV(R)较之其他模型的变化在于用消费差额变量代替城市消费变量，以验证模型中使用城市消费变量能否较好地反映本人(父亲)实际收入与名义收入的差别。因为消费差额变量可以较好地反映迁移者迁移前后所在城市的差异，而这些差异很大程度上决定其收入变化。模型 OLS(R)中的代际收入弹性高于模型 OLS3。值得注意的是，在这两类模型的回归结果中，迁移的估计系数不再显著，这表明在考虑可消费水平代际差异之后，迁移对收入的直接影响并不明显。除此之外，从 OLS(R)与 OLS3、IV(R)与 IV2 的对比来看，即使在因数据缺失导致样本量减少的情况下，父亲收入及交互性的回归系数显著性，并且大小无实质性变化，这在一定程度上进一步验证了以上模型估计结果的稳健性。①

为进一步分析不同样本之间的差异，分样本进行回归分析(表 4-18)。将样本所在城市按照经济发展水平进行划分后发现，发达地区迁移与未迁移群体的代际收入弹性无差别，均低于落后地区未迁移者，高于落后地区迁移者。市外迁移增加两类样本的收入。市外迁移交互项、市内迁移仅对落后地区样本存

① 基于此，出于分样本回归的需要，后文分析时仍然采用城镇消费反映实际收入。

在显著影响。两类样本中获得户籍迁移对本人收入都有显著影响，获取户籍迁移的交互项在发达地区对代际收入弹性没有显著影响，而落后地区则存在显著影响。此外，未获得户籍的迁移，仅在落后地区能显著增加迁移者的收入。

表 4－18　迁移对代际收入流动的影响(分样本估计)

变量名称	发达地区		收入高		受教育水平高		城市规模大	
	是	否	是	否	是	否	是	否
父亲收入	0.46***	0.52***	0.12***	0.48***	0.48***	0.54***	0.52***	0.52***
	(0.11)	(0.06)	(0.04)	(0.06)	(0.16)	(0.05)	(0.06)	(0.07)
迁移(M)	0.36***	0.89***	0.44***	0.03	0.73***	0.51***	0.62***	0.81***
	(0.12)	(0.14)	(0.07)	(0.14)	(0.15)	(0.11)	(0.12)	(0.15)
父亲收入×M	−0.06	−0.31**	0.10	−0.61***	−0.31	−0.39***	−0.39***	−0.21
	(0.17)	(0.13)	(0.08)	(0.14)	(0.23)	(0.12)	(0.13)	(0.15)
样本量	250	592	455	387	170	672	434	408
拟合优度	0.40	0.36	0.27	0.29	0.47	0.43	0.50	0.47
父亲收入	0.44***	0.53***	0.13***	0.53***	0.41***	0.57***	0.54***	0.55***
	(0.12)	(0.05)	(0.04)	(0.07)	(0.13)	(0.06)	(0.07)	(0.07)
市外迁移(M1)	0.30*	0.45*	0.31***	0.06	0.50***	0.39***	0.57***	0.37**
	(0.16)	(0.24)	(0.09)	(0.18)	(0.19)	(0.14)	(0.18)	(0.19)
父亲收入×M1	−0.09	−0.45***	0.17**	−0.48***	−0.54**	−0.27**	−0.30*	−0.23*
	(0.21)	(0.17)	(0.09)	(0.14)	(0.24)	(0.12)	(0.16)	(0.13)
市内迁移(M2)	0.66	2.76***	1.31***	0.00	1.93**	1.49	1.16	3.06***
	(1.55)	(0.74)	(0.45)	(0.79)	(0.83)	(0.91)	(1.13)	(0.73)
父亲收入×M2	0.49	−0.15	−0.45	−1.57***	1.16*	−1.18**	−0.99*	−0.55
	(1.90)	(0.50)	(0.42)	(0.58)	(0.63)	(0.56)	(0.57)	(0.52)
样本量	250	592	455	387	170	672	434	408
拟合优度	0.40	0.37	0.28	0.30	0.50	0.44	0.50	0.49
父亲收入	0.39***	0.53***	0.12***	0.44***	0.41***	0.50***	0.50***	0.54***
	(0.11)	(0.06)	(0.04)	(0.06)	(0.13)	(0.06)	(0.07)	(0.08)
获取户籍(M3)	0.31**	0.51***	0.34***	0.17	0.63***	0.19	0.40***	0.64***
	(0.13)	(0.15)	(0.08)	(0.12)	(0.12)	(0.12)	(0.14)	(0.15)
父亲收入×M3	0.00	−1.12*	0.12	−1.50**	0.39	−2.39***	−0.35	−0.85
	(0.52)	(0.58)	(0.27)	(0.65)	(0.46)	(0.82)	(0.60)	(0.79)

续表

变量名称	发达地区		收入高		受教育水平高		城市规模大	
	是	否	是	否	是	否	是	否
未获户籍(M4)	0.03 (0.09)	0.42*** (0.08)	0.15*** (0.05)	0.15* (0.08)	0.38*** (0.11)	0.29*** (0.07)	0.26*** (0.07)	0.37*** (0.09)
父亲收入×M4	0.01 (0.29)	−0.21 (0.21)	0.06 (0.13)	−0.40* (0.23)	−0.43 (0.35)	−0.03 (0.22)	−0.41 (0.25)	−0.13 (0.27)
样本量	248	591	453	386	169	670	431	408
拟合优度	0.39	0.36	0.25	0.29	0.48	0.44	0.48	0.47

注：因变量为个人收入的自然对数，自变量为父亲收入的自然对数(下表同)。迁移者获取所在地的户籍时 M3＝1，否则 M3＝0；迁移者未获取所在地的户籍时 M4＝1，否则 M4＝0。年龄、消费的估计结果未列出。***、**、*分别表示在1%、5%及10%的显著性水平上显著。

按照本人收入高低划分样本后发现，高收入者代际收入弹性低于未迁移的低收入者，高于低收入迁移者。即低收入未迁移者容易陷入“代际低收入传承陷阱”，收入低而且受到父辈收入影响程度很大。因此，在未迁移者中，由于迁移障碍而放弃迁移的人群，特别是低收入人群，将高度延续其从父辈那里传承下来的低收入特征，失去通过迁移予以改变的机会，从而其个人遭受净福利损失。迁移对高收入者的收入存在明显正向影响，但是对低收入者的收入不存在显著影响。市外迁移对高收入者的收入有显著的正向作用，并且市外迁移的高收入者代际收入弹性高于未迁移的高收入者，低收入迁移者反之。而市内迁移对高收入者的影响更大，其交互项系数表明低收入样本中迁移者代际收入弹性更低。从是否获得户籍来看，获得户籍迁移对高收入迁移者的收入存在显著正向影响，而对代际收入弹性无显著影响；获得户籍迁移交互项表明，低收入样本中迁移者代际收入弹性更低。而未获得户籍的迁移，利于迁移者收入增加，仅使低收入者样本的迁移者代际收入弹性更低。

高教育群体(受教育 12 年以上)的代际收入弹性低于受教育水平低的未迁移群体，但是以上二者代际收入弹性明显高于低教育迁移者。迁移能增加两类样本的收入。市外迁移对这两种样本收入有显著影响,并且明显降低迁移者代际收入弹性。市内迁移仅对高教育群体收入存在正向影响,但是其代际收入弹性更高;市内迁移能使低教育群体的代际收入弹性更低。获得户籍迁移能增加高教育迁移者的收入,使低教育迁移者的代际收入弹性更低,未获得户籍迁移仅增加两类样本的收入。按照所在城市规模大小进行划分,大城市未迁移者与小城市群体的代际收入弹性相等,但是大城市迁移者的代际收入弹性远远低于前两者。在控制了城市消费之后,迁移对大城市迁移者收入的影响程度与小城市相比,反而更小。市外迁移可以增加两类样本的收入,降低其代际收入流动。市内迁移则仅增加小城市迁移者收入,降低大城市迁移者代际收入弹性。获得户籍、未获得户籍迁移仅增加收入。

为检验 2006 年 CGSS 调查数据估计结果的稳健性,进一步使用 CFPS(2012—2018)调查数据估计迁移对代际收入流动的影响。估计结果(表 4 - 19)表明,无论是父亲收入还是母亲收入,都对子代收入产生显著正向影响,其中父亲收入对子代收入的影响更大,但是代际收入弹性明显低于 2006 年 CGSS 的估计结果。迁移变量则对子代收入存在显著的正向影响,但迁移与父母亲收入交互项的估计系数显著为负,表明迁移显著降低了代际收入流动,这一估计结果与 2006 年 CGSS 的估计结果保持一致,表明研究结论较为稳健。

表 4 - 19　迁移对代际收入流动的影响(稳健性检验:CFPS2012—2018)

变量名称	(1)	(2)	(3)	(4)	(5)	(6)
	父亲收入			母亲收入		
	子女收入	子女收入	子女收入	子女收入	子女收入	子女收入
父母收入	0.132***	0.131***	0.154***	0.091***	0.097***	0.127***
	(0.010)	(0.010)	(0.012)	(0.012)	(0.012)	(0.013)
迁移		2.625***	2.759***		2.763***	2.355***
		(0.214)	(0.216)		(0.216)	(0.228)
父母收入×迁移			−0.111***			−0.157***
			(0.025)			(0.029)

续表

变量名称	(1)	(2)	(3)	(4)	(5)	(6)
	父亲收入			母亲收入		
	子女收入	子女收入	子女收入	子女收入	子女收入	子女收入
样本量	8310	8215	8215	7852	7843	7843
拟合优度	0.078	0.093	0.095	0.062	0.079	0.082

注：控制变量包括子代年龄、父代年龄及其平方、性别、受教育程度、城乡虚拟变量、省份固定效应、年份固定效应。*** 表示在1%的显著性水平上显著。

（三） 代际传递路径的影响分解

鲍尔斯和赫伯特(Bowles and Herbert，2002)认为父亲收入直接影响本人收入，同时本人收入还受到一些其他因素(如 x_1、x_2)的影响，但是这些因素与父亲收入相关。因此，可以将代际收入相关关系分解为直接影响和间接影响，即：

$$r_{y_c y_f} = \beta_{y_c y_f} + r_{x_1 y_f}\beta_{x_1 y_c} + r_{x_2 y_f}\beta_{x_2 y_c} \tag{4-12}$$

其中，$r_{y_c y_f}$ 是本人收入与父亲收入的回归系数，$r_{x_1 y_f}$ 是 x_1 与父亲收入的相关系数，$\beta_{x_1 y_c}$ 是 x_1 与本人收入的回归系数，$r_{x_2 y_f}$ 是 x_2 与父亲收入的相关系数，$\beta_{x_2 y_c}$ 是 x_2 与本人收入的回归系数。考虑其他影响因素，并对所有数据进行标准化(均值为 0，方差为 1)处理之后，本人收入回归方程：

$$y_c = \beta_{y_c y_f} y_f + \beta_{x_1 y_c} x_1 + \beta_{x_2 y_c} x_2 + \varepsilon \tag{4-13}$$

对上式两边同时乘以 y_f，然后取期望值。由于数据进行了标准化处理，从而变量间相关系数等于期望值。于是：

$$r_{y_c y_f} = E[y_c y_f] = E[y_f y_f]\beta_{y_c y_f} + E[y_c x_1]\beta_{x_1 y_c} + E[y_c x_2]\beta_{x_2 y_c} \tag{4-14}$$

其中 $E[y_f y_f] = 1$，$E[y_c x_1] = r_{x_1 y_f}$，$E[y_c x_2] = r_{x_2 y_f}$。首先，用以下收入方程可估计各影响因素的参数 $\beta_{x_i y_c}$：

$$y_c = \beta_{y_c y_f} y_f + \beta_{X_i y_c} X_i + \varepsilon \quad (4-15)$$

然后，运用代际收入相关系数（用 $r_{y_c y_f}$ 表示）分解方法，计算各因素方差贡献率：

$$r_{y_c y_f} = \beta_{y_c y_f} + E[y_c X_i]\beta_{X_i y_c} = \beta_{y_c y_f} + r_{X_i y_c}\beta_{X_i y_c} \quad (4-16)$$

选取与本人收入、父亲收入都相关的变量：本人受教育程度、健康自评、18岁时家庭书籍数量（作为文化资本的代理变量）、父亲户籍（作为社会关系的代理变量）[①]，对代际收入相关关系进行分解（表 4－20）。

表 4－20　代际收入主要传递路径的相关关系及贡献率

变量名称	相关系数		回归结果		分解	
	父亲收入	本人收入	回归系数	标准误	乘积	贡献率
父亲收入	1.00	0.58	0.36***	0.04	—	—
教育	0.44	0.54	0.30***	0.03	0.13	0.23
健康自评	0.02	0.00	−0.02	0.03	0.00	0.00
书籍	0.42	0.42	0.09***	0.03	0.04	0.07
父亲户籍	0.56	0.44	0.06**	0.03	0.03	0.06
累计	—	—	—	—	—	0.36

注：回归系数指该变量对本人收入的回归估计系数。***、** 分别表示在 1%、5% 的显著性水平上显著。

从父亲收入与传递路径的相关系数来看，受教育程度与父亲收入的相关系数为 0.44，与本人收入相关系数为 0.54。健康自评与本人收入相关系数为 0.00，与父亲收入相关系数为 0.02。家庭书籍数量与父亲收入相关系数为 0.42，以本人收入相关系数为 0.42。父亲户籍与父亲收入相关系数为 0.56，与本人收入相关系数为 0.44。回归系数表明本人收入与父亲收入、教育、书籍、父亲户籍显著正相关。相关系数分解则表明，四项因素共可解释代际之间收入

① 本部分的数据难以完全分析代际收入传递路径的影响，文化资本和社会关系仅能运用代理变量进行衡量。

36%的相关性。受教育程度是可识别的代际收入传递路径中作用最大的影响因素,家庭书籍反映的文化资本与父亲户籍所反映的社会关系的变量作用相当。

(四) 迁移对代际传递路径的影响

将反映代际收入传递路径的变量纳入回归方程中,通过交互项来考察人口迁移对这些路径的影响(表 4-21)。总体而言,父亲收入反映的代际收入弹性明显减小(模型 IV),因为代际收入相关关系中一部分被反映传递路径的变量所解释。迁移不再显著增加个人收入,迁移与父亲收入的交互项系数则显著为负,说明即使考虑了这些传递路径之后,迁移群体与未迁移群体的代际收入弹性仍然存在明显差别,即迁移者的代际收入弹性更低。这进一步表明,迁移降低代际收入弹性,主要体现在增进迁移者机会等未能观察的因素上。

表 4-21 代际收入传递因素回归结果(分样本)

分类	全部	发达地区		收入高		受教育水平高		城市规模大	
	IV	是	否	是	否	是	否	是	否
父亲收入	0.35***	0.30***	0.36***	0.11**	0.37***	0.45**	0.35***	0.28***	0.38***
	(0.05)	(0.12)	(0.06)	(0.05)	(0.07)	(0.18)	(0.06)	(0.07)	(0.08)
迁移(M)	−0.62	0.13	−0.83	−1.37**	−0.36	0.67	−0.09	0.30	−0.92
	(0.68)	(1.10)	(0.91)	(0.66)	(1.05)	(5.15)	(1.04)	(0.95)	(1.00)
父亲收入×M	−0.23**	−0.02	−0.32**	−0.01	−0.52***	−0.41	−0.22*	−0.25	−0.22
	(0.11)	(0.18)	(0.15)	(0.10)	(0.16)	(0.25)	(0.13)	(0.16)	(0.16)
教育	0.33***	0.38	0.33**	0.05	0.14	2.19**	0.34**	0.42**	0.30
	(0.13)	(0.29)	(0.14)	(0.15)	(0.13)	(1.07)	(0.14)	(0.17)	(0.20)
教育×M	0.55*	0.28	0.56	0.57**	0.16	−0.26	0.31	0.09	0.69*
	(0.29)	(0.46)	(0.39)	(0.28)	(0.46)	(1.90)	(0.46)	(0.40)	(0.42)
书籍	−0.02	0.11	−0.08	−0.07	0.05	−0.31	0.00	−0.06	0.02
	(0.09)	(0.13)	(0.11)	(0.08)	(0.11)	(0.25)	(0.09)	(0.12)	(0.13)
书籍×M	0.15	−0.14	0.33	0.18	0.08	0.64	0.12	0.17	0.16
	(0.17)	(0.24)	(0.24)	(0.16)	(0.26)	(0.40)	(0.21)	(0.22)	(0.27)
父亲户籍	0.30***	0.19	0.33***	−0.03	0.33***	0.10	0.35***	0.34***	0.29**
	(0.07)	(0.12)	(0.10)	(0.06)	(0.08)	(0.18)	(0.08)	(0.10)	(0.14)

续表

分类	全部IV	发达地区		收入高		受教育水平高		城市规模大	
		是	否	是	否	是	否	是	否
父亲户籍×M	−0.04 (0.15)	0.06 (0.20)	−0.06 (0.25)	0.27* (0.14)	−0.39 (0.27)	0.06 (0.25)	−0.14 (0.26)	−0.01 (0.22)	0.04 (0.28)
样本量	842	250	592	455	387	170	672	434	408
拟合优度	0.55	0.47	0.43	0.33	0.33	0.55	0.48	0.57	0.53

注：年龄、消费、健康及健康与迁移的交互项结果未列出。***、**、*分别表示在1%、5%及10%的显著性水平上显著。

具体到代际收入传递路径变量的作用，只有教育和父亲户籍对本人收入产生影响显著，迁移与教育的交互项系数显著为正，表明迁移强化了教育对个人收入的影响。迁移者所受教育对其收入的影响系数是未迁移群体的两倍以上，这一结论与理论预期一致。反映社会关系的父亲户籍对个人收入存在正向影响，但是其与迁移的交互项系数并不显著，表明其对收入带来的影响整体上在不同群体中没有差异。这可能是父亲户籍作为代理变量存在不完善所致，同样也有可能与当前人们获取的信息更加容易、交通高度发达等因素有关，使得父辈社会关系同样利于本人迁移，而这在本部分数据中难以识别。

分样本考察后发现，迁移可以降低落后地区迁移者的代际收入弹性。落后地区个人收入受到父亲收入、教育、父亲户籍的影响显著，其他路径甚至迁移行为均没有显著作用。高收入群体收入受父亲收入，以及教育、父亲户籍与迁移的影响。低收入群体的收入没有受到教育的显著影响，但是与父亲户籍正相关，并且低收入迁移者的代际收入弹性更低。受教育程度低的群体中，其收入更多地被父亲户籍所解释，而教育的作用相对微弱，其中迁移者代际收入弹性更低。这一结论表明，受教育程度高的群体，教育对其收入的影响更强。而按照城市规模进行划分后发现，大城市样本中，教育、父亲户籍对个人收入影响显著。在小城市中，父亲户籍同样显著影响个人收入，并且迁移明显强化教育对收入的影响。

第三节　迁移与地区机会不平等

一、地区机会不平等的测度

本部分参考潘春阳(2011)的思路，借鉴费雷拉和吉纽(Ferreira and Gignoux，2011)提出的衡量机会不平等方法(将收入分为机会不平等和努力不平等，简称“参数法”)，采用参数法对中国各城市的机会不平等程度进行估计。参数法主要分为以下几个步骤：

第一步，根据罗默(Roemer)的理论，遵循布吉尼翁等(Bourguignon et al.，2013)的思路，“优势”的决定方程为：

$$y_i = f(C_i, E_i, u_i) \tag{4-17}$$

其中，y_i 表示个体 i 的收入，即罗默的“优势”，C_i 表示个体 i 难以控制的一系列“环境”变量，E_i 表示个体 i 的“努力”程度，u_i 为误差项，可以理解为纯粹的运气带来的影响。进一步假设“努力”E_i 也会受到“环境”的影响，因为个人努力对环境而言可能是内生的(endogenous)，即有：

$$E_i = E(C_i, v_i) \tag{4-18}$$

其中，v_i 为“环境”以外因素的影响，因而得到：

$$y_i = f[C_i, E(C_i, v_i), u_i] \tag{4-19}$$

于是“优势”决定方程可简化为：

$$y_i = \psi[C_i, \varepsilon_i] \tag{4-20}$$

并假设其满足如下函数形式：

$$ln y_i = C_i\beta + \varepsilon_i \tag{4-21}$$

第二步，利用最小二乘法对上述回归方程进行估计，估计出不受“环境”影响的个人"标准收入"$\widetilde{y_i}$，即：

$$\hat{\widetilde{y}}_i = exp(\overline{C}\hat{\beta} + \hat{\varepsilon}_i) \tag{4-22}$$

其中，$\overline{C}$ 表示"环境"变量的平均值，$\hat{\beta}$ 为系数的 OLS 估计值，$\hat{\varepsilon}_i$ 为残差。

第三步，利用"广义熵"(Generalizes Entropy)指数族 E_0，构造"机会不平等指数"OI：

$$OI = E_0(\{y_i\}_{i=1}^n) - E_0(\{\widetilde{y}_i\}_{i=1}^n) \tag{4-23}$$

其中，$E_0(\{x_i\}_{i=1}^n) = n^{-1}\sum_{i=1}^n ln(\overline{x}/x_i)$，$\overline{x} = n^{-1}\sum_{i=1}^n x_i$ 。可以看出，机会不平等程度是实际收入不平等与"标准收入"不平等之差。因而，可以将"标准收入"不平等，定义为"努力不平等"EI，即：

$$EI = E_0(\{\widetilde{y}_i\}_{i=1}^n) \tag{4-24}$$

在实际应用中，对"标准收入"进行估计时，存在遗漏变量的问题，因为在设定"优势"决定回归方程时，不可能考察所有的"环境"因素的影响。但费雷拉和吉纽(Ferreira and Gignoux, 2011)运用数学证明，利用实际数据估计得到的 OI 可以解释真实机会不平等的下限，即真实的机会不平等程度高于估计得到的 OI，相应的 EI 则是"努力不平等"的上限。

接下来根据布吉尼翁等(Bourguignon et al., 2013)与费雷拉和吉纽(Ferreira and Gignoux, 2011)的"优势"决定方程，参考潘春阳(2011)的方法对中国的 OI 和 EI 进行估计：

$$y_i^{ES} = \beta_0 + \beta_1 Pedu_i + \beta_2 Ppoli_i + \beta_3 PHukou_i + \beta_4 Male_i + \beta_4 Age_i + \mu_i \tag{4-25}$$

其中，y_i^{ES} 表示城市 s 中个体 i"优势"，用收入进行衡量。方程右边包含了一系列影响个人"优势"的"环境"变量。其中 $Pedu_i$ 表示父辈受教育程度，而 $Ppoli_i$ 表示父辈政治身份，$PHukou_i$ 表示父辈户籍身份，$Male_i$ 为性别虚拟变量，Age_i 为个体年龄。

二、地区机会不平等的比较

（一） 全国机会不平等的测度

在采用参数法对机会不平等进行衡量时，运用 2015—2019 年 CFHS 的调查数据进行估计。CFHS 调查数据相对于其他微观入户调查数据而言，可以在省区市层面具有代表性，进而可以相对较好地测度省级层面的机会不平等程度。全部样本中，2015 年机会不平等程度和收入不平等相对较低，机会不平等程度占比仅为 11%左右，而 2017 年和 2019 年机会不平等程度占比为 20%左右。城市样本与总样本相比，各年份收入不平等程度都较低，这可能与城乡差别对总体不平等贡献较大有关，但是城市机会不平等程度略高于总体样本机会不平等程度。农村样本机会不平等程度较低，且占比在 5%以下（表 4－22）。

表 4－22　地区机会不平等与收入不平等基本统计

年份	全部不平等			城市不平等			农村不平等		
	收入	机会	占比	收入	机会	占比	收入	机会	占比
2015	0.4087	0.0452	11.06	0.3889	0.0474	12.18	0.4146	0.0152	3.67
2017	0.4235	0.0853	20.13	0.4077	0.0836	20.49	0.3648	0.0156	4.26
2019	0.4260	0.0864	20.28	0.4092	0.0909	22.21	0.3800	0.0141	3.70

（二） 各省区市机会不平等的测度

为考察不同省份和城市机会不平等程度，进一步估计了省级层面的收入不平等指数（图 4－8），并与机会不平等程度进行比较。从 2019 年各省份的机会不平等指数和总收入不平等指数来看，参数法估计的机会不平等指数所占比重普遍较小。具体而言，青海的总收入不平等指数最高，湖北省的总收入不平等指数最低；而浙江省的机会不平等指数最高，湖北省的机会不平等指数同样最低。地区比较分析发现，收入不平等程度与机会不平等程度呈现明显正相关关系。进一步比较 2015—2019 年收入不平等和机会不平等的变化（图 4－9），发现各地区收入不平等和机会不平等越高，则其变化幅度越小。值得注意的是，很多省份收入不平等程度呈现下降趋势，但是机会不平等程度下降的省份较少。

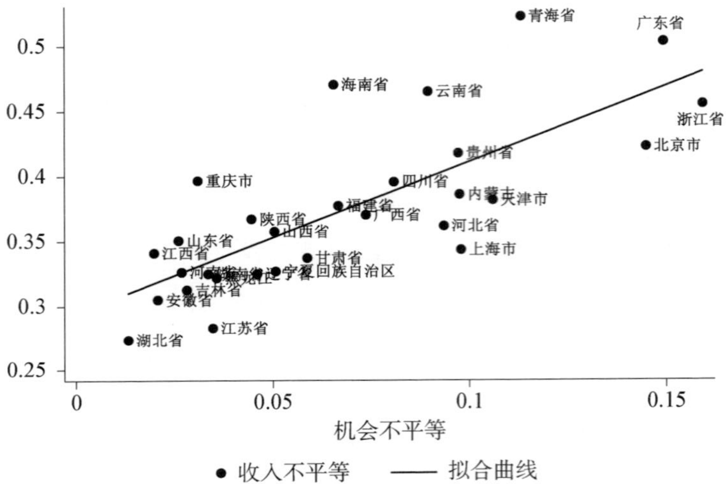

图 4－8　地区不平等变化(2015—2019)

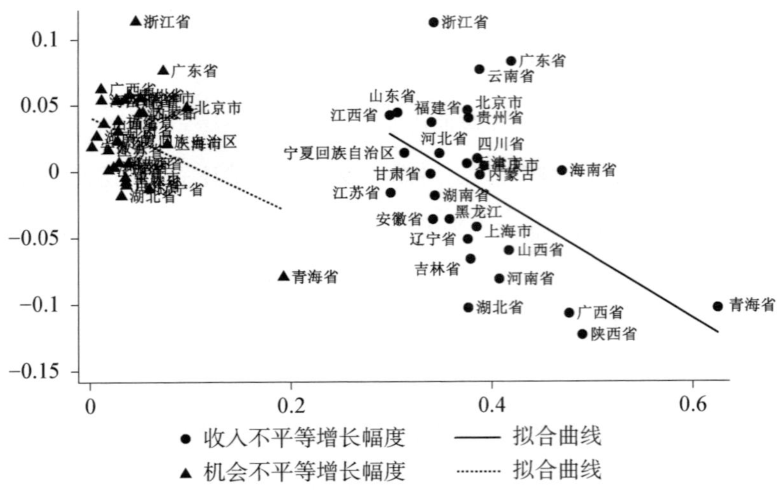

图 4－9　机会不平等与收入不平等(2019)

三、迁移与地区机会不平等

为考察地区机会不平等、收入不平等与迁移的相关性，进一步分析 2010 年人口普查数据中的省级移民占比与 2015—2019 年 CHFS 省份机会不平等之间的关系（图 4－10、图 4－11）。2010 年省级流动人口占比与 2015 和 2019 年收入不平等之间并无明显的正相关关系，二者的拟合曲线接近水平直线，然而，2010 年省级流动人口占比与 2015 和 2019 年机会不平等之间呈现明显的正相关关系。鉴于现有研究发现，迁移者更加倾向于迁入机会更加均等的地区，而且前文迁移与代际收入流动的分析发现，迁移可以降低代际收入弹性，即迁移提升个体机会平等程度（降低其受到父辈的影响程度）。省级流动人口占比与机会不平等的正相关关系表明，在总体层面迁移人口可能导致迁入地更高的机会不平等程度，即大量个体通过空间选择的集体行动“重塑”了机会不平等的空间差异，即个体行为所产生的影响（降低机会不平等），最终形成的群体性结果（提升机会不平等）可能存在偏差。

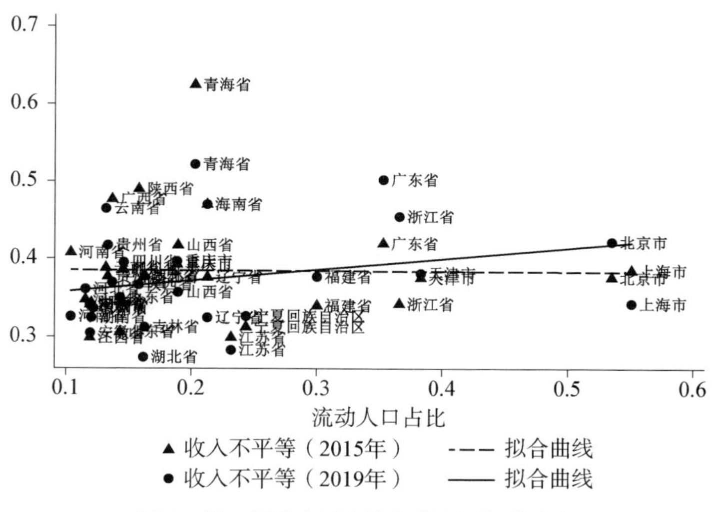

图 4－10　流动人口占比与收入不平等变化

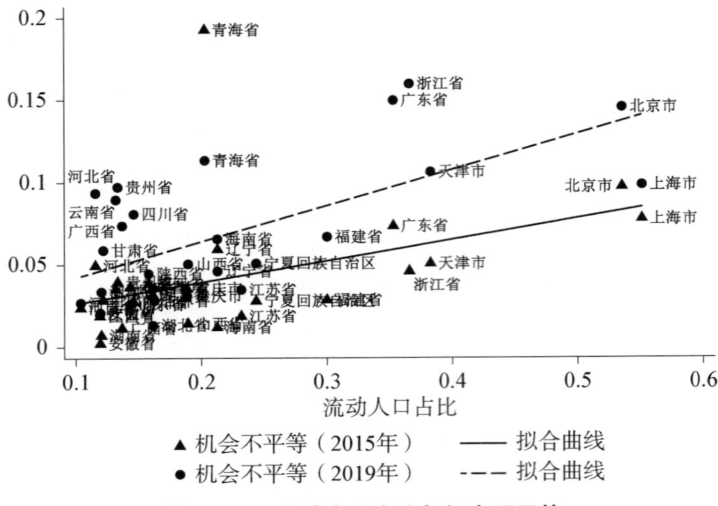

图 4－11　流动人口占比与机会不平等

本章运用三类机会不平等指标，度量中国机会不平等程度，同时分析劳动力流动与机会不平等之间的关系，发现各类机会不平等指数的影响因素存在较为明显的差异，而且总体而言迁移对主观机会不平等的影响并不显著，尤其是在城市本地居民和迁移者之间。将迁移者和农村居民进行对照后发现，迁移者升学机会不平等指数显著低于未迁移者。同时，基于代际收入流动的研究表明，迁移者的代际收入弹性不到未迁移者的一半，即迁移提升了机会平等程度。然而，在地区层面机会不平等程度与流动人口占比正相关，表明微观个体行为对自身所产生的影响（降低机会不平等）与群体结果（提升机会不平等）可能存在一定偏差。当然，这一结论需要进一步深入地分析。

第五章　迁移与居民福利

关于劳动力流动的动因，可以从收入、就业、社会保障、公共物品等角度展开分析。如阿罗卡和休因斯（Aroca and Hewings，2002）提供了一个劳动力流动的基本分析框架，并探讨了智利人口迁移过程，认为劳动力流动的动因在很大程度上取决于其获取商品和服务的可能性，如高收入、职业等。易苗等（2011）认为，在中国劳动力流动的预期效用，主要考虑收入和劳动力市场的情况，同时在经验分析中也可考虑一些其他影响迁移决策的因素，如医疗状况和房价等。本部分将在现有研究的基础上，分别从收入、幸福感和福利指数三类福利指标出发，分析迁移对居民福利所产生的影响。

第一节　迁移与收入增长

劳动力流动对其收入产生影响，已经得到大量研究的证实。如早在20世纪90年代，巴罗和萨拉-伊-马丁（Barro and Sala-I-Martin，1991、1995）研究发现，美国和其他国家的收入收敛速度存在差异，其原因可能在于劳动力流动程度不同，进而论证了劳动流动对收入的影响。布朗（Braun，1993）的研究表明，收入收敛的渐进速度与劳动力流动的程度是成比例的。当然，也有一些不同的声音，如埃文斯（Evans，1997）使用流动频率较高的动态面板数据，得到不一样的结论，即发现美国比其他国家收入收敛速度快得多。具体到中国，劳动力流动与收入之间的关系如何？与上述研究不同，本部分将从微观个体层面，重点分析迁移对劳动者收入的影响。

一、迁移如何影响收入

事实上，收入增长是移民选择流动的动机之一，因为通常移民可以通过流动获取更高的工资收入。罗泽尔等(Rozelle et al., 1999)发现劳动力迁移对家庭农业生产的双重影响：一是劳动力迁移对农作物产出带来直接而显著的负面影响；二是外出劳动力给家中的汇款增加家庭的资金。阿克塞尔松和韦斯特隆德(Axelsson and Westerlund, 1998)研究瑞典1980—1990年劳动力流动对实际可支配收入的影响，结果发现并不显著。他们认为居民会从选择集合 J 中选择 j^*，如果以下条件成立：

$$PVNB^{j^*}(t) = \left\{\max_{j\in J}\int_0^T (Y_j - Y_P)e^{-rt}dt - C_{mj} \geqslant 0\right\} \tag{5-1}$$

$PVNB^{j^*}(t)$是个人在时间 t 地区 j^* 的净现值，Y_j 和 Y_P 分别指的是居住在 j 地区和现在地区的净收益，r 是贴现率，C_{mj} 是从 P 地区向 j 地区迁移的成本。由于不同个体的净收益、决策不一样，即存在异质性，阿克塞尔松和韦斯特隆德(Axelsson and Westerlund, 1998)使用处理效应模型研究此问题。

国内学者也对移民与收入变化进行了一些研究。贺秋硕(2005)认为从长期来看，随着劳动力流动性的提高，正面作用最终会占据主导地位，从而劳动力的无限自由流动会最终导致收入差距收敛于稳态。管晓明(2006)的研究在一系列模型假定条件下发现，即使流入劳动力是低技能和转移支付的净受益者，当他们流入该经济体时，占人口多数的原有中、低收入阶层也可能会因此而受益，这取决于构成中等收入群体劳动力的平均技能水平等因素。宁光杰(2012)分析农村外出劳动力就业选择和收入差异后指出，控制了选择性偏差，自我雇佣者的小时收入比短期工资获得者(短期工)的小时收入高，但并不比长期工资获得者(长期工)的高；收入差异分解的结果显示，在自我雇佣者和长期工、自我雇佣者和短期工之间的收入差异中都存在歧视因素。

同时，移民对本地居民的就业和工资有正面的影响。奥塔维亚诺和佩里(Ottaviano and Peri, 2006)的研究结果显示，除未完成高中阶段学习的劳动力外，本地工人的工资将从移民中获益。佩里(Peri，2007)发现加利福尼州移民并没有增加具有相似受教育程度及工作经验的本地居民失业的可能性，移民并不是本地居民的完全替代者，移民促进而不是损害了本地居民的就业和工资。沈坤荣和余吉祥(2011)指出，中国的市场化改革为统筹城乡劳动力资源配置提供了条件，城镇居民可以通过与农村移民的分工而获得农村劳动力流动带来的额外收益，但是仍然存在的城市劳动力市场分割会阻碍这种作用的发挥。实证研究结果显示，农村移民可以对城镇居民的收入产生正向影响，但这严重依赖于市场化的进程。可见，现有关于中国移民的收入效应研究，从总体收入差距和微观个人收入层面都有所探讨，并对迁移如何影响收入作出深入分析。

二、迁移是否影响收入

（一） 计量模型设定与统计分析

本部分基准模型是在传统收入估计方程中引入反映是否迁移的虚拟变量，考察迁移对劳动者收入的影响。模型具体形式如下：

$$Lny_i = \alpha_0 + \alpha_1 Migr_i + \alpha_2 X_i + \mu_i \tag{5-2}$$

上式中，Lny_i 为本人收入的自然对数，$Migr_i$ 为虚拟变量，代表本人是否迁移，迁移则 $Migr_i = 1$，未迁移则 $Migr_i = 0$，实证研究中其他各类迁移变量均采取与此类似的虚拟变量形式。X_i 为一系列控制变量，包括本人的年龄及其平方、所在城市的特征等。

然而，选择迁移者与未迁移者之间可能存在异质性，即一些与收入相关的个人特征存在差异。如博尔哈斯(Borjas，1987)认为如果迁移者多是能力较高的人，迁移之后他们的收入有望追上输入地的本土居民，即正向的自我选择；反之，如果迁移者多是能力较低者，迁移后他们在输入地的收入劣势将很难改变，即负向的自我选择。如邢春冰(2010)研究发现，虽然临时移民的选择效应几乎可以忽略不计，但是永久移民的“正选择”效应非常明显。因此，在估计移民的收入增长效应时，需要考虑样本选择问题。[①] 本部分采用倾向得分匹配(Propensity Score Matching，PSM)方法考察迁移对收入的影响。PSM方法第一步估计个体选择迁移的概率，然后按照这一概率进行匹配，进而估计出迁移对收入的影响。其中，参与者平均处理效应(ATT)为：

$$ATT = E(Y_{1i} - Y_{0i} \mid Migr_i = 1) \tag{5-3}$$

本部分所使用的主要数据为2010年中国综合调查数据库(Chinese General Social Survey，CGSS)。同时，使用中国劳动力动态调查(China Labor-force Dynamics Survey，简称CLDS[②])数据进行稳健性检验。CGSS2010的原始数据包含11 785个样本，考虑到本部分主要考察农村居民迁往城市或者城市居民迁移其他城市对收入产生的影响，仅保留劳动年龄人口以及清理异常值后可用样本为5 319。[③] 其中，迁移样本1 879个(市外迁移样本509个，市内迁移样本1 370个；未获得户籍迁移样本1 165个，获得户籍迁移样本714个；获取户籍的市外迁移者173个，未获取户籍的市外迁移者336个，获取户籍的市内迁移者541，未获取户籍的市内迁移者829个)[④]，未迁移样本3 440个。核心变量统计结果(表5-1)表明，迁移者年收入均值为3.687万元，方差为10.83，均大于未迁移样本，可见迁移者收入更高但是迁移者之间收入分化也更明显。迁移样本的本人受教育程度(排序变量，取值越大则受教育程度越高)均值为

① 在运用PSM方法研究收入问题的已有文献中，李静和彭飞(2012)研究了企业出口贸易对工资的影响，曹永福等(2013)研究了农民工自我雇佣对其收入的影响，魏万青(2012)运用倾向匹配方法估计了户籍制度改革对流动人口收入的影响，朱建军和胡继连(2015)估计了农地流转对农民收入的影响，袁青川(2015)探讨了是否工会会员对工资的影响。

② 该数据来自中山大学社会科学调查中心开展的“中国劳动力动态调查”(CLDS)。本书的观点和内容由作者自负。如需了解有关此数据的更多信息，请登录http://css.sysu.edu.cn。

③ 因此，本书剔除从城市迁往农村的少量样本，并且仅保留处于劳动年龄的样本(男性60岁及以下，女性55岁及以下)，由于部分样本的主要变量信息缺失或者出现异常值(如年收入为0等)，最终得到具有个人年收入、迁移和教育等信息的样本。

④ 在迁移识别时，主要运用本人和父母的户籍信息、所在城市与老家城市等信息进行识别。

6.124，明显高于未迁移样本，这在一定程度上印证了教育对迁移的正向影响。迁移样本年龄变量的均值为38.98，略小于未迁移样本。

表5-1　迁移、收入、教育与年龄分类统计

变量名称	变量含义	未迁移样本				迁移样本			
		均值	标准差	最大值	最小值	均值	标准差	最大值	最小值
收入	年收入(万元)	1.944	10.56	600	0.0008	3.687	10.83	280	0.03
教育程度	受教育程度	5	2.785	13	1	6.124	3.181	13	1
年龄	年龄(岁)	42.42	9.941	60	18	38.98	9.981	60	18

（二）基准模型估计：迁移与收入

在进行回归分析时，首先选择用OLS方法对模型进行估计，控制影响个人年收入的变量以及城市固定效应，以降低遗漏变量带来的估计偏误，以此作为本部分的基准模型。OLS估计结果表明（表5-2），在控制城乡差别、年龄、教育等因素不变的情况下，迁移者（包括出生在城市的迁移者和出生在农村的迁移者）收入显著高于未迁移者（包括迁移者所在的城市原居民和农村居民）的收入[模型(1)]，即在收入方面具备明显的优势。进一步，在模型(2)中控制了个体所在城市的固定效应，发现迁移变量的估计系数有所减小，但是显著性未发生变化。将迁移按照市内和市外以及是否获取户籍进行分类后发现，市外迁移和市内迁移者的收入均显著高于未迁移者[模型(3)]，且市外迁移者的收入高于市内迁移者的收入；获取户籍迁移、未获得户籍迁移者的收入显著高于未迁移者的收入[模型(4)]，且获得户籍迁移者的收入显著高于未获得户籍迁移者的收入。比较OLS估计的四类迁移的收入增长效应，发现与未迁移者相比，获取户籍迁移的收入优势最大，其次是市外迁移的收入优势，未获取户籍迁移的收入优势则最低。进一步将迁移类型分为四类，即市外获取户籍迁移、市外未获户籍迁移、市内获取户籍迁移和市内未获户籍迁移，并同时放入OLS估计方程[模型(5)]，发现市内获取户籍迁移者的收入水平最高，其次是市外未获取户籍迁移者，再次是市外获取户籍迁移者的收入，而市内未获取户籍迁移者的收入与未迁移者并无显著差异。总体而言，在控制其他因素不变的情况下，平均而言各种类型迁移者在收入方面的优势排序如下：市内获取户籍迁移＞市外未获户籍迁移＞获取户籍迁移＞市外迁移＞市外获取户籍迁移＞迁移＞市内迁移＞未获户籍迁移＞市内未获户籍迁移。此外，其他控制变量估计结果与多数以往研究较为一致，男士的收入显著高于女士的收入、年龄与收入为倒U型关系（即中年人的年收入高于年轻人和老年人的年收入），受教育程度与年收入正相关，并且这些控制变量估计结果在四个模型中的估计系数均较为稳健。模型(1)、模型(4)和模型(5)的估计结果发现，城市居民的收入高于农村居民的收入。

表5-2 迁移对个人收入的影响

变量名称	(1) 年收入	(2) 年收入	(3) 年收入	(4) 年收入	(5) 年收入
男士	0.369***	0.384***	0.385***	0.388***	0.390***
	(0.024)	(0.023)	(0.023)	(0.023)	(0.023)
年龄对数	7.675***	9.904***	9.941***	9.725***	9.802***
	(1.059)	(1.055)	(1.056)	(1.053)	(1.054)
年龄对数平方	−1.074***	−1.397***	−1.401***	−1.376***	−1.385***
	(0.148)	(0.147)	(0.147)	(0.147)	(0.147)
教育对数	0.589***	0.466***	0.464***	0.451***	0.445***
	(0.027)	(0.026)	(0.026)	(0.027)	(0.027)
城市样本	0.125***	0.055	0.061	0.079**	0.096**
	(0.039)	(0.039)	(0.039)	(0.040)	(0.040)
迁移	0.202***	0.163***			
	(0.029)	(0.028)			
市外迁移			0.224***		
			(0.045)		
市内迁移			0.142***		
			(0.030)		
获取户籍迁移				0.234***	
				(0.034)	

续表

变量名称	(1) 年收入	(2) 年收入	(3) 年收入	(4) 年收入	(5) 年收入
未获户籍迁移				0.102*** (0.035)	
市外获取户籍迁移					0.192*** (0.059)
市外未获户籍迁移					0.240*** (0.058)
市内获取户籍迁移					0.258*** (0.038)
市内未获户籍迁移					0.041 (0.038)
工作类型的固定效应	√	√	√	√	√
城市的固定效应	×	√	√	√	√
样本量	5 319	5 319	5 319	5 319	5 319
拟合优度	0.435	0.517	0.517	0.518	0.519

注：括号中为稳健标准误。***、** 分别表示在 1%、5%的显著性水平上显著。

考虑将迁移者与未迁移者收入进行比较时，不同出生背景会对 OLS 的估计结果产生影响，因此尝试将背景更加类似的样本进行比较，即将样本分为出生在城市的样本和出生在农村的样本。出生在城市的样本估计结果（表 5－3）表明，在控制其他因素不变的情况下，迁移、市外迁移显著增加迁移者的收入，但是获取户籍迁移者和未获取户籍迁移的收入与未迁移者并无显著差异。出生在农村的样本估计结果表明，在控制其他因素不变的情况下，迁移、市外迁移、市内迁移、获取户籍迁移均显著增加迁移者的收入，其中市外迁移的影响最大，其次是获取户籍迁移；而同时将迁移按照市内市外、是否获取户籍进行划分后发现，市内未获户籍迁移者收入水平显著低于其他群体的收入水平。以上分样本估计的结果表明，迁移对劳动者收入的影响在不同样本之间存在较大的差异。

表 5-3 迁移对个人收入的影响(分样本)

变量名称	城市				农村			
	(1)	(2)	(3)	(4)	(5)	(6)	(7)	(8)
	年收入	年收入	年收入	年收入	年收入	年收入	年收入	年收入
迁移	0.132*				0.242***			
	(0.079)				(0.040)			
市外迁移		0.132*				0.265***		
		(0.079)				(0.066)		
市内迁移		—				0.239***		
		—				(0.040)		
获取户籍迁移			0.128				0.259***	
			(0.081)				(0.050)	
未获户籍迁移			0.166				—	
			(0.237)				—	
市外获取户籍迁移				0.128				—
				(0.081)				—
市外未获户籍迁移				0.166				−0.129
				(0.237)				(0.112)
市内获取户籍迁移				—				0.043
				—				(0.093)
市内未获户籍迁移				—				−0.261***
				—				(0.098)
样本量	1649	1649	1649	1649	3593	3593	3593	3593
拟合优度	0.414	0.414	0.414	0.414	0.524	0.524	0.528	0.528

注：控制变量同表 5-2。括号中为稳健标准误。***、*分别表示在 1%、10%的显著性水平上显著。

表 5-4 迁移对个人收入的影响(稳健性检验：CLDS2012—2016)

	(1)	(2)	(3)
变量名称	年收入	年收入	年收入
迁移	0.074***		
	(0.015)		
市外迁移		0.120***	
		(0.019)	
市内迁移		0.033*	
		(0.020)	
获取户籍迁移			0.053***
			(0.017)
未获户籍迁移			0.121***
			(0.024)
样本量	18575	18196	18574
拟合优度	0.434	0.431	0.434

注：控制变量包括个体年龄、性别、受教育程度、行业虚拟变量、城乡虚拟变量、年份虚拟变量和城市固定效应。括号中为稳健标准误。***、*分别表示在1%、10%的显著性水平上显著。

为检验结论稳健性，采取2012—2016年的CLDS数据进行稳健性检验。估计结果(表5-4)表明，迁移变量对收入存在显著正向影响，而且无论是市外迁移还是市内迁移，都对迁移者收入存在显著的正向影响，只是市外迁移对个体收入的正向影响大于市内迁移，这一点与CGSS数据估计结论保持一致。而无论是否获取户籍，迁移都有显著的正向促进作用，但是获取户籍迁移对收入的促进作用小于未获取户籍迁移，这一估计结果与CGSS估计结果不同，具体哪一项数据的估计结果更为可信，有待进一步加强对迁移行为所产生影响的准确识别。总体而言，无论是CGSS调查数据还是CLDS调查数据，都证实迁移行为可以促进个体收入增长。

(三) PSM估计：迁移与收入

为进一步论证各类迁移估计结果的一致性，运用PSM方法对迁移变量进行估计。根据已有文献以及协变量选取的原则,用于估计迁移概率的自变量(即协变量)[①]包括本人的年龄(age)及其平方、性别(male)、受教育程度(edu)、家乡城市是否为省会直辖市(h_citys_hdum)、反映职业特征的一系列虚拟变量(企业、事业单位、社会团体、自雇/无单位、军队、其他类型、务农、无工作)。[②] 基于这些协变量,第一阶段回归中采用逐步回归的方式,运用 Logit 模型估计个体倾向得分。[③] 在采用 PSM 方法进行估计时,协变量通过了平衡性检验(表 5－5)。表 5－5 汇报了迁移变量在进行倾向得分匹配时的平衡性检验结果,除男士这一虚拟变量外,其他协变量匹配后的标准化偏差(%bias)均小于 10%,而且大部分变量 t 值检验的结果不拒绝处理组与控制组无系统差异的原假设。[④] 这表明经过倾向分值匹配之后,迁移者和未迁移者的个体特征差异得到较大程度的消除。同时,对比匹配前的结果,发现协变量的标准化偏差大幅度缩小。图 5－1 和图 5－2 给出了迁移变量在核匹配方法下,各协变量标准化偏差和倾向得分的共同取值范围。从图 5－1 可以直观地看出,变量的标准化偏差在匹配后缩小了。从图 5－2 可以看出,大多数观测值均在共同取值范围内(on support),故倾向匹配时仅损失少量样本。

---

① 赫克曼等(Heckman et al., 1997)指出在倾向匹配估计中包括少量不相关的变量,对最终结果的影响不大,但遗漏掉重要的变量将带来严重的偏差。选取变量须满足以下两个条件:一是这些变量须同时影响结果变量和选择是否受到处置,这可以通过利用经济理论、以往研究同一问题的结论以及对所研究具体问题制度环境的理解来作出判断;二是这些变量不受处置的影响,一般的做法是只选择受到处置前的特征变量,因为受到处置前的变量不受处置的影响(温兴祥和杜在超,2015)。

② 努德(Nord, 1998)指出,年龄、性别、种族、教育、劳动力地位、经济条件、人口特点、距离以及前期迁移模式、选择机会、气候、服务设施以及其他生活质量方面的因素对迁移决策都有影响。市内迁移类型迁移变量的协变量在进行平衡性检验和敏感性分析时,较迁移变量的协变量数量有所减少。

③ 参考周振等(2014)与温兴祥和杜在超(2015)的思路。

④ 在估计其他类型迁移变量对收入影响时,平衡性检验的效果更优,结果未汇报。

表 5-5　迁移与收入：PSM 平衡性检验结果(kernel)

协变量名称	Mean		%bias	t-test	
	Treated	Control		t	p>|t|
男士	0.569	0.518	10.30	2.970	0.003
年龄	3.648	3.609	14.70	4.020	0
教育程度	1.585	1.572	2.200	0.720	0.469
出生在城市	0.059	0.066	−1.800	−0.810	0.420
家乡为省会直辖市	0.217	0.200	4.200	1.240	0.216
企业	0.285	0.327	−9.700	−2.650	0.008
事业单位	0.090	0.063	9.200	2.900	0.004
社会团体	0.001	0.001	−0.500	−0.320	0.748
自雇/无单位	0.329	0.347	−4.300	−1.120	0.264
军队	0.002	0	6.600	1.900	0.058
其他类型	0.036	0.026	5.700	1.510	0.130
务农	0.084	0.081	0.800	0.310	0.753
无工作	0.138	0.144	−2.100	−0.560	0.577

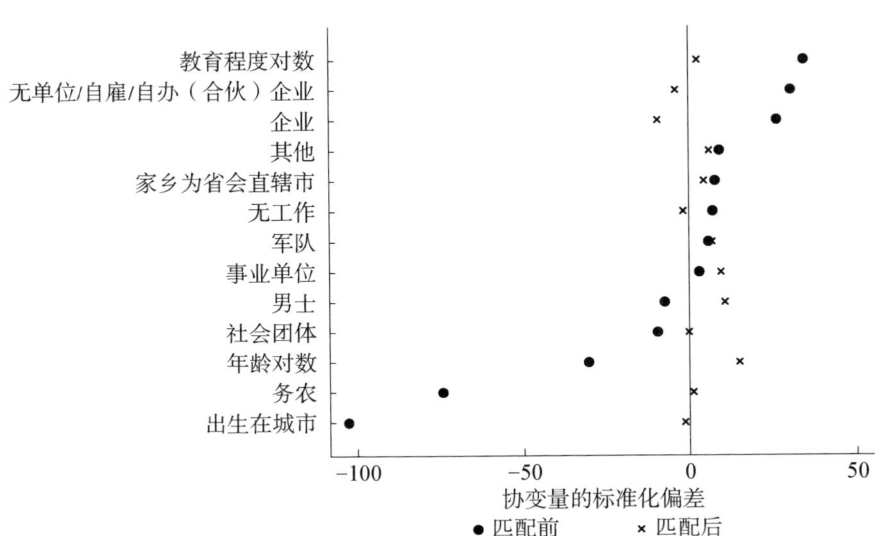

图 5-1　倾向得分的共同取值范围

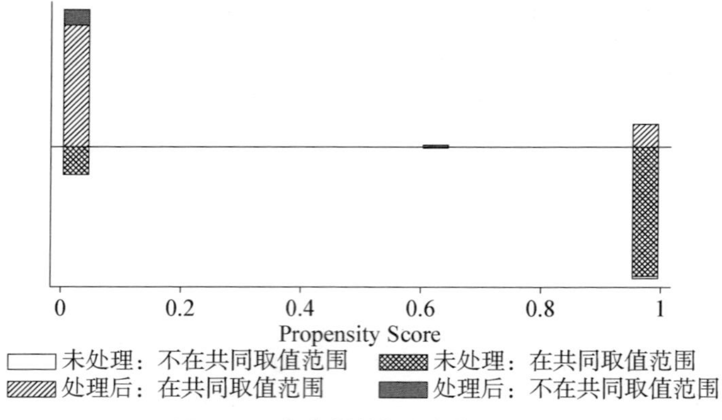

图 5－2 各变量的标准化偏差图示

在运用 PSM 方法进行估计时，敏感性分析尤为重要，如罗森鲍姆(Rosenbaum, 2002)将选择偏差区分为显在偏差和隐藏偏差，而 PSM 估计的一大缺陷就是隐藏偏差问题没有得到很好的解决，即存在着一些重要的遗漏变量，无法进行有效的控制和匹配，为了考察 ATT 的估计是否可信，还需进行敏感性分析(袁青川，2015)，考察估计结果对隐藏偏差有多敏感。如果在伽玛系数(Gamma)取值很大(通常接近 2)的时候已有结论才变得不显著，就能够认为结论是站得住脚的(Lin et al.，1997；Rosenbaum and Rubin，1983)。因此，本部分进行了三项隐性偏差的估计(表 5－6)，迁移变量的检验结果表明，从 1～3 的水平上，当伽玛系数为 2.5 时才体现出其敏感性，这说明 PSM 估计中数据的隐性偏差可以忽略，基于倾向评估值匹配方法的估计结果是可信的。[①]

表 5－6 迁移与收入：PSM 估计的敏感性分析

Gamma	sig＋	sig－	t－hat＋	t－hat－	CI＋	CI－
1	0	0	0.342	0.342	0.298	0.386
1.5	0	0	0.184	0.503	0.140	0.550

① 其他类型迁移变量均通过敏感性分析的相关检验，结果未列出。

续表

Gamma	sig+	sig−	t−hat+	t−hat−	CI+	CI−
2	0.0005	0	0.0756	0.618	0.0314	0.668
2.5	0.618	0	−0.0056	0.709	−0.0524	0.760
3	0.999	0	−0.0719	0.783	−0.119	0.835

在通过PSM估计的相关检验后，运用两种方法对各种迁移变量进行PSM估计，即K近邻匹配(k=4)方法和核匹配(使用默认的核函数与带宽)方法，以便进行对比。PSM方法的估计结果[①](表5-7)表明，K近邻匹配与核匹配的估计结果存在一定差异，但变量系数的显著性并无明显差异，而二者关于未获得户籍迁移的估计结果与OLS估计结果的显著性存在差异。这进一步表明在估计迁移的收入增长效应时有必要控制个体异质性的影响。为获取更加准确的估计结果并且通过敏感性分析的相关检验，在运用PSM方法时，不同的迁移变量选取的分析样本并不一样，但整体选取原则是处理组和对照组面临相似的迁移决策。[②]

表5-7　迁移对收入的影响(PSM估计)

迁移类型		NN	Kernel	敏感性分析	迁移类型		NN	Kernel	敏感性分析
迁移	ATT	0.413	0.367	通过检验	市外获取户籍迁移	ATT	0.415	0.395	通过检验
	T值	5.19	5.42			T值	5.01	5.12	
	影响力	51.13%	44.34%			影响力	51.44%	48.44%	
市外迁移	ATT	0.367	0.368	通过检验	市外未获户籍迁移	ATT	0.495	0.477	通过检验
	T值	6.13	6.5			T值	6.18	6.34	
	影响力	44.34%	44.48%			影响力	64.05%	61.12%	

① 仅报告了ATT的估计结果。

② 只有农村居民才存在是否选择市内迁移这一决策(从城市迁往农村的少量样本不在本书考察范围)，因此在估计市内迁移对收入的影响时，仅以市内迁移者与农村居民为样本进行估计。与此类似，户籍获取往往反映个人能力或者家庭背景，即获取户籍迁移者与未获取户籍迁移者自身存在明显的异质性，估计未获取户籍迁移时，获取户籍迁移者并不适合作为对照组进行估计。

续表

迁移类型		NN	Kernel	敏感性分析	迁移类型		NN	Kernel	敏感性分析
市内迁移	ATT	0.306	0.309	通过检验	市内获取户籍迁移	ATT	0.429	0.444	通过检验
	T值	8.19	9.08			T值	2.77	3.6	
	影响力	35.80%	36.21%			影响力	53.57%	55.89%	
未获户籍	ATT	0.375	0.355	通过检验	市内未获户籍迁移	ATT	−0.038	−0.045	通过检验
	T值	9.46	9.46			T值	−0.78	−0.95	
	影响力	45.50%	42.62%			影响力	—	—	
获取户籍	ATT	0.305	0.307	通过检验					
	T值	6.39	6.92						
	影响力	35.66%	35.93%						

注：NN是指K近邻匹配，其中k=4，Kernel指的是核匹配，使用的是默认的核函数和带宽。表中通过敏感性分析，指NN匹配和Kernel匹配估计至少有一种估计方法通过敏感性相关检验。

PSM估计结果发现，与个体特征相似的未迁移者相比，迁移、市外迁移、市内迁移、获得户籍迁移、未获取户籍迁移、市外获取户籍迁移、市外未获户籍迁移、市内获取户籍迁移，均对迁移者收入有显著的正向促进作用，但是市内未获户籍迁移对迁移者的收入并无显著影响。依据PSM的估计结果，计算了迁移行为对收入的影响力[①]。从Kernel估计的结果来看，在控制了选择偏差后，迁移行为本身使得迁移者的收入增长44.34%，市外迁移使得迁移者的收入增长44.48%，市内迁移使得迁移者的收入增长36.21%，未获得户籍迁移使得迁移者的收入增长42.62%，获得户籍迁移使得迁移者的收入增长35.93%。进一步将迁移按照市内市外和是否获取户籍进行划分发现，市外获取户籍迁移者收入增长48.44%、市外未获户籍迁移者收入增长61.12%、市内获取户籍迁移者收入增长55.89%，而市内未获取户籍迁移对迁移者收入并无显著影响。因此，迁移对移民收入增长效应的排序如下：市外未获户籍迁移＞市内获取户籍迁

① 影响力＝exp(系数估计值)－1。

移＞市外获取户籍迁移＞市外迁移＞迁移＞未获户籍迁移＞市内迁移＞获取户籍迁移＞市内未获户籍迁移。

对比OLS估计的结果和PSM估计的结果(表5-8)发现,市外迁移者的收入高于市内迁移者,且市外迁移的增长效应高出市内迁移收入增长效应8%以上。市外迁移者这一收入优势主要可能来自市外未获取户籍迁移,因为其对收入的影响力最大。以至于当前背景下,促进就地城镇化相对而言,尚缺乏足够坚固的移民“收入增长”基础。因为基于获取高收入和更高幅度收入增长的动机,移民会选择异地迁移。与此同时,虽然获取户籍迁移的收入影响力低于未获取户籍迁移,但是在控制了教育、年龄等变量后,OLS估计表明获取户籍迁移者的收入显著高于未获取户籍迁移者,而且市内获取户籍迁移的收入优势和影响力,均远远高于市内未获取户籍迁移的影响。这意味着与获取户籍迁移者相比,未获取户籍迁移者的收入更低,因而将面临低收入和低福利(与户籍缺失相关)的“双重困境”。

表5-8　迁移与收入:OLS估计结果与PSM估计结果的对照

迁移类型	OLS估计的收入优势	PSM估计的影响力	PSM估计时不包含的样本
迁移	0.163***	44.34%	—
市外迁移	0.224***	44.48%	—
市内迁移	0.142***	36.21%	市外迁移者或出生在城市者
获取户籍迁移	0.234***	35.93%	未获户籍迁移者
未获户籍迁移	0.102***	42.62%	获取户籍迁移者
市外获取户籍迁移	0.192***	48.44%	市外未获户籍迁移者
市外未获户籍迁移	0.240***	61.12%	市外获取户籍迁移者
市内获取户籍迁移	0.258***	55.89%	市内未获户籍迁移者或出生在城市者
市内未获户籍迁移	0.041	—	市内获取户籍迁移者或出生在城市者

注:*** 表示在1%的显著性水平上显著。

第二节　迁移与幸福感流失

虽然迁移未必全面地改善居民福利，但迁移者获得了更高的收入得到证实（孙三百，2015；李静等，2017）。然而，迁移对幸福感和福利其他方面的影响则与其对收入的影响不同。格莱泽（Glaeser，2016）等曾指出，虽然一些城市的幸福感较低，即属于“不幸福的城市”（unhappy city），但是仍然有新移民不断地迁入这些城市，并且这些新移民的幸福感低于该地区长期居住的居民。因此，迁移对幸福感的影响与其对收入的影响或许有所不同。

一、迁移如何影响幸福

迁移通过改变物质和精神层面的生活状况，使迁移者的幸福感发生变化。如前所述，已有一些研究证实乡—城移民的幸福感低于农村居民。可见，迁移会给迁移者带来负面影响，健康状况、物价和房价所带来的生活成本上升以及居住环境恶化等，都会降低迁移者的幸福感。如超时劳动与不良的工作环境，显著地影响迁移工人的健康状况（朱玲，2009），农民工流动后健康状况可能发生恶化（苑会娜，2009），进而降低迁移者的个人幸福感。城市移民幸福感低于农村居民的三个主要原因：迁移者对未来城市情况、抱负和个人未来存在错误的期盼（Knight and Gunatilaka，2010）。鲁元平和王韬（2010）则提出城市居民幸福感更低的三点解释：城市居民对未来的不确定性以及害怕失业；城市地区的生活成本上升较快（房价、交通、医疗和教育等）；一些社会环境问题，如交通拥挤、犯罪率上升和人口过度密集等都不利于幸福感的提升。

事实上，迁移对迁移者的幸福感的正向促进作用同样不容忽视，这具体表现在就业机会、资源获取和心理等方面。劳动者在城市的教育回报率更高，而且对于一些高学历者而言，他们更难在农村地区寻找到与其知识和技能相匹配的工作（Marré，2009）。迁移地的就业机会多少和工资率高低是迁移的决定性因素（苏来里·斯拉木和泰来提·木明，2007）。迁入地经济发展创造的就业容量足够大时，劳动者为追求就业机会而选择迁移就业；迁入地的就业风险又会减少地区的吸引力，对劳动力流入有负作用(李萍和谌新民，2011)。可见，迁移者可以通过迁移寻求更加满足心理预期、与自身技能更加匹配的工作。此外，缺乏资源是迁移的动因和束缚(Mariapia，2008)。城市规模越大则更加多样化(Duranton and Puga，2001)，而中国众多的迁移者正是通过从小城市向大城市迁移，获取更多小城市或者农村所没有的资源和信息等，来满足个体多样性偏好，增强个人幸福感。更为重要的是，收入是迁移对迁移者幸福感产生影响的一个重要渠道。如跨国移民幸福的研究发现，迁移者比非迁移者表现出更低的幸福感，并且移民者的幸福感与收入之间的联系比其他群体更强(Bartram，2011)。收入与幸福感相关，当收入尚未达到某一临界水平之前，增加收入能够提高社会的幸福度(田国强和杨立岩，2006)。在现阶段的中国，收入与城市居民幸福感之间具有一定的正相关(邢占军，2011)。而迁移对收入产生影响已经得到一些研究的证实。[1] 现阶段中国城市移民的收入增长，有利于提升移民幸福感。同时，通过向大城市、发达城市流动，迁入地更高的工资水平，使迁移者获取额外的心理满足感和更好的预期，如社区层面收入上升所产生的正外部性的示范效应超过了攀比效应，且在外来居民中较低教育水平者获得更强的示范效应(陈钊等，2012)。因此，提出研究**假说 5－1**：当前中国移民的迁移行为本身未必降低其幸福感。

与迁移行为对幸福感的影响不同，户籍身份缺失对幸福感的影响体现为负面效应。迁移者的需求是多维的，渴望享有与城镇户籍居民平等的各项权利，对落脚城市人群的幸福感有显著的影响(贺京同和郝身永，2013)。章元和王昊(2011)基于上海的调查数据研究表明，外地农民工相对于本地工人而受到的歧视因素中，户籍歧视还是占主要部分。中国外来劳动力与城市本地劳动力工资

① 巴罗和萨拉-伊-马丁((Barro and Sala-I-Martin，1991)发现美国和其他国家的收入收敛速度几乎完全相等，其原因可能在于劳动力流动程度不同。

差异的43%是由歧视等不可解释的因素造成的;外来劳动力来到城市后,收入很低而且相当不稳定,更谈不上享有任何福利待遇(王美艳,2005)。在需要较高教育水平和技能的高收入行业,非本地户籍身份成为外来人口的进入壁垒(陈钊等,2009)。户口迁移和常住人口主要在国有、外商投资经济单位等传统和新兴的主流劳动市场就业;非户口迁移人口主要在新兴的个体私营经济单位或以个人家庭为单位的非主流劳动市场就业(李玲和 Fan, 2000)。可见,未获得户籍者无法同等地享受所在地的社会福利、医疗保障,以及无法获取与当地人同等的就业和升职机会,这些都与幸福感相关联。正如"社会水车"效应所反映的:人们总是在相互比较中获得自己的满意度(娄伶俐,2009),而"机会不平等"对居民幸福感存在显著的负面影响(潘春阳和何立新,2012)。一些研究还发现,不管是城市居民还是没有本地户籍的居民,都会因为与户籍特性相关的不平等而感到不幸福(Jiang et al., 2009、2012)。虽然当前中国要通过推进户籍制度改革,统一城乡的户口登记制度,全面实施居住证制度①,但是实际上大部分流动人口在迁移所在地不能完全公平地分享社会保障、医疗等公共物品。这种并非与生俱来的非本地户籍身份所带来的缺失感,在他们选择迁移后陡然与日俱增,从而降低了幸福感。因此,提出研究**假说 5-2**:考虑个体异质性后,未获得户籍的迁移降低迁移者的幸福感。

二、迁移是否影响幸福感

(一) 计量模型设定与统计分析

在具体的幸福感影响因素研究中,相对收入和绝对收入成为重要因素。田国强等(2006)发现存在一个与非物质初始禀赋正相关的临界收入水平,当收入尚未达到这个临界水平之前,增加收入能够提高社会的幸福度;一旦达到或超过这个临界收入水平,增加收入反而会降低总体幸福水平,导致帕累托无效的配置结果。费雷尔-伊-卡波奈尔(Ferrer-I-Carbonell, 2005)指出相对收入对于

① http://politics.people.com.cn/n/2014/0730/c1001-25369774.html.

穷人和富人的影响不一致。鲍尔等(Ball et al., 2008)的研究表明,绝对收入与相对收入都与主观幸福感显著正相关,相对收入的变化对主观幸福感影响更大,但是与其他非金钱因素相比,二者对主观幸福感的影响都很小。罗楚亮(2009)也得出类似结论,认为无论是在相对意义还是绝对意义上,收入仍然是提升主观幸福感的重要因素。与此不同的是,官皓(2010)认为绝对收入对主观幸福感不存在显著影响,而相对收入地位则对主观幸福感具有显著的正向影响,并且认为这一结论同时适用于中国的城市和农村。阿莱西纳等(Alesina et al., 2004)的研究发现,当不平等程度很高时,个体认为幸福的倾向很低;同时有趣的是美国富人厌倦不平等,欧洲穷人比美国穷人更加关注不平等。王鹏(2011)则发现,收入差距对主观幸福感的影响呈倒U型,临界点在基尼系数为0.4时,随着收入差距的扩大,居住在城市、非农业户籍和受教育程度较高的居民,其主观幸福感更低;居民自认为收入所得不合理也会显著降低其主观幸福感。鲁元平等(2011)的研究表明,中国的收入不平等对居民的主观幸福感有显著的负面影响,而且它对农村居民和低收入者的负面影响,要显著大于城市居民和高收入者。

还有一些研究从个体特征出发,考察不同个体主观幸福感何以决定。巴特尔斯等(Bartels et al., 2009)指出遗传因素影响主观幸福感。主观幸福感变化的33%可以由基因差异来解释(Neve et al., 2010)。哈默梅什等(Hamermesh et al., 2011)指出,漂亮的外表变化1单位,将引起男士0.1单位的主观幸福感变动,引起女士0.12单位主观幸福感的变动,这一外表对主观幸福感的作用,可能因为其对经济结果的影响。将收入因素与非收入因素进行综合比较分析时,何立华和金江(2011)发现,与个体特征相关的年龄、性格、收入与健康等因素,以及社会收入不平等程度的评价、对民主化进程的满意程度,与居民的主观幸福感显著相关;其中居民性格因素的作用高于其他因素;收入因素的边际作用高于收入不平等的因素,不过相对于其他因素,收入因素和收入不平等因素的边际作用最小。韦尔施(Welsch, 2006)利用54个国家的空气污染横截面数据研究发现,当用二氧化氮排放量来度量污染时,空气污染显著地对主观幸福感产生了不利影响。拉斐尔等(Rafael et al., 2001)指出,通胀和失业率较低时,人们的幸福感更强。谢识予等(2010)发现,上海居民收入对幸福存在明显的"边际报酬递减"的趋势,人际关系、婚姻、性别、医疗社保、环境治理等隐性因子,对主观幸福感的影响远远大于收入、物价、股票、经济发展等显性因子的影响。

一些学者对幸福的决定因素作出了总结。布伦诺·S.弗雷和阿洛伊斯·斯塔特勒(2006)认为决定幸福的因素主要包括:(1)个性因素,如自尊、自控、乐观、外向和精神健康;(2)社会人口因素,如年龄、性别、婚姻状况和教育;(3)经济因素,如个人及总体收入、失业和通货膨胀;(4)情形性因素,如具体就业和工作条件、工作单位的压力、与同事亲戚朋友的人际关系、与婚姻伙伴的关系以及生活条件和健康状况;(5)体制性因素,如政治权利的分散程度和公民的直接参与政治权利。娄伶俐(2009)发现主观幸福感的生成机理包括如下方面:一是"定值"原理,即个性和性情使人在整个生命周期里的幸福水平都保持在一个不变的量值上;二是"享乐水车"效应(Brickman et al., 1971),认为积极的本性会促使人们适应新环境,以至于经济条件的改善对主观幸福水平不能产生实质影响;三是"满意水车"效应(Kahneman, 1999),即人们对主观幸福感的期望与经济条件之间,存在着此增彼长的关系,这其实是对"定值理论"的否定;四是"社会水车"效应,认为人们总是在相互比较中获得自己的满意度。这些机理从不同角度,分析了影响主观幸福感的因素。

本部分计量模型中,迁移者(获取户籍与未获取户籍)和原市民间幸福感的比较成为关注的焦点。值得注意的是,考察迁移对幸福感的影响时,不能简单地将迁移者和未迁移者进行比较,因为两类人群的特征存在差异。而在影响个体选择是否迁移的特征中,有一些因素观察不到或者难以度量,如个人能力。对这些因素带来的影响,一般有两种较为常用的处理方法:一是条件期望独立假设下的平均处理效应,二是工具变量方法。

假设个体可以自行决定是否迁移，而是否迁移与其预期的未来幸福感有关。$Happy_i$ 为个人幸福感得分；$Migr_i$ 为个人是否迁移（获取户籍或者未获取户籍）的虚拟变量，1 表示迁移，0 表示未迁移。在平均处理效应的分析框架下，就迁移而言，个体 i 的幸福感存在两种潜在的结果（$Happy_{1i}$，$Happy_{0i}$），$Happy_{1i}$ 表示个体迁移后的幸福感，$Happy_{0i}$ 表示该个体没有迁移的幸福感。这样（$Happy_{1i}-Happy_{0i}$）为处理效应（Treatment Effect），即个体 i 迁移给其幸福感带来的净影响，然而任何个体只可能处于迁移或未迁移这两种状态之一，或是迁移，即 $Migr_i=1$，或是未迁移，即 $Migr_i=0$。将观察到的 $Happy_i$ 与 $Migr_i$ 联系起来，$Happy_i$ 表示如下：

$$\begin{aligned} Happy_i &= Migr_i \times Happy_{1i} + (1-Migr_i) \times Happy_{0i} \\ &= Happy_{0i} + Migr_i \times (Happy_{1i} - Happy_{0i}) \end{aligned} \tag{5-4}$$

上式假设控制了影响幸福感的变量 X_i 后，是否迁移通过 X_i 与潜在幸福感相联系。[①] 本部分参考周亚虹等（2010）的思路，可设定两类模型考察迁移对幸福感的影响。

依据条件期望独立假设的前提可以得到：

$$E(Happy_{ti} \mid X_i, Migr_i) = E(Happy_{ti} \mid X_i),\ t=0,1 \tag{5-5}$$

令均值处 $u_t = E(Happy_{ti})$，则有 $Happy_{0i} = u_0 + v_{0i}$ 和 $Happy_{1i} = u_1 + v_{1i}$，进而：$E(Happy_{0i} \mid X_i, Migr_i) = u_0 + E(Happy_{0i} \mid X_i)$ 和 $E(Happy_{1i} \mid X_i, Migr_i) = u_1 + E(Happy_{1i} \mid X_i)$。不难得到 $E(v_{0i})=0$ 和 $E(v_{1i})=0$。从而：

$$\begin{aligned} E(Happy_{1i} \mid X_i, Migr_i) &= u_0 + (u_1 - u_0) \times Migr_i + \\ &[E(Happy_{1i} \mid X_i) - E(Happy_{0i} \mid X_i)] \times Migr_i + E(v_{0i} \mid X_i) \end{aligned} \tag{5-6}$$

其中，$u_1 - u_0 = E(Happy_{1i} - Happy_{0i})$ 为迁移对个人主观幸福感带来影

① 详见周亚虹等（2010）、孙三百等（2012）。

响的平均值，相当于 $\alpha = E(Happy_{1i} - Happy_{0i})$ 的平均处理效应(ATE)。为了估计 α，假设 $E(v_{0i} | X_i) = g_0(X_i)$，并可得：

$$Happy_i = u_0 + \alpha \times Migr_i + g_0(X_i) + Migr_i \times [E(v_{1i} | X_i) - E(v_{0i} | X_i)] + e_{0i} \quad (5-7)$$

其中，$E(e_{0i} | Migr_i, X_i) = 0$。

(1) 考虑异质性的模型，在模型中加入了控制异质性的迁移与其他控制变量的交互项，与实际更加相符。模型具体方程如下：

$$Happy_i = u_0 + \alpha \times Migr_i + g_0(X_i) + Migr_i \times [g_1(X_i) - g_0(X_i)] + e_{0i} \quad (5-8)$$

假定 $g_1(X_i) - g_0(X_i) \equiv E(v_{1i} | X_i) - E(v_{0i} | X_i) = X_i'\gamma$ 为线性函数，等式右端的交互项如果被遗漏，则会导致估计的不一致性。此时迁移的影响 $\rho(X_i) = \alpha + X_i'\gamma$，$\gamma$ 是随 X_i 的变化而变化，体现了迁移影响的异质性。为了在 X_i 的均值处讨论迁移的影响，实际分析中将采用更加简洁的模型：

$$Happy_i = u_{0i} + \alpha \times Migr_i + X_i'\beta + Migr_i \times [X_i - \overline{X_i}]'\gamma + e_{0i} \quad (5-9)$$

其中，$\overline{X_i}$ 为各协变量的均值。

(2) 上述模型考虑了迁移影响的异质性，但是对函数作了线性的限制，如果 $g_1(X_i) - g_0(X_i)$ 是 X_i 的非线性函数，则模型就会产生类似于遗漏变量等问题。可以用倾向得分的估计值 $P(X_i)$ 来代替线性函数，$P(X_i)$ 由非参数估计的方法得到，从而降低模型设定的遗漏变量带来的错误。估计方程如下：

$$Happy_i = u_{0i} + \alpha \times Migr_i + \beta P(X_i) + Migr_i \times [P(X_i) - \overline{P}]\gamma + e_{0i} \quad (5-10)$$

其中，$\overline{P}$ 为非参数估计倾向得分的均值。

在具体回归分析时，采取排序的 Probit 方法对上述两个模型进行估计：

$$Pr(Happy = 1 \mid Z) = \phi(r_1 - Z\delta) \tag{5-11}$$

$$Pr(Happy = n \mid Z) = \phi(r_n - Z\delta) - \phi(r_{n-1} - Z\delta), n = 2, 3, 4, 5 \tag{5-12}$$

其中，$\phi(\cdot)$为标准正态分布的概率分布函数，Z 为影响幸福感的各因素组成的自变量，δ 为自变量待估参数，r_n 为待估参数，被称为“切点”。

本部分所使用的主要数据来自 2006 年全国综合社会调查数据库，以及《中国区域经济统计年鉴 2006》《中国城市统计年鉴 2006》的相关数据。同时，使用 CLDS 数据进行稳健性检验。在使用 2006 年 CGSS 调查数据进行分析时，重点考察原市民与迁移者(获取户籍与未获取户籍)之间的幸福感，因此将研究样本确定为城市被调查者(郊区除外)。本部分选取的主要变量及其统计量见表 5-9。依据本人与父母户籍、居住地点等信息，判别被调查者是否流动。

表 5-9　幸福感及其影响因素的含义与基本统计

变量名称	变量具体含义	样本量	均值	标准差
幸福感	非常不幸福=1，不幸福=2，一般=3，幸福=4，非常幸福=5	2 116	3.478	0.730
未获取户籍	迁移者未获取户籍=1，其他=0	2 116	0.535	0.499
获取户籍	迁移者获取户籍=1，其他=0	2 116	0.154	0.361
年收入	本人年收入(万元)	2 116	1.561	2.096
年龄	2005 年本人年龄	2 116	41.26	13.12
健康自评	自我感觉健康=1，否则=0	2 116	0.793	0.405
教育年限	本人受教育年限(年)	2 116	10.23	3.294
参与选举	参与选举的种类，均未参与为 0	2 116	0.257	0.437
收入合理	本人认为收入分配是否合理：非常合理=4，合理=3，不合理=2，非常不合理=1	2 116	2.648	0.814
人际关系	满意=1，不满意=0	2 116	0.521	0.500
家庭未来	变好=3，差不多=2，变差=1	2 116	2.512	0.592

原始数据中，去除农村和郊区样本外，剩余样本为 5 901 个(全部样本)，包

含研究核心变量信息的有效样本数为 3 393 个(有效样本)[①],可以识别是否迁移且其他核心变量不存在数据缺失问题的可用样本数为 2 116 个(可用样本)。[②] 分析不同类型迁移者的幸福感变化时,确定两个虚拟变量:获取户籍与未获得户籍。从城市类型来看,有效样本分布在全国的 89 个城市,基本上涵盖了东中西部的大中小城市。可见,有效样本对整体而言具有一定的代表性。其中,未获取户籍的迁移者数量为 1 133 人,获得户籍的迁移者数量为 326 人,原市民数量为 657 人。

从表 5-10 可以看出,样本中户籍在集镇和直辖市的较少,农村和县级市者居多。从幸福者所占比例来看,农村户籍者最低,集镇户籍者最高。所有类型样本中感觉幸福的个体所占比例超过 50%的有集镇、县级市、地级市和直辖市户籍者。迁移者中幸福者所占比例均低于原市民样本,其中未获取户籍者幸福比例最低。

表 5-10 主观幸福感、迁移、户籍类型对照

幸福与否	户籍类型						是否获取户籍			合计
	农村	集镇	县级市	地级市	省会	直辖市	城市	是	否	
非常不幸福	5	1	5	4	0	4	4	5	10	19
不幸福	30	5	34	25	13	9	32	16	68	116
一般	265	67	183	174	138	115	276	144	522	942

① 个人收入信息缺失或明显虚假(前后不一致等)、无户籍信息、调查员认为信息不可靠、城市名称无法与统计年鉴进行匹配者,予以剔除。

② 由于可用样本(迁移识别后)、有效样本(迁移识别前)与总体样本数量存在差异,我们比较了三者之间核心变量的基本统计量,结果表明统计量并无明显差别,特别是有效样本和可用样本的基本统计量几乎一致。比如,主观幸福感,可用样本均值为 3.478,方差为 0.730;有效样本均值为 3.472,方差为 0.727;总体样本均值为 3.45,方差为 0.733。年龄,可用样本均值为 41.26,方差为 13.12;有效样本均值为 42.45,方差为 13.27;总体样本均值为 41.8,方差为 13.9。年收入,可用样本均值为 1.561,方差为 2.096;有效样本均值为 1.525,方差为 2.044;总体样本均值为 1.44,方差为 1.94。教育,可用样本均值为 10.23,方差为 3.294;有效样本均值为 10.32,方差为 3.270;总体样本均值为 10.33,方差为 3.54。而且,主观幸福感、年收入、教育等核心变量的核密度曲线几乎重合。

续表

幸福与否	户籍类型						是否获取户籍			合计
	农村	集镇	县级市	地级市	省会	直辖市	城市	是	否	
幸福	174	95	223	176	120	124	303	142	467	912
非常幸福	17	21	44	28	9	8	42	19	66	127
样本量	491	189	489	407	280	260	657	326	1133	2116
幸福比例	0.389	0.614	0.546	0.501	0.461	0.508	0.525	0.494	0.470	0.491

注：样本与户籍类型分类中，“城市”指城市原居民，“否”是指未获取迁入地户籍的样本，“是”表示获取该地户籍。

（二） 线性假定模型估计：迁移与幸福感

在回归分析中，考虑样本所在城市的固定效应，以控制城市变量的影响（表5-11）。模型（L0）为运用排序 Probit 方法估计可用样本的结果，模型（L1）未考虑个体异质性，运用排序 Probit 方法进行估计的结果。比较二者的回归结果发现，变量回归系数大小和显著性基本保持一致，仅在模型（L0）中，对收入合理、年龄、家庭未来的估计系数的绝对值略小一些。可见，两类样本核心变量的估计结果具有稳健性。具体而言，虽然模型（L1）的准 R^2 仅为 0.1789，但是解释变量较为显著。未获取户籍迁移对迁移者幸福感存在显著负向影响，而获取户籍迁移者与原市民相比，获取户籍迁移对幸福感并无显著影响。模型（L2）增加了收入与未获得户籍迁移的交互项，控制变量估计结果表明，年收入与幸福感呈倒 U 型关系，这一点与田国强和杨立岩（2006）的研究结论较为一致。年收入及其平方的交互项表明，获得户籍者与原市民的幸福感最高（或者获得较高幸福感的概率最高）时的年收入为 5.47 万元，高于样本整体均值，未获得户籍者这一数值高达 37 万元（“收入—幸福”饱和点）①。这说明个人收入增长对于

① 根据模型（L2）的估计结果，原市民和获得户籍迁移者年收入与收入平方的估计系数分别为 0.197 和−0.018，因此其收入—幸福感倒 U 型曲线的顶点处年收入为 5.47 万元；未获得户籍迁移者年收入与收入平方的估计系数分别为（0.197 − 0.123 = 0.074）和（−0.018 + 0.017 = −0.001），因此其收入—幸福感倒 U 型曲线的顶点处年收入为 37 万元。

表 5-11　迁移与幸福感：线性假定模型的估计结果

变量名称	(L0) 有效样本	(L1) 可用样本	(L2) 可用样本	(L3) 可用样本	(L4) 未获取与原市民	(L5) 所有迁移者	(L6) 获取与原市民
年龄	−0.054***	−0.078***	−0.075***	−0.077***	−0.088***	−0.019	−0.091***
	(0.013)	(0.017)	(0.017)	(0.024)	(0.019)	(0.046)	(0.032)
年龄平方	0.001***	0.001***	0.001***	0.001***	0.001***	0.000	0.001***
	(0.000)	(0.000)	(0.000)	(0.000)	(0.000)	(0.000)	(0.000)
男士	−0.155***	−0.153***	−0.165***	−0.108	−0.127**	−0.347**	−0.004
	(0.043)	(0.055)	(0.055)	(0.081)	(0.060)	(0.149)	(0.104)
健康自评	0.373***	0.346***	0.344***	0.487***	0.337***	0.449***	0.578***
	(0.052)	(0.067)	(0.067)	(0.096)	(0.075)	(0.155)	(0.131)
教育年限	0.093***	0.099**	0.103***	0.05	0.126***	0.055	0.025
	(0.032)	(0.040)	(0.040)	(0.059)	(0.047)	(0.079)	(0.099)
教育年限平方	−0.004**	−0.004**	−0.005**	−0.003	−0.005**	−0.003	−0.002
	(0.001)	(0.002)	(0.002)	(0.003)	(0.002)	(0.004)	(0.004)
参与选举	0.170***	0.121*	0.119*	0.08	0.146**	−0.124	0.126
	(0.049)	(0.066)	(0.066)	(0.091)	(0.073)	(0.162)	(0.117)
收入合理	−0.136***	−0.198***	−0.190***	−0.094*	−0.230***	−0.078	−0.095
	(0.028)	(0.037)	(0.037)	(0.052)	(0.041)	(0.091)	(0.066)
人际关系	0.763***	0.699***	0.699***	0.716***	0.718***	0.573***	0.816***
	(0.048)	(0.061)	(0.061)	(0.090)	(0.067)	(0.153)	(0.117)
家庭未来	0.294***	0.355***	0.353***	0.447***	0.307***	0.600***	0.404***
	(0.037)	(0.048)	(0.048)	(0.071)	(0.052)	(0.133)	(0.087)
失去工作	−0.315***	−0.309***	−0.292***	−0.467***	−0.311***	−0.179	−0.546**
	(0.087)	(0.112)	(0.113)	(0.178)	(0.119)	(0.398)	(0.213)
已婚	0.512***	0.524***	0.510***	0.449***	0.504***	0.584*	0.500***
	(0.080)	(0.100)	(0.099)	(0.148)	(0.106)	(0.322)	(0.181)
已婚其他	−0.200*	−0.268*	−0.288*	−0.463**	−0.192	−0.532	−0.397
	(0.116)	(0.154)	(0.154)	(0.217)	(0.175)	(0.403)	(0.289)
未获户籍		−0.249***	−0.098	−0.162**	−0.241***	−0.094	
		(0.076)	(0.112)	(0.072)	(0.078)	(0.106)	

续表

变量名称	(L0) 有效样本	(L1) 可用样本	(L2) 可用样本	(L3) 可用样本	(L4) 未获取与原市民	(L5) 所有迁移者	(L6) 获取与原市民
获取户籍		−0.085 (0.089)					−0.112 (0.114)
年收入	0.045** (0.019)	0.067*** (0.024)	0.197*** (0.072)	0.207*** (0.078)	0.063** (0.026)	0.345** (0.149)	0.187* (0.099)
收入平方	−0.001*** (0.000)	−0.001*** (0.000)	−0.018** (0.008)	−0.019** (0.008)	−0.001** (0.000)	−0.022 (0.016)	−0.021** (0.010)
D×年收入			−0.123* (0.073)				
D×收入平方			0.017** (0.008)				
D×年收入标准化				−0.135* (0.081)		−0.278* (0.151)	0.112 (0.178)
D×收入平方标准化				0.018** (0.008)		0.021 (0.016)	−0.003 (0.019)
D×健康自评标准化				−0.271** (0.133)		−0.241 (0.180)	−0.175 (0.202)
D×收入合理标准化				−0.209*** (0.073)		−0.234** (0.104)	0.023 (0.113)
D×家庭未来标准化				−0.184* (0.096)		−0.324** (0.147)	0.239 (0.158)
城市固定效应	√	√	√	√	√	√	√
样本量	3 393	2 116	2 116	2 116	1 790	1 459	983
卡方统计量[2]	1 205.48	828.02	831.72	858.56	718.3	597.08	470.92
伪拟合优度[2]	0.164 6	0.178 9	0.179 7	0.185 5	0.183 8	0.186 1	0.220 8

注："D×"表示迁移与改变量的交互项。D×男士标准化仅在模型(L5)中显著，未列出。离退休、未工作、D×年龄标准化、D×年龄平方标准化、D×教育年限平方标准化、D×参与选举标准化、D×人际关系标准化、D×已婚标准化、D×已婚其他标准化，在考虑线性限制的回归中，系数均不显著，未列出。切点的估计值也未列出。括号中为标准误，***、**、*分别表示在1%、5%及10%的显著性水平上显著。

未获得户籍的迁移者而言更加重要，调查数据中这一群体的年均收入仅为 1.55 万元，距离收入—幸福感倒 U 型曲线的顶点有着更大的差距。由此可见，在某种程度上幸福悖论确实存在，即当收入超越倒 U 型曲线极值点之后，幸福感降低。只是对于多数居民而言，这一“幸福拐点”尚未到来。这一点与邢占军(2011)的研究相似。值得注意的是，沈坤荣和余吉祥(2011)的研究表明，农村移民可以对城镇居民的收入产生正向影响。这意味着在收入增长可以提升幸福感的阶段(倒 U 型曲线左半边)，流动人口在增加自身收入的同时，可以增加原城市人口的收入，从而使得居民幸福感上升。年龄及其二次项的估计系数表明，年龄与幸福感存在 U 型关系。按照可用样本估计系数粗略计算，幸福感最低的年龄为 37 岁。这一结论从幸福感的角度验证了中年危机(“灰色中年”)的存在。中年危机一般高发在 37～50 岁，这一人生阶段可能经历事业、健康、家庭婚姻等各种关卡和危机，导致中年人群幸福感相对低于其他年龄段的人群。此外，平均而言，男士的幸福感低于女性的概率较高，健康有利于提升幸福感，教育年限与幸福感呈现倒 U 型，收入合理反而不利于幸福感提升，良好的人际关系对幸福感有利，失业者幸福感更低。以未婚者作为对照组，同时控制已婚变量和已婚其他变量后，已婚对幸福感存在显著正向影响，已婚其他(分居、离异、丧偶)变量对幸福感存在显著负面影响。

假定潜在幸福感为一般线性函数，考虑个体异质性后，模型(L3)的回归结果表明，未获得户籍迁移对迁移者幸福感存在显著负向影响，只是系数绝对值比模型(L1)小。而且多数交互项系数显著，表明估计迁移行为对幸福感的影响时，需要考虑个体异质性。模型(L4)以未获取户籍迁移者和原市民为样本，其回归结果与模型(L3)差别不大。模型(L5)以所有迁移者为样本，未获取户籍的影响不再显著，表明在线性模型下，对于所有迁移者而言，户籍身份对幸福感并无显著影响。模型(L6)以获取户籍的迁移者和原市民为样本，结果发现与模型(L1)相比，在考虑异质性的情况下，获取户籍的迁移对幸福感同样没有显著作用。这表明在控制了其他变量之后，获取户籍的迁移者与原城市居民之间幸福感没有显著差异。

（三）非线性假定模型估计：迁移与幸福感

进一步，运用不存在线性假定的模型重新估计迁移对幸福感的影响（表 5－12）。模型（P1）和（P2）表明，未获取户籍迁移者的幸福感更低，模型（P3）表明在非线性假定条件下，未获取户籍者幸福感显著低于获取户籍者，从而为户籍身份的影响提供了更有力的证据。于是，对比各模型中的迁移变量，可以看出获取户籍迁移并未降低幸福感（无论是否存在线性假定），从而验证了假说 5－1。然而，未获取户籍迁移却能导致幸福感更低（无线性假定时），即未获取户籍的迁移给幸福感带来负面影响，这一影响主要由于缺失所在城市户籍身份导致，从而验证了假说 5－2。

表 5－12　迁移与幸福感：无线性假定模型的估计结果

变量名称	（P1） 可用样本	（P2） 未获取与原市民	（P3） 全部迁移者	（P4） 获取与原市民
未获取户籍	－0.200***	－0.260***	－0.188**	
	(0.066)	(0.076)	(0.093)	
获取户籍				－0.052
				(0.097)
倾向得分	0.747***	0.932***	0.653*	0.355
	(0.256)	(0.323)	(0.396)	(0.319)
D×倾向得分	－0.773**	－0.692*	－1.052**	－0.673
	(0.336)	(0.395)	(0.481)	(0.457)
城市固定效应	√	√	√	√
样本量	2116	1790	1459	983
卡方统计量^2	291.68	264.4	211.25	177.93
伪拟合优度^2	0.063	0.0677	0.0658	0.0834

注：切点的估计值未列出。括号中为标准误。***、**、* 分别表示在 1%、5%及 10%的显著性水平上显著。

总体而言，未获取户籍的迁移者幸福感更低，显然并不能完全被迁移行为本身（比如迁移成本）或者说一些个体特征所解释。而是因为与户籍相关的因素，降低了未获取户籍者的幸福感，即归因于迁移后由于户籍歧视等而“流失”

了幸福。对于未获户籍者而言,这部分地印证了巴特拉姆(Bartram, 2011)的研究结论,即迁移能增加收入,但是并不能增加幸福感,这似乎意味着迁移者认为经济迁移是增进个人福利一大途径的想法是个错误。正如哈里斯和托达罗(Harris and Tordaro, 1970)所言,移民为了获得拥有高收入的就业机会,甘愿在一定时间内承受失业或者接受城市的低收入工作。因此,即使迁移并不能带来幸福感的增强,迁移仍被选择,一种可能的解释是迁移是为了在一定时间内提高收入,即便此时损失了一些幸福感,短期的迁移和幸福的流失,是为了长期的收入增长和幸福。因此,鉴于户籍身份的影响,迁移者可以选择迁往与户籍身份相关的歧视较少的城市。

(四) 稳健性检验: 迁移与幸福感

为检验结论稳健性,同样采用 2012—2016 年 CLDS 数据,运用 Oprobit 模型进行稳健性检验。估计结果(表 5-13)表明迁移对幸福感并无显著影响,无论是市外迁移还是市内迁移,都对迁移者幸福感没有显著影响。然而,如果将迁移按照是否获取户籍进行划分,发现获取户籍迁移者幸福感更高,而未获取户籍者幸福感更低。进一步细分发现,市内获取户籍和市外获取户籍迁移对幸福感都没有显著影响,但是市外未获取户籍迁移和市内未获取户籍迁移者的幸福感都更低,而且市内未获取户籍对迁移者幸福感的负向影响更大。结合两种模型对 CGSS 调查数据中迁移与幸福感关系的研究,发现未获取户籍对迁移者幸福感的影响,基于 CGSS 和 CLDS 两类数据库的估计结论基本一致,即户籍身份导致幸福感"流失"。

表 5-13 迁移与幸福感: 稳健性检验(CLDS2012—2016)

变量名称	(1) 幸福感	(2) 幸福感	(3) 幸福感	(4) 幸福感
迁移	−0.001 (0.017)			

续表

变量名称	(1) 幸福感	(2) 幸福感	(3) 幸福感	(4) 幸福感
市外迁移		−0.021		
		(0.022)		
市内迁移		0.013		
		(0.023)		
获取户籍迁移			0.039**	
			(0.020)	
未获取户籍迁移			−0.085***	
			(0.026)	
市外获取户籍迁移				0.038
				(0.029)
市内获取户籍迁移				0.032
				(0.024)
市外未获取户籍迁移				−0.086***
				(0.029)
市内为获取户籍迁移				−0.107**
				(0.053)
城市固定效应	√	√	√	√
样本量	26 759	26 135	26 756	26 133

注：控制变量还包括年龄及其平方、性别、受教育程度、年收入、城乡虚拟变量、年份虚拟变量。括号中为标准误。***、** 分别表示在1%、5%的显著性水平上显著。

第三节　迁移与福利损失

为尽可能全面地考察居民福利，本部分在考察福利时，参考森的可行能力视角，运用模糊综合评价法测量居民福利指数。阿马蒂亚·森(2002)考察了五种工具性自由：政治自由、经济条件、社会机会、透明性保证和防护性保障。高进云等(2007)指出："能力不可直接观察，所以福利的衡量一般在评估功能性活动的基础上进行，而森的五种工具性自由能直接扩展人们的可行能力。""在发达国家,以单个人为福利的研究对象,一般选取的功能性活动主要包括五个方面,即居住条件、健康状况、教育和知识、社交、心理状况,有的研究还加上了劳动力市场状态和家庭经济资源两个功能性活动。”(Martinetti, 2000)袁方和史清华(2013)指出:“森提到的五种工具性只有并非一个完整的清单。”因此,本部分福利指数构建时,尽可能地包含森提出五种工具性自由。这些自由对原居民和新移民而言存在较大的差异,进而使不同类型居民的福利指数发生不同变化。

一、迁移如何影响福利

从已有研究以及本部分实证研究的结论来看,劳动力流动虽然可以带来获取高收入的机会,但是由于户籍制度带来的歧视、社会保障制度差异导致的相关福利缺失、社会分层与隔离等因素影响,即使迁移者实现收入增长,迁移者收入以外的福利影响因子可能反而有所降低。具体而言,迁移对居民福利的影响,可从以下方面进行考察。

首先,迁移促进了迁移者收入增长,但是由于迁移者来源地与现居住地生活成本往往存在差异,而且通常在迁入地的生活成本更高(因为从小城市到大城市,从农村到城市迁移者最为普遍),以至于其实际收入未必能得到较大幅度的增长。因此,迁移者通过收入增长改善自身福利水平的途径,在一定程度上受到削弱。

其次,如果考虑包含幸福感、相对收入等心理因素在内,迁移者福利水平降低的可能性较大。因为中国大量迁移者面临户籍歧视和地域歧视,进而在就业机会、政治参与、社会保障方面所享有的待遇与本地居民存在较大差异,而这势必通过攀比效应等渠道降低其幸福感、产生不良心理情绪,以至于降低其福利水平。

再次,从可行能力视角来看,在影响居民福利的因素中,居住环境、社会交往等经济社会环境占据重要地位,迁移者在这方面的劣势将降低其福利水平。对于市外迁移者、未获得户籍迁移者而言,能够在迁入地获取良好居住环境者相对较少,更多迁移者居住在人口密集、环境恶劣的区域,而且社会交往中也因为这种居住环境的差异带来分层现象，大量迁移者难以真正融入城市。这些因素对迁移者的福利水平改进，都存在不利影响。因此，如果从可行能力视角出发，较为全面地考察迁移者的福利水平变化，提出如下待验证的假说。

假说5-3：在现行体制和经济发展阶段，迁移将降低迁移者的福利水平。

二、迁移是否影响福利

（一）福利的测度

本部分主要从阿马蒂亚·森的可行能力视角，考察迁移对居民福利水平的影响，为尽可能全面地刻画福利水平，使用的数据来自2012年、2014年和2016年中国劳动力动态调查（CLDS）数据库。① CLDS数据在全国（除港澳台、西藏和海南外）29个省、自治区和直辖市展开，以15～64岁劳动力的教育、就业、劳动权益、职业流动、职业保护与健康、职业满足感和幸福感等的现状和变迁为核心，同时对劳动力所在社区的政治、经济、社会发展，对劳动力所在家庭的人口结构、家庭财产与收入、家庭消费、家庭捐赠、农村家庭生产和土地等众多议题开展了调查，可以较好地满足居民福利度量的数据需求。在度量福利时，主要依据阿马蒂亚·森的可行能力理论，运用模糊综合评价法构建居民福利指数，具体度量方法参见袁方和史清华（2013）的相关研究。福利度量指标的选取参考现有文献（袁方和史清华，2013；孙三百和万广华，2017），在数据可获取的情况下力求较为全面地反映居民的功能性活动。

阿马蒂亚·森认为福利是一个较广泛和在一定程度上较模糊的概念（黎洁和妥宏武，2013）。1965年，美国数控专家扎德（L. A. Zadeh）创立的模糊数学为解决福利无法精确界定问题提供了一种可行方法（袁方和史清华，2013）。本

① 数据清理过程中，保留年龄在18～60岁（女性18～55岁）的被调查者，为避免追访样本导致同一样本重复出现，剔除了2014年和2016年的追访样本。在剔除异常值和变量数据缺失的样本后，最后剩余17 364个样本，其中城市本地居民样本3 984个，农村本地居民样本8 519个，迁移样本4 861个。由于工具变量数据最早到1990年，最后剔除了1990年之前迁移的样本。

部分即运用模糊综合评价法[①]构建居民福利指数。模糊综合评价法将居民福利设为模糊集 X，子集 W 属于 X 并表示居民的福利指数，$W \rightarrow [0, 1]$，则第 n 个居民的福利指数为：$W^{(n)} = \{x, \mu(x)\} = \{w_1, w_2, w_3, \cdots, w_i\}$。其中，$x \in X$，$\mu(x)$是 X 的隶属度，$\mu(x) \in [0, 1]$。隶属度越高，居民福利状况越好。将 x_i 设为由初级指标 x_{ij} 决定的居民福利的第 i 个功能集，那么居民福利的初级指标为：$x = [x_{11}, \cdots, x_{ij}]$。其中 $i = 1, 2, \cdots, I$，I 表示衡量居民福利的 I 个功能，$j = 1, 2, \cdots, J$，J 表示在第 i 个功能中初级指标的个数。这里，确定准确合适的隶属函数 $\mu(x)$是关键，不同的指标数据类型决定不同的隶属函数［具体函数形式见袁方和史清华(2013)等］。接下来，需要对各个指标的权重进行设定。这里需要三个基本假定：一是选定的指标 x_{ij} 彼此不相关；二是指标 x_{ij} 单调变化时，福利状况也随之单调变化；三是随着评价指标的隶属函数值的增加，该指标对应的权重边际递减，即该指标值对总体福利状况的重要程度逐渐减弱(黎洁和妥宏武，2012)。本部分参照凯利和莱米(Cheli and Lemmi，1995)所提出的公式，各指标的权重 w_{ij} 定义为[②]：

$$w_{ij} = Ln\left[\frac{1}{\overline{\mu(x_j)}}\right] \tag{5-13}$$

其中 $\overline{\mu(x_j)}$反映第 n 个居民第 i 个功能子集中第 j 项指标的均值：

$$\overline{\mu(x_j)} = \frac{1}{n}\sum_{i=1}^{n}\mu(x_{ij}) \tag{5-14}$$

此公式根据隶属度大小确定权重大小，隶属度较小的指标获得较大的权重(袁方和史清华，2013)。进一步地，依据切廖利和扎尼(Cerioli and Zani，

---

① 1965年，美国数控专家扎德创立的模糊数学为解决福利无法精确界定问题提供了一种可行方法。由于已经有不少文献介绍过此方法，本书仅阐述其主要思路。

② 鉴于本书使用数据为全国抽样调查，在设定各指标上限和下限时，直接采取总体样本中该指标的最大值和最小值。

1990)和贝朗热(Bérenger, 2007)等的相关研究,对单个居民各功能的隶属度进行加总:

$$\mu(x_i) = \frac{\sum_{j=1}^{J}[\mu_w(x_{ij}) \times w_{ij}]}{\sum_{i=1}^{I} w_{ij}} \tag{5-15}$$

依据各功能的隶属度计算各功能的权重 $w_i = Ln\left[\frac{1}{\mu(x_i)}\right]$,进而单个居民福利 W 的加总公式为:

$$W = \frac{\sum_{i=1}^{I}[\mu(x_i) \times w_i]}{\sum_{i=1}^{I} w_i} \tag{5-16}$$

关于福利的构成,阿马蒂亚·森(2002)从可行能力角度考察了五个方面的内容,即政治自由、经济条件、社会机会、透明性保证和防护性保障。努斯鲍姆(Nussbaum, 2003)提出了完整的可行能力清单,包括寿命、身体健康、身体完整性、自由思维、情感、实践理性、社会关系、与自然共存、娱乐、控制环境(政治参与、财产保护、公平就业等)10 个功能。斯蒂格利茨等(Stigliz et al., 2010)指出幸福是多维的,并且指出几个关键维度:物质生活水平(收入、消费和财富)、健康、教育、包括工作在内的个人活动、政治发言权与治理、社会联系与关系、环境(当前和未来状况)、经济和人身安全。这些维度与森的可行能力较为相似。

在实际运用中,福利评价的实质就是对功能性活动的测量(袁方和史清华,2013),因为能力往往不能被直接观察到(高进云等,2007)。但如何选取相关功能,经济学界尚未形成共识(袁方和史清华,2013)。发达国家研究个人福利选取的功能性活动主要包括居住条件、健康状况、教育和知识、社交、心理状况,以及劳动力市场状态和家庭经济资源(Martinetti, 2000)。这些功能性活动对原居民和新移民而言存在较大的差异,进而使不同类型居民的福利指数有所不同。

本部分依据已有相关研究(Martinetti, 2000;高进云等,2007;袁方和史清华,2013;孙三百和万广华,2017)和数据可获取性,所选福利的测量指标尽可能全面地反映各类功能性活动，这些指标可以划分为八类：

(1) 政治自由，用是否参与基层政治选举来反映[上次参与居(村)委会投票=1，否=0]。阿马蒂亚·森(2002)和努斯鲍姆(Nussbaum，2003)都提及政治选举的重要性，而基层选举是微观数据中可获取且最直接反映政治参与的指标。

(2) 社会机会，采用是否拥有当地户口反映。森认为社会机会是在教育、医疗保健和其他方面所实行的制度安排，机会公平意味着对个体不存在制度性歧视，而户口则是一种歧视性制度安排，拥有当地户籍者更容易获取当地的公共服务(如教育和医疗等)，进而提升个人福利。郑思齐等(2012)基于北京市居民抽样调查的研究表明，户籍制度限制了移民获得当地公共服务的机会。袁方和史清华(2013)认为，社会机会、户籍制度的不合理和严重的政策歧视严重损害农民工的福利。

(3) 经济条件，包括个人年收入(万元)和家庭人均年收入(万元)。其中，个人年收入反映个体自身的收入水平；家庭人均年收入则反映家庭的收入水平，家庭收入总量规模大未必平均收入水平就高。个人福利会受到不同收入指标的影响，因而这些指标都是获取福利的重要保障。

(4) 生活状况，包括家庭住房数量和住房产权、网络使用、是否拥有小汽车(拥有小汽车=1，反之为0)。贝朗热(Bérenger，2007)认为，生活状况是基于商品或服务的功能性活动组合，体现了人类选择的自由，是衡量福利水平的主要指标。以上变量在马丁内蒂(Martinetti，2000)和努斯鲍姆(Nussbaum，2003)中都有提及。

(5) 社会保障，包括是否拥有医疗和养老保险。阿马蒂亚·森(2002)认为，防护性保障是为弱势群体提供扶持的社会安全网，医疗保险和养老保险是避免居民遭受深重痛苦的制度安排。

(6) 精神感受，包括主观幸福感(很不幸福=1，比较不幸福=2，居于幸福与不幸福之间=3，比较幸福=4，完全幸福=5)和公平感(社会不公平=1，不太公平＝2，一般＝3，比较公平＝4，公平＝5）。精神的幸福愉悦感是福利的重要组成部分（Nussbaum，2003；袁方和史清华，2013）。

（7）健康状况，包括自评健康状况（很不健康＝1，比较不健康＝2，一般＝3，比较健康＝4，很健康＝5）、BMI（身体质量指数）离差（用BMI与22的离差来衡量）。身体健康是研究福利的重要指标（Martinetti，2000），其与可行能力和幸福相关（Nussbaum，2003；Stigliz et al.，2010），进而对居民福利产生影响。

（8）居住环境，包括空气污染、土地污染、水污染、噪音污染（很严重＝1、比较严重＝2、不太严重＝3、不严重＝4、一般＝5、没关心/说不清＝6、没有该问题＝7）。努斯鲍姆（Nussbaum，2003）认为与自然共存是一项重要的可行能力，高进云（2008）则将环境污染作为一项功能性活动进行分析，可见环境与居民福利高度相关。

表 5-14　福利二级指标基本统计

	2012		2014		2016		2012—2016	
	N＝7 959		N＝4 681		N＝4 020		N＝16 660	
功能性活动	隶属度	权重	隶属度	权重	隶属度	权重	隶属度	权重
（1）政治自由	0.59	0.49	0.51	0.5	0.54	0.48	0.55	0.49
基层选举	0.59	0.49	0.51	0.5	0.54	0.48	0.55	0.49
（2）社会机会	0.92	0.11	0.9	0.09	0.9	0.1	0.91	0.1
本地户籍	0.92	0.11	0.9	0.09	0.9	0.1	0.91	0.1
（3）经济条件	0.01	5.26	0.01	4.87	0.01	4.55	0.01	4.98
个人年收入	0	5.83	0.01	5.4	0.01	4.69	0.01	5.43
人均收入	0.01	4.86	0.01	4.53	0.01	4.5	0.01	4.68
（4）生活状况	0.23	1.51	0.27	1.4	0.32	1.42	0.27	1.46
住房数量	0.18	1.73	0.16	1.84	0.16	2.32	0.17	1.9
住房产权	0.88	0.14	0.87	0.13	0.67	0.87	0.83	0.31
网络使用	0.41	1	0.63	0.63	0.75	0.4	0.55	0.75
小汽车	0.15	1.98	0.22	1.67	0.25	1.41	0.19	1.76
（5）社会保障	0.6	0.52	0.55	0.59	0.65	0.4	0.6	0.51
医疗保险	0.91	0.1	0.81	0.21	0.88	0.13	0.88	0.14
养老保险	0.54	0.61	0.48	0.73	0.59	0.49	0.54	0.61

续表

	2012		2014		2016		2012—2016	
	N=7 959		N=4 681		N=4 020		N=16 660	
功能性活动	隶属度	权重	隶属度	权重	隶属度	权重	隶属度	权重
(6)精神感受	0.63	0.46	0.6	0.5	0.61	0.48	0.61	0.48
幸福感	0.75	0.3	0.68	0.39	0.69	0.36	0.72	0.34
公平感	0.56	0.56	0.55	0.58	0.55	0.57	0.56	0.57
(7)健康状况	0.72	0.36	0.75	0.33	0.74	0.35	0.73	0.35
自评健康	0.89	0.12	0.88	0.13	0.87	0.14	0.88	0.13
BMI 离差	0.67	0.44	0.71	0.4	0.69	0.43	0.69	0.43
(8)居住环境	0.89	0.12	0.84	0.16	0.82	0.17	0.86	0.14
空气污染	0.86	0.14	0.82	0.18	0.8	0.18	0.84	0.16
土地污染	0.97	0.04	0.89	0.11	0.87	0.13	0.92	0.08
水污染	0.89	0.13	0.82	0.19	0.8	0.19	0.85	0.16
噪音污染	0.92	0.08	0.87	0.12	0.84	0.15	0.89	0.11

（二） 计量模型设定与统计分析

在估计迁移对劳动者福利指数的影响时，基准计量模型的具体形式为：

$$Welf_i = \alpha_0 + \alpha_1 Migr_i + \alpha_2 X_i + \mu_i \tag{5-17}$$

上式中，$Welf_i$ 为本人福利；$Migr_i$ 为虚拟变量，代表本人是否迁移[①]，迁移则 $Migr_i = 1$，未迁移则 $Migr_i = 0$；X_i 为控制变量，包括本人的年龄、性别、教育、工作状况等变量[②]。考虑到样本选择偏差和遗漏变量等问题对模型估计带来的影响，使用处理效应模型对迁移的影响进行再次估计。

$$Migr_i = \begin{cases} 1, & \beta_1 X_i + \beta_2 Z_i + \varepsilon_i \\ 0, & \text{其他} \end{cases} \tag{5-18}$$

① 本书依据问卷信息，将 14 岁以后发生居住地变动的样本视为迁移者。

② 个体收入、住房、生活环境等变量本身已经包含在福利指数中，因此在回归方程中未进一步控制。

其中，Z_i 为估计处理效应的工具变量。现有研究多采取移民网络（Hu，2012；Huang et al.，2016）、失业率与就业人口结构变化（连玉君等，2015）作为迁移的工具变量。研究样本中迁移年份分布较为分散，因而参考现有文献的工具变量思路，运用 1990 年和 2000 年人口普查微观数据共同构建迁移的工具变量。[①] 虽然 1990 年和 2000 年人口普查数据中没有城市迁出人口数据，但是可以估算 CLDS 数据中迁移者家乡城市的本地人口占比。从劳动力流动角度来看，本地人口占比越低说明家乡城市的外来人口更多，即对流动人口更具有吸引力，同时本地人口外流的意愿也就更低，反之如果家乡城市本地人口占比越高则家乡城市越缺乏吸引力，外来人口流入的意愿更低的同时本地人口外流的可能性更大。因而家乡城市的本地人口占比可以在一定程度上与现有文献构建的移民网络变量相似，可以理解为一种反向构造的移民网络变量。正如现有研究指出，移民网络对移民的迁移成本、工作信息等产生影响（Du et al.，2005），家乡城市本地人口占比会对迁移行为产生影响，但是不会对迁移者迁移后在当前所在城市的福利产生直接影响，因而可以满足工具变量的基本要求。

变量的基本统计量（表 5 - 15）表明，居民个人福利均值为 20.76。各类迁移变量统计结果表明，迁移者占比 28%，其中市外迁移者和市内迁移者分别占比 14%左右，获取户籍迁移者占比 19.9%，未获取户籍者占比 8.1%。进一步分类发现，市外获取户籍迁移者占比 7.6%，市内获取户籍迁移者占比 12.3%，市外未获取户籍迁移者占比 6.3%，市内未获户籍迁移者占比 1.7%。样本年龄均值为 40 岁，男士占比 52.4%，平均教育程度位于初中和高中之间，拥有工作者占比 77.5%，调查地点为城市的样本占比 44.6%。

---

① 1990 年之前的人口普查数据中，没有调查流动人口相关信息。而 1990 年人口普查区县层面的数据中，没有提供流动人口相关信息，但是微观数据中有是否迁移的信息，因而选择运用微观数据进行估算。因此，本书仅保留 1990 年之后迁移的样本和未迁移者。

表 5－15　福利及其影响因素的含义与基本统计

变量名称	变量含义	均值	标准差	最小值	最大值
福利	福利指数取值在 0 和 1 之间	20.76	6.183	3.628	72.04
迁移	迁移＝1，未迁移＝0	0.280	0.449	0	1
市外迁移	市外迁移＝1，反之＝0	0.139	0.346	0	1
市内迁移	市内迁移＝1，反之＝0	0.141	0.348	0	1
未获户籍	未获得户籍迁移＝1，反之＝0	0.081	0.272	0	1
获取户籍	获得户籍迁移＝1，反之＝0	0.199	0.400	0	1
市外获取户籍	市外获取户籍＝1，反之＝0	0.076	0.265	0	1
市内获取户籍	市内获取户籍＝1，反之＝0	0.123	0.329	0	1
市外未获户籍	市外未获户籍＝1，反之＝0	0.063	0.243	0	1
市内未获户籍	市内未获户籍＝1，反之＝0	0.017	0.130	0	1
年龄	被调查者 2010 年的年龄	40.43	11.01	18	60
男士	男性＝1，女性＝0	0.524	0.499	0	1
教育程度	被调查者的受教育等级	3.960	2.419	1	14
拥有工作	拥有工作＝1，反之＝0	0.775	0.418	0	1
城市样本	城市被调查者＝1，反之＝0	0.446	0.497	0	1

从福利度量指标的对比来看，不同类型居民福利构成指标各有优劣。农村居民基层选举、本地户籍、住房产权、医疗保险和噪音污染状况的隶属度好于总体样本，但是网络使用、小汽车拥有情况和水污染情况的隶属度差于总体样本。迁移者仅网络使用、拥有小汽车情况和 BMI 离差的隶属度优于总体样本，基层选举、本地户籍、住房产权和噪音污染变量的隶属度都低于总体样本。城市本地居民的人均收入、网络使用、拥有小汽车、养老保险、BMI 离差和水污染的隶属度优于总体样本，但是基层选举、医疗保险和噪音污染的隶属度都低于总体样本。总体而言，城区本地居民福利水平的均值最高，农村本地居民的福利水平的均值次之，而迁移者的福利水平的均值最低。通过福利二级指标对比发现，本地户籍缺失和住房条件是迁移者福利水平更低的重要原因。

进一步考察不同样本福利的分布情况（图 5－3），发现总体上城区本地居民、农村本地居民和迁移者的福利分布情况较为相似，但城区本地居民福利分布中位数对应的福利水平略高于其他两类居民。福利水平非常高的居民，主要分布在城区本地居民和迁移者群体中，而福利水平非常低的居民主要分布在农村本地居民中。按照迁移类型划分样本后发现，获取户籍迁移者的福利分布中位数对应的福利水平明显高于未获取户籍者。迁移者中福利水平较高者主要分布在市外获取户籍者中。

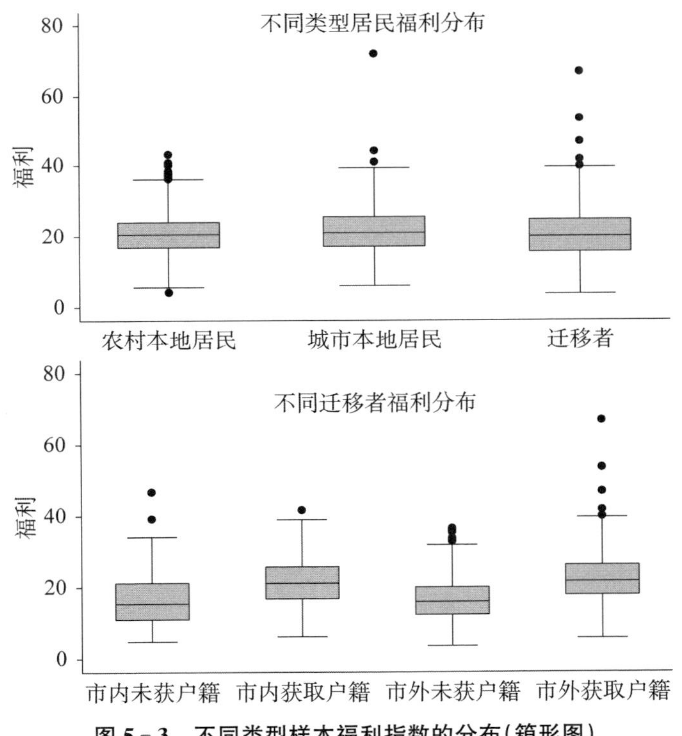

图 5－3　不同类型样本福利指数的分布(箱形图)

依据被调查者收入分组比较发现，收入水平更高的居民福利分布中位数对应的福利水平也更高，尤其是收入位于 80%分位数及以上的居民福利分布中位数对应的福利水平明显更高，各收入组别内部福利的波动幅度差别不大，只是收入位于 20%～40%分位数和 40%～60%分位数组别居民福利的波动幅度略小一些(图 5 - 4)。福利水平位于较高水平的居民主要分布在收入位于 80%分位数以上的居民中。依据被调查组幸福感分组比较发现,幸福感水平更高的居民福利分布中位数对应的福利水平同样更高,但是幸福感程度较高组别内部福利的波动幅度相对较大。福利水平位于较高水平的居民主要分布在感觉幸福或非常幸福的居民中。

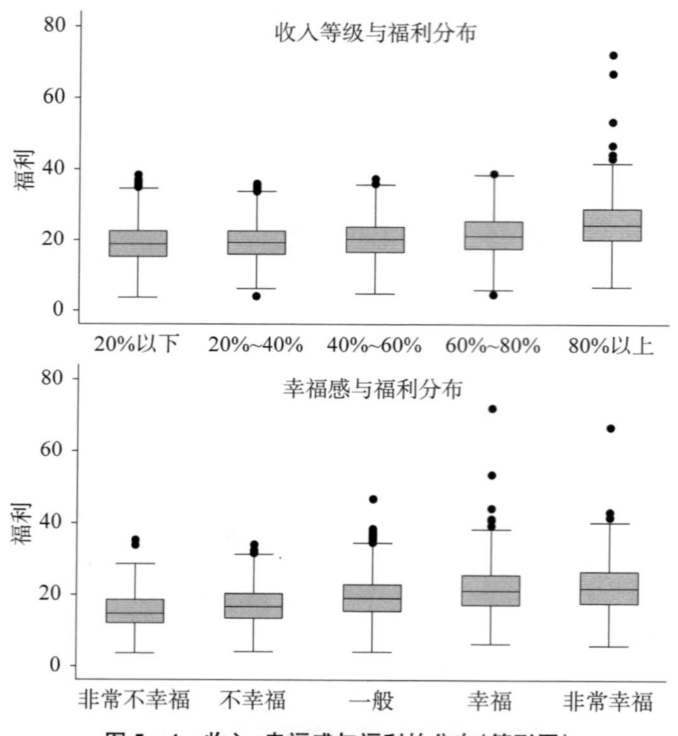

图 5 - 4　收入、幸福感与福利的分布(箱形图)

(三) 迁移的福利效应估计

1. 基准模型估计结果

作为基准回归结果,使用 OLS 方法估计各因素对居民福利的影响(表 5 - 16),模型(1)结果表明年龄与福利水平呈倒 U 型关系,男士福利水平与女士无显著差异，教育程度与福利水平显著正相关，有工作者的福利水平也显著更高。虽然统计发现城区居民福利水平的均值高于其他类型居民，但是城市社区虚拟变量的估计结果表明，控制个体和地区特征后城区居民福利水平低于农村居民。模型(2)剔除迁移者后，直接比较城市社区居民与农村社区居民的福利水平，发现控制其他变量后城市社区居民的福利水平同样显著低于农村居民。这一点与格莱泽等的“不幸福的城市”(unhappy city)研究相似，该研究发现农村居民幸福感高于城市居民幸福感(罗楚亮，2006；Knight and Gunatilaka，2010)，但还是有流动人口不断迁往城市。本部分则发现即使综合考虑居民的多维福利，仍然存在“低福利城市”现象，即流动人口(尤其是来自农村的流动人口)迁入城市社区后福利水平反而更低。

表 5-16　迁移与居民福利估计结果

变量名称	(1) 福利	(2) 福利	(3) 福利	(4) 福利	(5) 福利
年龄	0.412***	0.366***	0.423***	0.486***	0.328***
	(0.028)	(0.030)	(0.028)	(0.046)	(0.035)
年龄平方	−0.004***	−0.004***	−0.004***	−0.005***	−0.003***
	(0.000)	(0.000)	(0.000)	(0.001)	(0.000)
男士	0.014	0.02	−0.004	−0.138	0.122
	(0.087)	(0.096)	(0.087)	(0.139)	(0.110)
教育程度	0.652***	0.576***	0.647***	0.720***	0.545***
	(0.023)	(0.028)	(0.023)	(0.029)	(0.040)
有工作	1.054***	1.339***	1.102***	1.246***	0.816***
	(0.111)	(0.124)	(0.111)	(0.164)	(0.152)
城市社区	−1.047***	−1.126***	−0.658***		
	(0.148)	(0.183)	(0.155)		
迁移			−0.942***	−0.870***	−1.782***
			(0.127)	(0.162)	(0.227)
年份	√	√	√	√	√
城市固定效应	√	√	√	√	√
样本范围	总体	非迁移者	总体	城市社区	农村社区
样本量	16 652	12 389	16 652	7 371	9 281
拟合优度	0.255	0.29	0.258	0.258	0.294

注：括号中为稳健标准误。*** 表示在1%的显著性水平上显著。

模型(3)进一步增加迁移虚拟变量,检验迁移对居民福利的影响,估计结果表明迁移者的福利水平低于未迁移者,而即使控制了迁移变量后城市社区居民的福利仍然低于农村社区居民的福利。进一步比较城市社区和农村社区内部不同类型居民福利的差异,模型(4)仅保留城市社区居民,估计结果表明城市社区迁移者的福利显著低于城市本地居民;模型(5)仅保留农村社区居民,估计结果表明农村社区的迁移者福利水平显著低于农村本地居民。因此,无论是在农村社区还是在城市社区,迁移者的福利水平都低于未迁移者。

为进一步考察不同类型迁移对居民福利的影响,将迁移划分为市外迁移和市内迁移(乡—城移民为主)后,发现相对于未迁移者,市外迁移者福利水平显著低于未迁移者和市内迁移者,市内迁移者福利与未迁移者福利没有显著差异(表 5 - 17)。将迁移划分为获取户籍迁移和未获取户籍迁移后,发现未获取户籍迁移者的福利水平显著低于未迁移者和获取户籍迁移者的福利,而获取户籍迁移者的福利水平显著高于未迁移者的福利。由此可见,迁移类型对福利水平的影响存在差异,而这一差异主要体现在市外迁移和市内迁移以及是否获得户籍。市外迁移和未获取户籍迁移对福利都有显著负面影响,笼统地分析迁移的影响将掩盖这种差异。进一步将是否市外迁移和是否获取户籍结合起来划分四种迁移类型,以未迁移者作为参照组估计各类迁移的影响,发现市外获取户籍迁移者的福利水平与未迁移者并无显著差异,市内获取户籍迁移者的福利水平显著高于未迁移者,而市外未获取户籍迁移者和市内未获取户籍迁移者的福利水平都显著低于未迁移者。对比而言,在控制了其他因素的情形下,市内获取户籍迁移者的福利最高,其次是未迁移者和市外获取户籍迁移者,再次是市内未获取户籍迁移者,最后是市外未获取户籍迁移者。

表 5-17 不同类型迁移对福利的影响

变量名称	(1) 福利	(2) 福利	(3) 福利
市外迁移	−2.046*** (0.172)		
市内迁移	0.045(0.158)		
获取户籍		0.418*** (0.132)	
未获取户籍		−4.871*** (0.213)	
市外获取户籍			0.222(0.196)
市内获取户籍			0.544*** (0.159)
市外未获取户籍			−5.158*** (0.228)
市内未获取户籍			−3.950*** (0.431)
样本量	16 652	16 652	16 652
拟合优度	0.263	0.288	0.289

注：括号中为稳健标准误。*** 表示在 1%的显著性水平上显著。

2. 处理效应模型估计结果

由于 OLS 估计中可能存在样本选择和遗漏变量问题，因而使用处理效应模型再次进行估计，迁移变量的工具变量为家乡城市本地人口占比。处理效应模型中各类迁移变量需单独进行估计，为与 OLS 估计时的参照组保持一致，因而处理效应模型估计时参照组全部设定为未迁移者。处理效应模型第一阶段估计结果表明，工具变量对各类型的迁移变量具有很好的解释力(表 5-18)。工具变量家乡城市本地人口占比对迁移、市外迁移、获取户籍迁移和未获取户籍迁移均存在正向促进作用，对市内迁移存在负向作用，即本地人口占比越高的城市吸引力越低，其居民迁移到其他城市的概率更高，而迁移者(乡—城移民)留在本地的概率更低。处理效应估计结果表明，迁移、市外迁移、获取户籍迁移和未获取户籍迁移均对居民福利产生显著的负向影响，市内迁移对迁移者的福利具有显著正向影响。处理效应估计结果与 OLS 估计存在差异，尤其是获取户籍迁移对移民福利的影响为负，可见未考虑样本选择偏差和遗漏变量问题时的估计可能存在偏差。

表 5-18　迁移与福利：处理效应模型估计结果Ⅰ

变量名称	(1) 福利	(2) 福利	(3) 福利	(4) 福利	(5) 福利
迁移	−26.666***				
	(3.005)				
市外迁移		−7.539***			
		(0.819)			
市内迁移			66.240**		
			(28.022)		
获取户籍				−33.291**	
				(14.589)	
未获取户籍					−8.121***
					(1.082)
			第一阶段估计结果		
迁移网络	1.218***	4.409***	−0.384***	0.350***	4.247***
	(0.124)	(0.223)	(0.132)	(0.129)	(0.260)
样本量	16 652	14 396	14 645	15 434	13 607

注：其他控制变量与上表相同。括号中为稳健标准误。***、** 分别表示在 1%、5% 的显著性水平上显著。

进一步运用处理效应模型估计细分四类的迁移变量（市外获取户籍、市内获取户籍、市外未获取户籍和市内未获取户籍迁移）对居民福利的影响，发现市外未获取户籍迁移对居民福利存在显著的负向影响，市内获取户籍迁移对福利存在显著正向影响，即处理效应估计结果与 OLS 估计结果保持一致（表 5-19）。然而，市外获取户籍迁移对居民福利产生显著负向影响，市内未获取户籍迁移对福利的影响不显著，这一估计结果与 OLS 估计结果存在差异，即在考虑样本选择偏差和遗漏变量问题后，估计结果发生改变的主要是市外获取户籍迁移者和市内未获户籍迁移者。其主要原因在于这部分迁移者与其他类型居民在教育程度等方面存在明显差异。对比分析发现，获取户籍迁移者平均受教育程度在高中以上，而其他类型居民平均受教育程度在高中以下，因而存在较为明显的样本选择问题。相比而言，市内获取户籍迁移者的平均受教育程度为高中，略高于其他类型居民，但明显低于市外获取户籍迁移者，其样本选择问题对 OLS 估计结果的影响不大。

表 5 - 19　迁移与福利：处理效应模型估计结果 Ⅱ

变量名称	(1) 福利	(2) 福利	(3) 福利	(4) 福利
市外获取户籍	−3.977** (1.653)			
市内获取户籍		27.251*** (9.635)		
市外未获取户籍			−8.377*** (1.132)	
市内未获取户籍				−4.451 (7.013)
		第一阶段估计结果		
迁移网络	3.055*** (0.254)	−0.591*** (0.135)	5.669*** (0.338)	1.274*** (0.334)
样本量	13 434	14 389	13 351	12 645

注：其他控制变量与上表相同。括号中为稳健标准误。***、** 分别表示在 1%、5% 的显著性水平上显著。

3. 稳健性检验

为进一步论证市内迁移和市外迁移估计结果的一致性，采用 2010 年 CGSS 调查数据，运用非线性模型对这两类迁移变量进行估计（表 5 - 20）。估计结果表明，市外迁移显著降低迁移者的福利水平，而市内迁移显著增加迁移者的福利水平，但是迁移变量和倾向得分的交互项并不显著，这说明在非线性模型下个体异质性对估计结果并无显著影响。这在一定程度上验证了 CLDS 数据的估计结果。

表 5-20 各类迁移对福利的影响(稳健性检验：CGSS2010)

变量名称	P1	P2
市外迁移	−0.017***	
	(0.006)	
市外倾向得分	0.132***	
	(0.041)	
倾向得分×市外迁移	−0.068	
	(0.060)	
市内迁移		0.012**
		(0.005)
市内倾向得分		0.131***
		(0.041)
倾向得分×市内迁移		−0.082
		(0.060)
样本量	4 293	4 293
拟合优度	0.167	0.166

注：在倾向匹配时放弃少量控制变量。***、**分别表示在1%、5%的显著性水平上显著。

三、迁移福利效应的异质性

通过个体出生年份将样本划分为20世纪50年代、60年代、70年代、80年代和90年代出生组，并分组设置虚拟变量后与各类迁移变量进行交互项OLS估计，以比较不同出生组的迁移福利效应的异质性(图5-5)。总体而言，

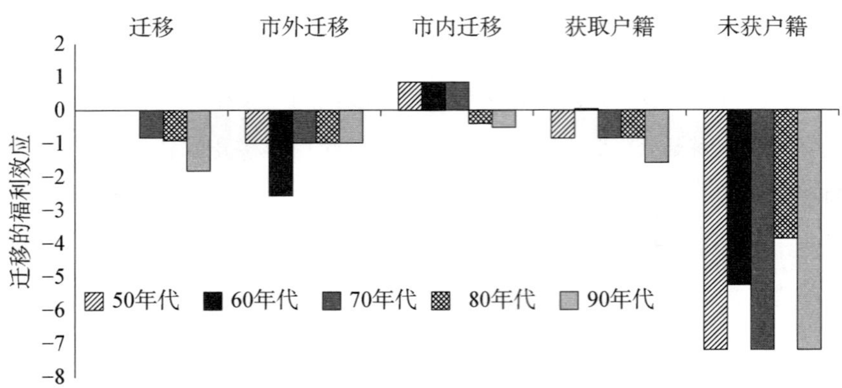

图 5-5 不同出生组的迁移福利效应

注：迁移福利效应为各组的估计系数。其中，50年代和60年代的迁移变量估计系数不显著。

未对迁移类型进行区分且未考虑处理效应时，迁移对20世纪50年代出生组和20世纪60年代出生组的负向影响并不显著，只是1970年以后出生（45岁以下）的青年群体的福利水平明显低于其他群体（包括未迁移群体和1970年之前出生的迁移群体）。

在进行分组估计时，1950年出生组为参照组，其他组别估计系数为交互项估计系数与1950年出生组估计系数之和，其中市外迁移与市内迁移为同一个方程估计，获取户籍迁移与未获取户籍迁移为同一个方程估计，在计算估计系数时在统计意义上不显著的系数按照0值处理。

分组估计发现不同迁移类型对居民福利产生的影响也可能在个体间存在异质性，因而应用异质性处理效应模型检验迁移对福利影响的异质性再次进行检验。异质性处理效应模型的估计结果表明（表5-21），市外获取户籍迁移产生的影响在不同年龄间没有差异，市内获取户籍迁移给年龄越大的迁移者带来的正向影响越大，而市外未获户籍给年龄越大的迁移者带来的负面影响也更大，但是年龄对市内未获户籍迁移的影响不存在调节作用。在迁入地的居住时长可以反映迁移者对迁入地的适应程度，居住时长及其与迁移交互项的估计结果表明，总体而言居住时间越长迁移者的福利水平越高，同时居住时长对迁移的影响也存在调节作用，表明期望未来能在迁入城市提升福利水平是移民选择迁入“低福利城市”的原因之一。流动时长的这一正向调节作用，主要体现在市外获取户籍迁移和市内未获取户籍迁移上。

表5-21　迁移与福利：异质性分析（处理效应模型）

变量名称	(1)	(2)	(3)	(4)	(5)
	迁移	市外获取户籍	市内获取户籍	市外未获户籍	市内未获户籍
年龄	0.402***	0.369***	0.364***	0.382***	0.382***
	(0.029)	(0.030)	(0.029)	(0.030)	(0.031)
年龄	0.047***	0.027	0.028**	−0.051***	−0.008
×迁移变量	(0.009)	(0.017)	(0.012)	(0.017)	(0.033)

续表

变量名称	(1) 迁移	(2) 市外获取户籍	(3) 市内获取户籍	(4) 市外未获户籍	(5) 市内未获户籍
迁移变量	−4.862***	−1.946*	−0.184	−4.731***	−3.459**
	(0.562)	(1.020)	(0.906)	(0.912)	(1.616)
样本量	16652	13434	14389	13351	12645
变量名称	(6) 迁移	(7) 市外获取户籍	(8) 市内获取户籍	(9) 市外未获户籍	(10) 市内未获户籍
居住时长	0.059***	0.130***	0.041*	0.134***	0.105***
	(0.015)	(0.035)	(0.022)	(0.023)	(0.033)
居住时长×迁移变量	0.140***	0.117**	0.031	−0.001	0.243***
	(0.021)	(0.049)	(0.033)	(0.034)	(0.063)
迁移变量	−3.617***	1.926	0.249	−3.768***	−4.048**
	(0.669)	(1.702)	(1.615)	(1.196)	(1.671)
样本量	14086	12690	12958	13008	12597

注：其他控制变量与上表相同。括号中为稳健标准误。***、**、*分别表示在1%、5%及10%的显著性水平上显著。

四、迁移的影响机制分析

在迁移收益方面，大部分研究发现迁移者获取更高的收入。在迁移成本方面，住房是迁移者承担的主要成本，高昂的住房成本使迁移者的居住环境（用空气、水、噪音、工业垃圾、生活垃圾污染状况反映）相对更差。同时，大城市人口众多，居住环境也与农村或者中小城市存在差异。从变量基本统计可以看出迁移者与非迁移者主要在住房产权和居住环境变量上存在显著的差异。对于一些发达城市，更高的收入意味着更高的房价和住房成本，而对于一些欠发达或者衰退型城市，收入溢价较小则住房成本较低。如格莱泽等（Glaeser et al.，2016）认为，一些幸福感较低的衰退城市虽然不再存在工资溢价，但是通过低住房成本进行补偿。因而，本部分选择运用处理效应模型从收入、住房和居住环境三个角度对迁移的影响渠道进行检验（表5-22）。

表 5-22 各类迁移影响福利的渠道(处理效应模型)

变量名称	(1)	(2)	(3)
	收入	住房产权	居住环境
迁移	8.379***(1.567)	−1.959***(0.194)	0.023(0.069)
市外获取户籍	3.866**(1.592)	−0.376***(0.087)	−0.090(0.071)
市内获取户籍	−16.100**(6.841)	2.547***(0.890)	1.015**(0.401)
市外未获户籍	1.808*(1.057)	−0.589***(0.063)	0.049(0.049)
市内未获户籍	9.379*(5.677)	−3.052***(0.391)	−0.824***(0.212)

注:表中每一个估计系数,均为单独回归方程估计的结果。其他控制变量与上表相同。括号中为稳健标准误,***、**、*分别表示在1%、5%及10%的显著性水平上显著。

模型(1)中估计结果表明,在控制其他特征的情况下,迁移、市外获取户籍迁移、市内(外)未获户籍迁移显著提高迁移者的收入,这也是迁移者选择前往"低福利城市"的重要原因之一。虽然迁移者在迁入城市的福利水平更低,但可以获取更高的收入,进而创造了未来提升福利水平的可能。然而,市内获取户籍迁移者的收入更低,可能的原因是与那些可能选择市外迁移而未迁移的相似个体相比,市内获取户籍迁移者为获取本地城市户籍,而放弃了获取市外高收入的机会。然而,模型(2)中迁移对住房产权的估计系数与模型(1)的估计系数符号相反,可见市内获取户籍迁移者主要在住房方面存在优势,而收入增长方面则与其他类型迁移者相比处于劣势,而市外迁移和市内未获取户籍迁移者虽然带来收入增长,但是获取住房产权的可能性都更低,因此需要承担高昂的住房成本。由此可见,住房条件(成本)是使移民收入增长的同时福利降低的重要因素,迁移者福利更低是在较高收入与较差住房条件之间权衡的结果。模型(3)估计迁移对居住环境的影响,发现市内获取户籍迁移者的居住环境得到提升,而市内未获户籍迁移者的居住环境变得更加恶劣,市外迁移者的居住环境则与未迁移者没有明显差异。因此,不同类型的迁移行为所产生的差异化影响,可以在一定程度上通过收入、住房和居住环境的变化来解释,住房条件和居住环境改善是市内获取户籍迁移者的福利得到改善的重要渠道,而对于市外迁移者和市内未获取户籍迁移者而言，虽然收入得到提升，但是住房条件恶化成为其福利降低的重要原因。

本部分研究具有以下政策启示：进一步推进新型城镇化的进程中，劳动力空间流动如何切实增进其个人福利，关键在于改善居住条件所带来的个人福利下降。在当前城市房价高企、住房不平等问题日益严重的背景下，不断完善住房保障体系以改进移民的居住条件和居住环境是提升移民福利水平的重要抓手。因为即使市外移民可以获得更高的收入，一旦城市住房难题致使其福利水平未能得到提升，将有越来越多流动人口成为"城市的过客"，进而阻碍新型城镇化进程和劳动力跨区优化配置。总而言之，在提升迁移者福利水平时，需要更多地考虑收入以外的因素(如社会保障、住房、居住环境等)的影响，不断完善户籍制度及与之相关的公共服务体系，使迁移者尽可能地融入城市、定居于迁入城市。与此同时，对于不同类型的迁移者，与流动群体市民化相关的城市公共政策需要体现差异化，以体现不同教育程度、不同年龄的流动群体的差异化诉求。迁移增加移民收入容易实现，但是通过迁移促进总体福利增进还需要破除许多制度性因素的不利影响。城市能否在通过集聚效应提升迁移者收入的同时改进其总体福利水平，使其真正市民化而非"过客"，将是城市发展是否取得"胜利"的重要标志。

本章基于中国家庭调查数据，考察迁移对收入、幸福感和福利指数的影响，发现迁移对三类福利指标的影响存在明显差异。迁移的平均收入增长效应为44.34%，市外迁移者的收入优势和收入增长效应均大于市内迁移者。未获取户籍迁移者的幸福感显著低于获得户籍的迁移者，而且未获得户籍迁移者幸福感更低，并不能被迁移行为本身所解释，而是缺失所在城市户籍身份导致迁移者的幸福感"流失"。市外迁移者无论是否获取户籍，其福利水平都显著低于未迁移者，市内获取户籍迁移者福利水平显著高于未迁移者，市内未获取户籍迁移者福利水平则与未迁移者无显著差异。不同类型迁移行为所产生影响的差异，可通过收入、住房和居住环境的变化进行解释，迁移者获取高收入的同时以居住条件恶化为代价是其福利降低的重要原因。总体而言，迁移者实现了收入的增长，但是部分迁移者“流失”了幸福感，综合福利水平受损，对于迁移者而言“高收入”与“低福利”并存。

第六章　空间选择：理性与非理性

迁移可以促进收入增长，但是不同类型迁移对迁移者的幸福感和福利水平的影响存在明显差异，如未获取户籍迁移者的幸福感显著低于获得户籍的迁移者。而且，迁移者福利水平低于城区本地居民和农村居民，因而其迁移行为从福利角度来看，在一定程度上呈现出“客观”非理性，即实现了收入增长，但降低了福利水平。期望未来能增进福利，或许是移民选择迁移的动因。因而，当前大量迁移者主要集中在大城市，获取大城市高收入的同时，承受大城市的高房价和高生活成本，而中小城市对流动人口的吸引力不足。从异质集聚经济理论来看，这是劳动力空间类分与选择共同作用的结果。然而，异质集聚经济理论主要关注迁移者空间选择对其收入的影响，对机会平等、迁移者幸福感与综合福利水平的分析不多。那么，从机会平等和福利（收入、幸福感和福利指数）角度来看，劳动力迁移时对不同城市规模的城市作出的选择（即空间选择），是否具备客观“理性”呢？以下将从城市规模角度，对这一问题展开分析。

第一节　城市规模与机会平等

现有关于城市规模与机会不平等的研究很少。从城市经济学角度来看，城市规模对机会不平等的影响，可以重点从城市专业化和多样化角度进行解释。当然，现实生活中同样能观察到城市规模与机会不平等之间的关系，如在小城市社会关系网络对就业、收入的影响较大，而大城市则竞争性更强。

一、城市规模如何影响机会公平

城市专业化与多样化是与城市规模紧密关联的两大特征。迪朗东和普加

(Duranton and Puga，1999)在他们的文章中提出几个问题：一是为什么有些城市专业化而有些城市多样化；二是专业化和多样化的优势、劣势是什么；三是到何种程度，城市的结构(企业、居民活动)会随着时间而变化；四是城市的部门组成是如何影响其发展的。他们发现大部分创新和新工厂的建立都发生在非常多样化的城市。大部分工厂重新选址是从多样化城市到专业化城市。迪朗东等(Duranton et al.，2001)则构建了一个宏观模型解释多样化城市为什么扮演着培养创新的角色，因为企业在生产商品雏形时学习它们的理想生产程序，新产品在多样化城市中产生，从不同类型的活动中借鉴并尝试生产程序，一旦找到最佳生产程序，它们就转移至专业化城市，因为那里有更低的生产成本。因此，专业化和多样化的特征，使小城市和大城市呈现出不一样的发展特征。从目前国内外关于城市专业化和多样化的研究来看，现有研究主要集中在对城市专业化和多样化特征的考察。其实，专业化城市或者多样化城市还有很多衍生影响，如就业机会、居民收入、城市居民的生活质量、开放程度、经济发达水平等问题都值得进一步考察。仅从就业机会这一角度来看，目前中国大城市经济总量、市场规模较大，就业需求也就更大，从而对于大多数迁移者而言，城市规模较大则就业机会更多。如陆铭等(2012)研究发现，城市发展的规模经济效应有利于提高劳动力个人的就业概率；城市规模扩大的就业增加效应对于不同受教育水平的劳动者并不相同。

小城市由于产业发展较为单一(倾向于专业化)，劳动者的劳动技能之间差异并不明显(高素质人才往往集聚在大城市)，劳动者在收入获取形式上也较为相似，即行业差异导致的收入差距、个人能力导致的收入差距等相对较小。尤其是小城市就业机会和外来人口相对较少，教育资源地区差异同样较小，进而子代教育获取的机会不平等程度也不会太高。然而，随着城市规模不断扩大，从非正规部门流向正规部门的上升移动会带来工资收入的增加，但本地居民和外来劳动力，以及外来劳动力中的民工与城镇居民实现流动的机会是不平等的；在求职过程中选择什么性质的部门、以何种方式在不同部门之间流动，主要取决于以户籍为代表的制度因素，而不是个人的教育水平、工作经历等人力资本（严善平，2006）。因此，城市的机会不平等程度将不断上升，呈现出劳动者城市激烈竞争的态势，此时本地居民存在一定竞争优势，城市居民收入不平等程度不断上升，子代教育资源和教育机会开始分化。

当然，对于一些特大城市（北京、上海等）而言，其数量有限，致使政治、文化、经济资源过度集中，所以在特大城市针对外来人口的制度障碍往往更加严格，而这限制了流动人口获取平等机会。20 世纪 90 年代后期，上海、北京等大城市曾有明文规定，严格限制外地民工参与本地某些行业的就业竞争，就是一个很能说明问题的例子（严善平，2006）。与此同时，依据异质性劳动力集聚理论，城市规模扩张带来的劳动力类分与选择效应，将促使超大城市居民竞争效应趋于极致（如北上广深等一线城市属于全国流动人口的竞争），随着城市规模的扩大，就业机会的增加可能使得社会关系、家庭背景等非个人努力因素的作用被相对地削弱，因为劳动力无需在少量岗位上展开激烈竞争，可以“人尽其才”。因此，提出本部分研究**假说 6－1**：城市规模扩大首先会提升机会不平等程度，但达到一定规模后，城市扩张时机会不平等程度反而下降，因此机会不平等程度与城市规模呈倒 U 型关系。

二、城市规模与机会不平等

（一）计量模型设定

由于目前微观入户调查数据难以满足城市机会不平等度量的要求，本节所使用的数据来自 1990 年、2000 年、2005 年和 2015 年全国人口普查数据，以最大可能地满足样本在城市层面具有代表性。在分析城市规模对机会不平等影响时，用城市代际教育弹性作为被解释变量，度量机会不平等程度 OI_{it}。在衡量城市规模时，使用 1982 年、1990 年、2000 年和 2010 年的人口普查数据度量城市人口规模，分别对应 1990 年、2000 年、2005 年和 2015 年的城市教育代际弹性，即城市规模滞后于城市教育代际弹性。考虑到城市经济发展阶段和公共资源对教育代际流动也会存在一定影响，在模型中加入反映城市特征变量，同时使用面板数据模型进行估计。因此，本部分核心解释变量为人口普查数据中的城市规模 U_{it} 及其平方 U_{it}^2，同时控制一些城市特征变量，即 Z_i。具体计量模型如下：

$$OI_{it} = \alpha_0 + \alpha_1 U_{it}^2 + \alpha_2 U_{it} + \alpha_3 Z_i + \mu_{it} \tag{6-1}$$

模型中重点关注城市规模所产生的影响，并同时控制城市财政科学事业费支出、每百人公共图书馆藏书、职工平均工资、第一产业从业人员比重和人均 *GDP*，以控制城市特征对城市机会不平等的影响。

（二） 数据来源与统计分析

由于不同城市在人口普查数据中的样本量存在差异，仅保留城市样本量在30个以上的城市进行估计，同时仅保留代际教育流动回归分析时代际教育弹性在统计上显著的城市。在进行回归分析时，仅保留城市教育代际弹性取值范围在0～1之间的城市，同时将代际教育弹性乘以100。从基本统计量来看（表6-1），无论是父子女之间的代际教育弹性还是母子女之间的代际教育弹性，城市间的代际教育弹性存在较大的差异，进而为本部分回归分析提供有利条件。同样，研究期内城市城区常住人口规模之间的差异同样十分明显。

表 6-1　城市代际教育流动与人口规模基本统计

变量名称	样本量	均值	标准差	最小值	最大值
父子女代际教育弹性	916	43.51	14.76	8.400	94.60
母子女代际教育弹性	914	46.44	16.29	0	98.70
城区常住人口规模	925	129.8	162.7	10.18	1400

为直接考察城市代际教育弹性的年代变化，绘制城市当年代际教育弹性与10年前代际教育弹性的散点图（图6-1），发现二者之间存在较为明显的正相关。当然，不同城市的代际教育弹性还是呈现出明显的时间变化趋势上的差异，即图中散点分布分散在拟合直线的周围。而城市代际教育弹性与城市常住人口规模之间的关系（图6-2），可以通过拟合曲线看出一定规律。虽然大部分

城市的城区常住人口规模在 500 万以下，且其代际教育弹性也呈现出明显的分化特征，但是城区人口规模超过 1000 万的城市还是呈现出相对较低的代际教育弹性，进而拟合曲线呈现倒 U 型，在一定程度上印证了前文的理论假设。

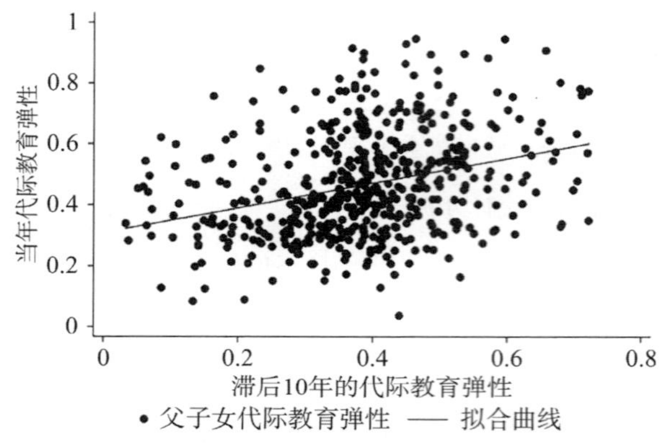

图 6-1　城市代际教育弹性变化趋势

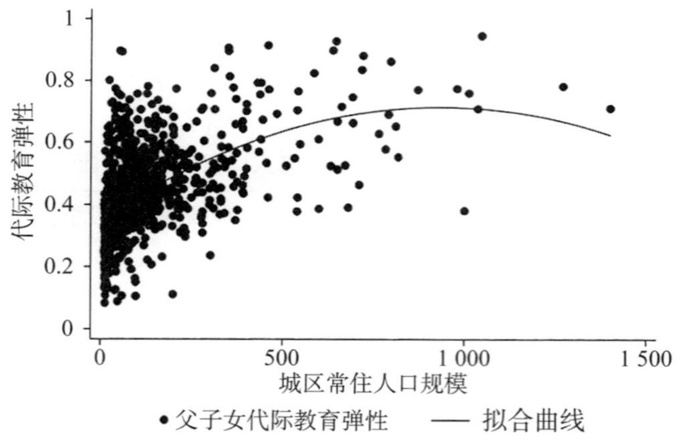

图 6-2　代际教育弹性与城市常住人口规模

（三）城市规模对机会不平等的影响

进一步使用面板数据模型估计城市城区常住人口规模对教育代际弹性的影响（表 6-2），模型（1）和模型（4）未控制任何控制变量，分别估计城区常住人口规模及其平方对父子女代际教育弹性和母子女代际教育弹性的影响，发现城区常住人口规模与代际教育弹性之间呈显著的倒U型关系，与上文拟合曲线观察结果保持一致。模型(2)和模型(5)进一步控制城市公共资源的影响，即地方财政科学事业费支出和每百人公共图书馆藏书，发现城区常住人口规模的影响并无显著变化。模型(3)和模型(6)进一步控制城市经济发展因素，包括职工平均工资、第一产业从业人员比重和人均GDP，发现城区常住人口规模一次项估计系数下降幅度较大，但是显著程度并无变化。由此可见，城市机会不平等程度先随城市城区常住人口规模扩大而提升，到达一定规模后，城市城区常住人口规模扩大将降低机会不平等程度，倒U型曲线顶点处城市城区常住规模分别为530万人[模型(3)]和500万人[模型(6)]。

表6-2　城市规模对代际教育弹性的影响

变量名称	(1)	(2)	(3)	(4)	(5)	(6)
	父子女代际教育弹性			母子女代际教育弹性		
规模平方	−0.005***	−0.008***	−0.006***	−0.005***	−0.008***	−0.006**
	(0.001)	(0.002)	(0.002)	(0.001)	(0.003)	(0.002)
人口规模	0.824***	0.798***	0.584***	0.813***	0.749***	0.599***
	(0.007)	(0.016)	(0.013)	(0.008)	(0.019)	(0.018)
控制变量	×	√	√	×	√	√
样本量	916	497	491	914	494	488
拟合优度	0.327	0.370	0.600	0.250	0.210	0.313
城市数量	336	314	311	336	315	312
极值点	90	49	53	83	49	50

注：控制变量包括地方财政科学事业费支出、每百人公共图书馆藏书、职工平均工资、第一产业从业人员比重和人均GDP。城区常住人口规模单位调整为10万人。括号中为稳健标准误。***、**分别表示在1%、5%的显著性水平上显著。

三、非理性选择：机会平等视角

城市机会不平等的分布(图6-3)，表明城市机会不平等程度确实存在明显的差异。以2005年人口普查数据估算的城市代际教育弹性和代际收入弹性在城市间都呈现出较大的差异，尤其是代际教育弹性的方差较大，表明城市之间教育机会不平等程度分化较为明显。虽然城市间代际收入弹性分布相对集中，但不同城市之间同样存在差异。可见，中国城市之间的机会平等程度分化明显，这给劳动力通过空间选择寻求机会平等的居住地提供更多选项。

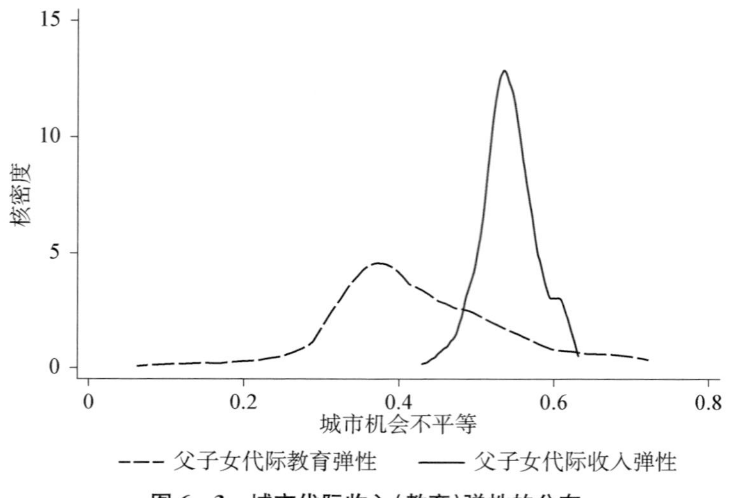

图 6－3　城市代际收入(教育)弹性的分布

然而，现实中流动人口的空间选择，是否在追寻机会平等层面呈现出群体理性呢？虽然现有研究发现，某城市的代际收入弹性较高，则流动人口选择该城市作为目的地的可能性将会下降(曹晖和罗楚亮，2021)，但是现实中流动人口总体行为特征并未呈现出明显的理性特征(图 6－4、图 6－5)。通过比较 2005 年城市代际收入(教育)弹性与 2010 年城市流动人口(滞后 5 年)状况，发现 2005 年代际收入弹性与 2010 年净流入人口(常住人口减去户籍人口)正相关，并且与 2010 年城市流动人口总量也存在微弱的正相关关系。这表明城市代际弹性越大，则城市外来人口更多，进而表现出一种群体“非理性”现象，即大量流动人口并未选择迁往机会更加平等的城市。当然，这仅是通过二者拟合状态得出的结论，具体因果关系是否成立有待进一步检验，另一种可能的情况是城市流动人口增加,重塑了城市机会不平等程度。

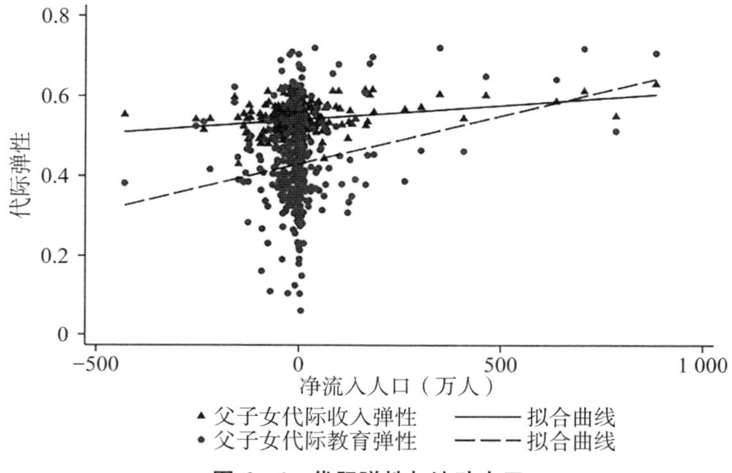

图 6-4　代际弹性与流动人口

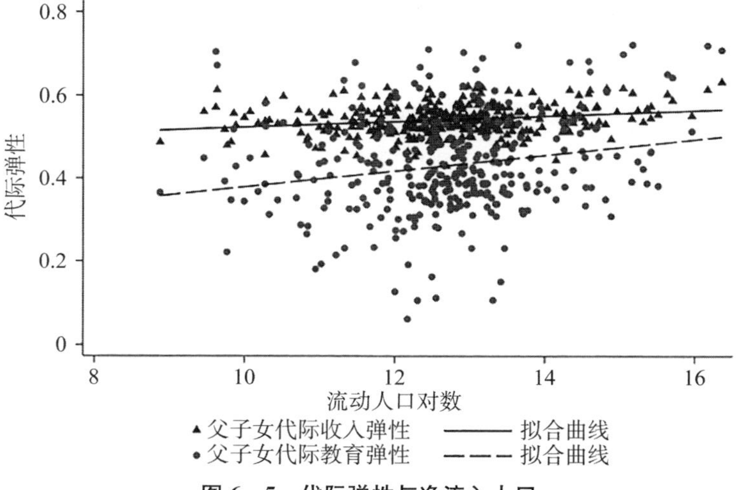

图 6-5　代际弹性与净流入人口

第二节　城市规模与移民收入溢价

大量证据表明，城市劳动力的收入高于农村，而这并不仅仅是因为他们具有更高的能力，而是因为城市使劳动力的生产率更高（Glaeser and Maré, 1994），即存在收入溢价，而且这种收入溢价在不同规模的城市之间存在差异。可见，移民实现收入增长存在一些中观层面的动因有待进一步识别。

一、城市规模如何影响移民收入

从现有研究来看，人力资本外部性是中观层面的收入研究中最受关注的因素，一些其他影响收入的因素（全要素生产率和集聚经济等）则与四类人力资本外部性变量相关。如美国大都市人口密度增加一倍则生产率增加2%～4%，而人口密度对生产率的弹性随人力资本水平的上升而增长（Abel et al., 2012）。中国非农产业劳动生产率对非农就业密度的弹性系数为8.8%左右（范剑勇，2006）。一个城市的就业密度和相对专业化水平，对其非农劳动生产率存在显著的正向影响（刘修岩，2009），而且不同城市规模的集聚经济对不同规模企业生产率的影响也存在差异（傅十和和洪俊杰，2008）。罗森塔尔和斯特兰奇（Rosenthal and Strange, 2008）则明确指出，人口地理集中的收益源自人力资本外溢，并且这种收益随着地理距离扩大而迅速递减。因此，本部分主要从人力资本外部性变化的角度考察移民收入增长的源泉。

关于人力资本外部性，阿西莫格鲁和安格里斯特（Acemoglu and Angrist, 2001）认为生产过程中人力资本外部性对工资的影响可以分为非货币外部性和货币外部性。傅十和（Fu, 2007）则将人力资本外部性的传递归纳为四种渠道，即城市本地劳动力市场厚度、人力资本存量、雅各布斯外部性和马歇尔外部性。劳动力市场厚度的外部性体现在，更大或者更密集的劳动力市场中拥有异质性人力资本特征的劳动者可以找到匹配更好的工作，因而从劳动力市场厚度中获益。人力资本的外部性体现在，劳动者在一个拥有他们领域内更好人力资本的地方，将更快地学习更多知识。劳动者从雅各布斯外部性（多样化）中受益的原因在于很多发明创造都是跨学科性质的，而且取决于城市不同环境下思想的刺激，劳动力市场的多样性恰好反映了一个开放和宽容的社会和文化环境，吸引不同类型的人才。马歇尔外部性（专业化）的作用机制是，专业化技能的劳动者集聚引起更多的竞争，进而工人产生学习最新知识的动力，从而加速创新和新知识的扩散（Fu, 2007）。以上这些因素可以促进城市的人力资本积累，并提高劳动者的生产率。在理论研究层面，莫雷蒂（Moretti, 2004b）考虑了人力资本的溢出，假定技术符合科布-道格拉斯函数，令工人的生产率取决于城市受教育工人的比例以及自身的人力资本。基于阿西莫格鲁和安格里斯特（Acemoglu and Angrist, 2001）与莫雷蒂（Moretti, 2004a）等的研究，假定城市居民的产出取决于劳动力的人力资本水平及城市的人力资本外部性①：

$$Y_i = BH^{\alpha}h_i^{\beta} \tag{6-2}$$

其中，Y_i 为单个生产者 i 的产出水平，B 为全要素生产率方程（全要素生产率 $A = BH^{\rho}$）中的一个常数，H 表示为城市人力资本外部性的变量，h_i 为个体 i 自身的人力资本水平，ρ 衡量人力资本外部性对生产的重要性，α 度量了城市人力资本外部性变量的产出弹性，β 度量了单个生产者的人力资本产出弹性。对式（6-2）两边取对数可得：

$$\log Y_i = \log B + \alpha \log H + \beta \log h_i \tag{6-3}$$

式（6-3）为实证研究中验证人力资本外部性对收入影响的基础。当劳动力流动时，移民通过空间流动使其所处城市的人力资本外部性变量发生改变，进而影响其产出水平。劳动力 i 从家乡城市 m 迁移到城市 n 时，他在城市 n

① 阿西莫格鲁和安格里斯特（Acemoglu and Angrist, 2001）指出，无论外部性是源于知识交流还是物质资本的增加，劳动者的收入决定方程都可以用全要素生产率中的常数 B、地区人力资本存量以及劳动者人力资本水平表示。其中，全要素生产率、企业资本投资均与人力资本存量存在关联。

产出的对数为 $\log Y_{ni}$，若未选择市外迁移，则其在家乡城市 m 产出的对数为 $\log Y_{mi}$。劳动者选择市外迁移与不选择市外迁移的产出差异为：

$$\log Y_{ni} - \log Y_{mi} = \alpha \log(H_n/H_m) \tag{6-4}$$

式(6－4)中的 $\log Y_{mi}$ 可以视为个体 i 不选择市外迁移时，个人特征变量和家乡城市特征变量决定的个人产出水平的对数，进而个体 i 选择从城市 m 迁移到城市 n 后其产出的变化由 n 城市和 m 城市人力资本水平的比例 H_n/H_m（即移民收入增长的源泉）决定，其中 H_m 为城市 m 的人力资本外部性变量，H_n 为城市 n 的人力资本外部性变量。进一步将式(6－4)加以变换，即可得到个体 i 选择市外迁移后的产出 $\log Y_{ni}$ 的决定方程：

$$\log Y_{ni} = \alpha \log(H_n/H_m) + \log Y_{mi} \tag{6-5}$$

式(6－5)是实证研究中验证人力资本外部性变化对移民产出影响的基础。考察移民收入增长的源泉，需要识别城市移民选择市外迁移前后所在城市人力资本外部性变量的变化。而选择市外迁移后其所在城市的人力资本外部性变量，可分解为家乡城市的存量以及从家乡城市 m 迁移到城市 n 所带来的变化量。

在已有研究中，大多数均基于收入与人力资本总水平的回归模型。参考阿西莫格鲁和安格里斯特（Acemoglu and Angrist，2001）与莫雷蒂（Moretti，2004b）的思路，依据式(6－3)设定如下检验人力资本外部性对收入影响的计量模型：

$$\log Y_{ci} = \theta_0 + \theta_1 \log H_c + \theta_2 X_i + d_c + \mu_{ci} \tag{6-6}$$

假定按照劳动者的边际社会产品支付劳动收入，则 $\ln Y_{ci}$ 为个体 i 收入水平的自然对数；$\log H_c$ 表示城市 c 人力资本外部性变量的自然对数；X_i 是影响个体收入的特征向量，包括受教育程度、年龄、性别、户籍等；d_c 表示所在城市的省份固定效应，以控制一些固定不变因素对个体收入的影响；μ_{ci} 为随机扰动项。在识别移民收入增长来源时，可以进一步在式(6－5)和式(6－6)的基础上，构建识别个体 i 从家乡城市 m 迁移到城市 n 后，其收入增长源泉的计量模型：

$$\log Y_{mni} = \theta_0 + \theta_1 \log(H_n/H_m) + \theta_2 \log H_m + \theta_3 X_i + d_n + \mu_{mni} \quad (6-7)$$

其中，X_i 为个体的特征变量，H_n/H_m 反映个体 i 从家乡城市 m 迁移到城市 n 后其迁移前后所在城市人力资本外部性变量的变化，d_n 表示所在城市的省份固定效应，μ_{mni} 为随机扰动项。受数据限制，人力资本外部性变量难以划分城乡进行测算，因此本部分暂不考虑城市内部乡—城移民收入的增长问题，仅考虑市外迁移者收入增长问题。市外迁移和市内迁移(或者未迁移者)的差异，通过(H_n/H_m)来体现，如果是市内流动(或者未迁移)，则家乡城市与所在城市一致($H_n/H_m = 1$)，如果是市外流动，则不一致($H_n/H_m \neq 1$)。

二、城市规模与移民收入

(一) 数据来源与指标构建

本部分所使用数据为中国综合调查数据库(CGSS2010)、2000 年和 2010 年人口普查数据以及相应年份城市统计年鉴中的数据。其中，个人收入[①]及其相关特征数据来自 2010 年中国综合调查数据库，样本包含了中国 31 个省市的 89 个大中小城市的劳动者。人力资本外部性的四个传导机制的度量，采用人口普查数据和城市统计年鉴的数据计算得到，劳动力市场厚度用 2010 年人口普查数据计算就业密度(万人/平方公里)[②]来衡量，大学生比例依据第六次人口普查中的市辖区劳动力数据、大学生人口数据和人口年龄结构数据计算得出[③]。多

① 年收入数据源自 2010 年 CGSS 调查问卷中"您个人去年全年的总收入是多少?"这一问题的数据。

② 孙浦阳等(2013)指出，由于就业密度的计算采用的是中国的城市统计年鉴中的"单位从业人员数"，这一指标并不包括非正式就业的统计，可能带来一定的回归结果偏误。我们在计算市辖区就业密度时，采用人口普查中除农林业以外就业人口与市辖区面积的比值。

③ 在计算城市大学生比例时，首先计算 20 岁以上(处于劳动年龄阶段)的人口数(转下页)

样化指数反映雅各布斯外部性，采取的是相对多样化指数($Divers_k$)，专业化指数反映马歇尔外部性，采取的是相对专业化指数($Special_k$)，均采用相应年份城市统计年鉴中的数据计算得出，二者度量方法如下：

$$Divers_k = 1 - \sum_j |S_{kj} - S_j| \tag{6-8}$$

$$Special_k = max_j \frac{S_{kj}}{S_j} \tag{6-9}$$

其中，S_{kj} 为城市 k 中产业 j 的就业人数在该市总就业人数中所占的份额，S_j 为产业 j 的就业人数在全国该产业就业总数中所占的份额。$Divers_k$ 越大，则表明该城市产业相对多样化程度越高，$Special_k$ 越大，则表明该城市相对专业化程度越高。

考虑到本部分主要考察城市人力资本外部性变量及其变化对市外迁移者收入的影响，仅保留市区的调查样本，原始调查数据中城市样本数为 7 091。由于收入、年龄、教育、老家所在城市等核心变量信息缺失，同时去除异常值，具有个人年收入信息的样本量为 3 300 个①，数据特征描述见表 6 - 3。其中，市外迁移者 492 人，非市外迁移者(包括市内迁移者和未迁移者)2 808 人。收入变量采取被调查者 2009 年个人年收入(万元)进行衡量；受教育程度为个人的受教育等级；城市户籍变量为虚拟变量，被调查者具有城市户籍取 1，反之取 0；市外迁

(接上页)量，然后计算城市中 6 岁以上(2010 年人口普查数据中仅提供 6 岁及以上各种受教育程度人口数据)具有大专以上学历的人口数量，最后求出二者的商即为该城市大学生人口所占比例。

① 全部样本去除在农村地区的样本后剩余 7 091 个，进一步删除年龄在 65 岁以上者 950 个，删除退休、在家料理家务者 1 401 个(这部分样本不在本书考察范围之内)，剩余 4 740 个样本。再次删除缺失性别、年龄、教育、迁移信息者，在校生、失去劳动能力者，职业收入大于年收入者，年收入为 0 或缺失者，最后剩余样本 3 300 个，约为考察范围内样本(4 740)的 70%。由于数据缺失导致部分样本无法使用，因此我们通过一些核心变量比较了本书所采用样本与原始样本的关联性。比较两类样本核心变量的均值、方差及其核密度分布，发现二者并不存在明显的差异，同时在收入估计方程中纳入教育、年龄、年龄平方、性别、城市户籍与省份固定效应，分别运用本书采用样本和总样本进行估计，估计结果表明，这些变量的估计系数、显著性并无明显差异。

移变量也为虚拟变量，被调查者属于市外迁移者取 1，反之取 0。同时，计算了所在城市和家乡城市市辖区的就业密度、大学生比例、相对多样化指数、相对专业化指数的比值（即 H_n/H_m），以反映市外迁移者迁移前后所在城市这四个变量的变化情况。如果是未选择市外迁移的居民，则四类变量的比值为 1，市外迁移者这四类变量的变化为现居住城市的数据除以家乡城市的数据。

基本统计表明（表 6－3），所有样本的年收入均值为 3.45 万元，且最高收入者与最低收入者的收入差距较大。由于部分城市相关年鉴的统计数据缺失，城市属性变量在计算时损失少数样本。进一步，将样本进行分类统计后发现，市外迁移者的收入和受教育程度的均值和标准差都高于非市外迁移者，而市外迁移者的年龄均值及其标准差小于非市外迁移者。市外迁移者所在城市的就业密度、大学生比例和相对多样化程度明显高于非市外迁移者所在城市。家乡人力资本外部性变量的统计结果则表明，市外迁移者家乡城市的就业密度和相对专业化程度明显高于非市外迁移者家乡所在城市，而家乡大学生比例和相对多样化程度则明显低于非市外迁移者的家乡城市。对比市外迁移者迁出城市和迁入城市的人力资本外部性指标，发现迁出城市的就业密度和相对专业化指数的均值都高于迁入城市，而大学生比例和相对多样化指数则低于迁入城市。当然，市外迁移者的收入是否更高，城市人力资本外部性对收入的影响是否存在，迁移者收入增长的源泉是什么，还有待检验。

表 6－3　个体特征与城市特征基本统计

变量名称	全部样本			非市外迁移者		市外迁移者		T 检验
	样本量	均值	标准差	均值	标准差	均值	标准差	T 值
年收入	3 300	3.45	13.45	3.04	12.69	5.79	16.95	－4.20
教育	3 300	6.45	3.15	6.31	3.06	7.26	3.50	－6.24
年龄	3 300	40.03	10.54	40.77	10.47	35.79	9.93	9.82
男士	3 300	0.58	0.49	0.58	0.49	0.54	0.50	1.58
城市户籍	3 300	0.71	0.45	0.72	0.45	0.63	0.48	4.07
就业密度	3 199	128.20	127.80	125.50	128.30	143.60	123.80	－2.87

续表

变量名称	全部样本			非市外迁移者		市外迁移者		T检验
	样本量	均值	标准差	均值	标准差	均值	标准差	T值
大学生比例	3212	0.07	0.06	0.07	0.06	0.10	0.06	−11.56
相对多样化	3199	0.09	0.12	0.08	0.12	0.14	0.15	−10.26
相对专业化	3199	0.30	0.09	0.30	0.08	0.30	0.10	0.38
家乡就业密度	3039	128.70	135.90	125.50	128.30	156.00	185.90	−3.82
家乡大学生比例	3051	0.07	0.06	0.07	0.06	0.05	0.04	6.21
家乡相对多样化	3039	0.07	0.11	0.08	0.12	0.04	0.06	5.93
家乡相对专业化	3039	0.30	0.09	0.30	0.08	0.32	0.11	−3.33

（二） 人力资本外部性与收入

首先估计市外迁移对收入的影响。表 6－4 中模型(1)没有考虑人力资本外部性变量，因此控制了城市层面的固定效应，估计结果表明市外迁移者的收入显著高于非市外迁移者①。控制变量的估计结果表明，受教育程度对居民年收入存在显著的正向影响，年龄与年收入呈现倒 U 型关系，男士的年收入显著高于女士。考虑到一些研究发现劳动力市场上存在户籍歧视，控制了城市户籍虚拟变量后，结果表明城市户籍对年收入没有显著的影响。

表 6－4　人力资本外部性估计结果(OLS)

变量名称	(1) 年收入	(2) 年收入	(3) 年收入	(4) 年收入	(5) 年收入	(6) 年收入
教育程度	0.61***	0.65***	0.65***	0.65***	0.66***	0.66***
	(0.04)	(0.04)	(0.04)	(0.04)	(0.04)	(0.04)
年龄	11.09***	10.63***	10.68***	10.67***	10.62***	10.73***
	(1.26)	(1.25)	(1.25)	(1.25)	(1.25)	(1.25)
年龄平方	−1.55***	−1.49***	−1.50***	−1.50***	−1.49***	−1.50***
	(0.18)	(0.17)	(0.17)	(0.17)	(0.17)	(0.17)

① 即使基于倾向匹配方法(PSM)估计异地迁移对迁移者收入的影响，以克服样本选择偏差所带来的估计偏差，异地迁移仍然显著提高了迁移者的收入水平(孙三百，2015)。

续表

变量名称	(1) 年收入	(2) 年收入	(3) 年收入	(4) 年收入	(5) 年收入	(6) 年收入
男士	0.36***	0.37***	0.36***	0.37***	0.37***	0.37***
	(0.03)	(0.03)	(0.03)	(0.03)	(0.03)	(0.03)
城市户籍	−0.05	−0.03	−0.02	−0.03	−0.03	−0.03
	(0.04)	(0.04)	(0.04)	(0.04)	(0.04)	(0.04)
市外迁移	0.15***	0.22***	0.19***	0.21***	0.21***	0.19***
	(0.04)	(0.04)	(0.04)	(0.04)	(0.04)	(0.04)
市辖区就业密度		0.01				−0.00
		(0.02)				(0.02)
大学生比例			0.09***			0.12**
			(0.03)			(0.06)
相对多样化				0.05***		−0.02
				(0.02)		(0.04)
相对专业化					0.16**	0.17**
					(0.07)	(0.07)
样本量	3 273	3 173	3 186	3 173	3 173	3 173
拟合优度	0.46	0.43	0.43	0.43	0.43	0.44

注：表中第1列控制了工作类型和城市固定效应，第2—6列控制了工作类型和省份固定效应。工作类型、城市固定效应、省份固定效应、常数项的估计结果未列出。括号中为稳健标准误，***、**分别表示在1%、5%的显著性水平上显著。

为验证人力资本外部性对居民收入的影响，在回归方程中分别加入反映人力资本外部性的四个变量，同时控制省份固定效应。模型(2)控制市辖区劳动力就业密度，用以反映劳动力市场厚度的影响，结果表明其对收入并无显著影响。与市辖区就业密度不同，其他三类人力资本外部性变量的估计结果则证实人力资本外部性对劳动者收入的正向作用。模型(3)增加的大学生比例变量用以反映人力资本存量外部性的影响，结果表明大学生比例每增加1%，则劳动者年收入增长0.09%，从而验证了教育外部性的存在。在控制其他因素(如个人受教育程度、年龄等)不变的情况下，劳动者在大学生比例更高的城市获取的收入更高。同样，模型(4)增加的城市相对多样化指数变量用以反映城市多样化带来的影响，结果表明城市相对多样化指数每增加1%，则劳动者年收入增长0.05%。模型(5)增加城市相对专业化指数变量用以反映城市相对专业化带来的影响，结果表明城市相对专业化指数每增加1%，劳动者年收入增长0.16%。可见，单独考虑四类人力资本外部性变量对收入的影响时，在其他因素不变而自身增加1%的情况下，相对专业化对年收入的影响程度最大，其次是大学生比例，然后是相对多样化指数。在模型(6)中同时考虑以上四个因素，估计其对劳动者收入的影响。结果表明同时考虑以上四项因素时，影响居民年收入的主要因素是人力资本外部性(用大学生比例反映)和马歇尔外部性(用相对专业化程度反映)。从这一结果来看，大学生比例、相对专业化指数较高的城市，最有利于劳动者收入增长。值得注意的是四个变量存在较高的相关性，如大城市更加倾向于多样化，而且大学生比例也可能较高。多重共线性检测发现，相对多样化和大学生比例的VIF值大于10，表明存在较为明显的多重共线性。当然，由于可能存在的遗漏变量问题，这一估计结果存在一定偏误。

将市外迁移者与非市外迁移者作为整体样本进行估计时，人力资本外部性变量的OLS估计系数为整体样本的平均效应，难以识别市外迁移者和非市外迁移者两类样本各自所受人力资本外部性变量的影响程度，因此将两类样本分别进行估计(表6-5)。四类人力资本外部性变量在两类样本中的估计结果均存在一定差异。其中，市辖区就业密度变量虽然在两类样本中的估计系数均不显著，但是系数的符号相反。大学生比例变量在两类样本的估计中均显著为正，但是市外迁移者收入所受影响更大，大学生比例每增加1%，市外迁移者收入提高0.20%，远远高于非市外迁移者所受的影响，相对多样化变量在两类样本中的估计结果与此类似。两类样本中估计结果差异最为明显的是相对专业化变量，市外迁移者样本估计发现其对年收入并无显著影响，而非市外迁移者样本的估计结果与整体样本估计结果较为接近。显然，两类样本估计结果的差异与样本的异质性有关，如市外迁移者的平均受教育水平高于非市外迁移者等。

表 6-5 人力资本外部性估计结果(OLS: 分样本)

变量名称	(1)	(2)	(3)	(4)	(5)	(6)	(7)	(8)
	市外迁移者				非市外迁移者			
	年收入	年收入	年收入	年收入	年收入	年收入	年收入	年收入
市辖区就业密度	−0.01				0.01			
	(0.10)				(0.02)			
大学生比例		0.20**				0.07***		
		(0.09)				(0.03)		
相对多样化			0.10*				0.04**	
			(0.06)				(0.02)	
相对专业化				0.00				0.17**
				(0.27)				(0.07)
样本量	480	481	480	480	2 693	2 705	2 693	2 693
拟合优度	0.39	0.40	0.39	0.39	0.44	0.44	0.44	0.44

注：教育、年龄、年龄平方、男性、城市户籍、工作类型、省份固定效应、常数项的估计结果未列出。***、**、*分别表示在1%、5%及10%的显著性水平上显著。

(三) 移民收入增长的源泉识别

1. 基准结果

接下来，在模型中加入反映市外迁移者迁移前后所在城市人力资本外部性变化的变量(即所在城市与家乡城市人力资本外部性变量的比值 H_n/H_m)，以检验市外移民年收入增长的源泉。表 6-6 中模型(1)在年收入方程中增加了家乡市辖区就业密度和所在市辖区就业密度比值，结果表明二者对移民收入均没有显著的影响。模型(2)在年收入估计方程中增加了家乡大学生比例和所在城市大学生比例比值，结果表明家乡大学生比例每增加 1%，年收入增长0.09%，即如果劳动者不选择迁移，同样可以从家乡城市大学生比例上升中获益；所在城市大学生比例比值每增加 1%，年收入增长 0.17%。模型(3)在年收入方程中增加了家乡相对多样化和所在城市相对多样化比值，结果表明家乡相对多样化每增加 1%，年收入增长 0.05%；所在城市相对多样化比值每增加 1%，年收入增长 0.09%。这表明市外迁移者从大学生比例(或多样化程度)更低的城市迁往大学生比例(或多样化程度)更高的城市时,将从迁入城市较高的大学生比例(或多样化程度)中获益,进而实现更高的收入增长。事实上,本部分的市外迁移样本中,绝大部分(70%以上)迁移者都是从低大学生比例(或多样化程度)的家乡城市迁往大学生比例(或多样化程度)更高的城市。模型(4)在年收入方程中增加了家乡相对专业化和相对专业化比值,结果表明家乡相对专业化每增加 1%,年收入增加 0.20%,而相对专业化比值则对年收入并无显著影响。分析市外迁移样本中相对专业化的比值后发现,大部分(50%以上)迁移者都是从高专业化程度的家乡城市迁往低专业化程度的城市,这部分市外迁移者迁移后,其所在城市相对专业化程度的降低反而使得他们来自马歇尔外部性的收益减少。可见,相对专业化比值对移民的收入不存在显著的影响,可能的原因在于相对专业化比值与大学生比例比值以及相对多样化比值负相关,迁移者从所在城市的大学生比例或相对多样化程度高于家乡城市中受益,进而抵消了所在城市比家乡城市更低的相对专业化程度对收入产生的负面影响。以上结果表明市外移民收入的增长,源自迁移后所在城市大学生比例或相对多样化程度高于家乡城市。因此,以上结论表明大量集聚在中国沿海城市的移民,通过所在城市属性(如大学生比例、相对多样化程度)的变更,使自己获取更高的收入。

表 6 - 6　市外移民收入增长的源泉

变量名称	全部样本				市外迁移者			
	(1)	(2)	(3)	(4)	(5)	(6)	(7)	(8)
家乡市区就业密度	0.02 (0.02)				0.02 (0.12)			
市区就业密度比值	−0.03 (0.04)				−0.06 (0.11)			
家乡大学生比例		0.09*** (0.03)				0.37*** (0.14)		
大学生比例比值		0.17*** (0.04)				0.27*** (0.10)		

续表

变量名称	全部样本				市外迁移者			
	(1)	(2)	(3)	(4)	(5)	(6)	(7)	(8)
家乡相对多样化			0.05***				0.21**	
			(0.02)				(0.09)	
相对多样化比值			0.09***				0.14**	
			(0.03)				(0.07)	
家乡相对专业化				0.20***				−0.33
				(0.07)				(0.39)
相对专业化比值				−0.03				−0.25
				(0.13)				(0.36)
样本量	3013	3025	3013	3013	320	320	320	320
拟合优度	0.44	0.44	0.44	0.44	0.50	0.51	0.51	0.50

注：教育、年龄、年龄平方、男性、城市户籍、工作类型、省份固定效应、常数项的估计结果未列出。***、** 分别表示在 1%、5%的显著性水平上显著。

由于市外迁移样本与非市外迁移样本受到人力资本外部性变量的影响存在差异，进一步单独考察市外迁移样本中迁移者收入增长的影响因素。估计结果表明，家乡市辖区就业密度和市辖区就业密度比值对迁移者收入并无显著影响，大学生比例比值和相对多样化程度比值的估计系数明显大于整体样本的估计系数。这表明在不考虑非市外迁移者时，迁往大学生比例和相对多样化程度更高城市的市外迁移者，从大学生比例和相对多样化程度提升中的平均获益更多。然而，与整体样本估计结果不一致的是，家乡相对专业化程度对市外迁移者的年收入并无显著影响，而整体样本中家乡相对专业化程度与劳动者收入正相关。这表明如果市外迁移者即使选择不迁移，也难以从家乡城市相对专业化中获益。结合前文分类估计结果可知，这种差异在一定程度上验证了现有研究的结论，即贫困是迁移的动因（Mariapia，2008）。市外迁移者更多地来自一些相对专业化程度较高同时城市规模较小的城市，他们难以从家乡相对专业化中受益，并且可能比选择在市内就业的劳动者更加贫困。

为考察样本异质性所带来估计结果的差异，将样本按照受教育程度（与人力资本外部性变量相关性较高)进行划分,估计不同样本市外迁移者年收入增长的源泉。按照受教育程度将样本划分为两类,一类为受教育程度是成人大专及以下,另一类则为正规高等教育及以上。分类样本估计结果发现(表 6-7),家乡市辖区就业密度和市辖区就业密度比值对受教育程度高的迁移者的收入并无显著影响,而低教育程度的市外迁移者从就业密度低的地区迁往就业密度高的地区后,其收入反而更低。由于市辖区就业密度比值反映了迁移与否,因此在其他因素相同的情况下,受教育程度较低的市外迁移者迁往市辖区就业密度更高的地区后,其收入低于非市外迁移者或者迁往市辖区就业密度更低地区的劳动者。这一结论或许与就业密度存在其对收入产生正效应的"门槛"值有关(刘修岩和殷醒民,2008)。家乡大学生比例和大学生比例比值的估计结果表明,受教育程度高者与受教育程度低者都能从中受益,但是家乡大学生比例及大学生比例比值对受教育程度高的市外迁移者影响更大。这可能与不同受教育程度者从人力资本存量外部性中获益不同有关。尽管受教育程度较高劳动者从受教育程度低的相邻者那里学得更少的知识,但是他们可以从集中化的高教育程度同事那里学到很多(Fu, 2007),以至于受教育程度高的市外迁移者从所在地高大学生比例的外部性中获益更多。依据分类统计发现,市外移民的平均受教育程度比其他群体高一个等级,而且他们的迁入会进一步提高迁入城市的大学生比例。家乡相对多样化变量及相对多样化比值对收入的影响与家乡大学生比例变量及大学生比例比值相似,即受教育程度高的迁移者从相对多样化程度提升中获益更大,然而家乡相对多样化水平对受教育程度较低者收入的影响并不显著。家乡相对专业化变量的估计结果表明,其仅对受教育程度低者的收入存在显著的正向影响。相对多样化和相对专业化变量的估计结果表明,雅各布斯外部性作用机制更多地体现在受教育程度较高的劳动者身上,而马歇尔外部性的作用机制更多地体现在受教育程度低的劳动者群体身上,可能的原因在于受教育程度高者有更多的机会接触跨行业、跨学科的知识,而受教育程度低者更多地从事劳动密集型的工作。总体而言,以上估计结果表明受教育程度高者，从大学生比例和相对多样化这两个传导机制中获益更明显，而受教育程度低者选择在相对专业化程度较高的家乡或者市辖区就业密度低的地方就业，更有利于获取高收入。

表 6－7　市外移民收入增长的源泉(按照教育程度分类)

变量名称	(1)	(2)	(3)	(4)	(5)	(6)	(7)	(8)
	否	是	否	是	否	是	否	是
家乡市区就业密度	0.01 (0.02)	0.04 (0.04)						
市区就业密度比值	−0.08* (0.04)	0.01 (0.06)						
家乡大学生比例			0.05* (0.03)	0.21*** (0.05)				
大学生比例比值			0.14*** (0.05)	0.22*** (0.07)				
家乡相对多样化					0.03 (0.02)	0.13*** (0.03)		
相对多样化比值					0.08** (0.03)	0.10** (0.04)		
家乡相对专业化							0.16** (0.08)	0.18 (0.14)
相对专业化比值							−0.14 (0.14)	−0.02 (0.21)
样本量	2 317	696	2 325	700	2 317	696	2 317	696
拟合优度	0.36	0.44	0.36	0.45	0.36	0.45	0.36	0.44

注：按照是否接受本科及以上教育进行分类。控制变量与常数项的估计结果未列出。***、**、*分别表示在1%、5%及10%的显著性水平上显著。

2. 内生性与稳健性检验

虽然在OLS估计中通过省份固定效应控制一些遗漏变量带来的误差，但还是存在一些不随城市而变化，却又无法观察到的经济和自然环境因素等会影响年收入，如扬科夫(Yankow，2006)证明美国2/3的城市工资溢价是由于大城市吸引不可观测的高能力劳动者，其他原因在于企业的生产率优势和更换工作的收益。库姆斯等(Combes et al.，2012)的研究表明，向法国大城市迁移的劳动力是正向选择的，能力高于平均水平，而向小城市流动的劳动力是反向选择的。因此，OLS 估计结果仍可能是有偏估计，需要运用工具变量法进行检验。在关于城市问题的现有研究中，陆铭等(2012)、徐肇涵(2012)和孙三百等(2014)采用历史人口普查数据中的相关数据作为工具变量。借鉴这一思路，运用 2000 年的人口普查及城市年鉴中的相关数据，测算 2000 年城市的四类人力资本外部性指标，并和 1992 年城市市辖区人口和城市化率一起作为 2010 年人力资本外部性指标的工具变量，采用工具变量的方法估计人力资本外部性对收入的影响。相对本部分研究的年份来说，1992 和 2000 年的城市相关数据是一个时间滞后变量，对当前的城市劳动者收入已经没有直接的影响，而十多年前的城市发展情况往往体现了其自然条件、基础设施以及经济发展水平，与当前城市相关数据具有相关性。本部分各类人力资本外部性变量的工具变量估计，均通过相关检验，如在同时控制市辖区就业密度这一变量的内生性时，工具变量组合为 2000 年家乡市辖区就业密度、所在城市与家乡城市 2000 年市辖区就业密度的比值，以及 1992 年城市化率①。工具变量估计中，运用检验工具变量显著性的 F 检验，偏 R^2(Shea's Partial R^2)分别为 0.25 和 0.42，F 统计量值均远超过 10，P 值均为 0.00，而且第一阶段估计中工具变量对内生变量影响显著，可见并不存在弱工具变量问题。运用过度识别检验方法检验工具变量的有效性，结果表明 P 值为 0.70，接受所有工具变量均外生的原假设，即认为工具变量合格，与随机扰动项无关。进一步对变量的内生性使用异方差稳健的杜宾-吴-豪斯曼(DWH)检验，P 值为 0.002，可认为在 1%的显著水平上家乡市辖区就业密度及市辖区就业密度比值属于内生解释变量。

---

① 过去的城市化率与市辖区就业密度存在关联，但是并不会影响当前居民的收入。此外，在大学生比例变量工具变量中也采用 1992 年家乡城市化率和大学生比例的历史数据，而相对多样化和专业化的工具变量则采用二者的历史数据以及家乡 1992 年的 FDI 数据。从实际情况来看，东南沿海地区发达城市的多样化程度越高，FDI 数量越大。

工具变量估计结果(表 6-8)与 OLS 的估计结果存在一定差异。其中,家乡市辖区就业密度每增加 1%,其年收入减少 0.08%,市辖区就业密度比值每增加 1%,年收入减少 0.17%。实际上,现有关于就业密度研究的结论并不一致,一些研究发现就业密度的正效应,但只有就业密度高于某个“门槛”值时它对工资水平的影响才显著为正(刘修岩和殷醒民,2008),全市就业密度更高的城市有能力支付给劳动力更高的工资(田相辉和徐小靓,2015);另一些研究发现存在就业密度的负效应,如中国就业密度与工资水平呈显著的负相关关系(何雄浪和汪锐,2012);中国大多数地级及以上城市就业密度过大,已经出现明显的集聚不经济(韩峰和柯善咨,2015)。本部分的结论与后者较为接近,即市辖区就业密度对劳动者收入并无显著正效应。其他三类人力资本外部性变量的估计结果显著程度与 OLS 估计并无明显差异,但是系数大小有所变化。家乡大学生比例每增加 1%,居民年收入增长 0.07%,大学生比例比值每增加 1%,市外迁移者的年收入增长 0.15%。家乡相对多样化每增加 1%,年收入增长 0.07%,相对多样化比值每增加 1%,市外迁移者的年收入增长 0.12%。家乡相对专业化每增加 1%,年收入增加 2.09%,但是相对专业化比值对市外迁移者的年收入没有显著影响。这一结果表明,市外迁移者迁移后所在城市大学生比例或相对多样化程度高于家乡城市,是城市移民收入增长的主要源泉。

表 6-8 市外移民收入增长的源泉(IV)

变量名称	(1)	(2)	(3)	(4)
	年收入	年收入	年收入	年收入
家乡就业密度	−0.08*			
	(0.05)			
就业密度比值	−0.17***			
	(0.06)			
家乡大学生比例		0.07**		
		(0.03)		
大学生比例比值		0.15***		
		(0.04)		

续表

变量名称	(1)	(2)	(3)	(4)
	年收入	年收入	年收入	年收入
家乡相对多样化			0.07***	
			(0.02)	
相对多样化比值			0.12***	
			(0.04)	
家乡相对专业化				2.09**
				(0.82)
相对专业化比值				1.55
				(1.02)
样本量	2772	2821	2609	2667
拟合优度	0.45	0.45	0.46	0.34

注：控制变量与常数项估计结果未列出。***、**、*分别表示在1%、5%及10%的显著性水平上显著。

此外，从以下三个方面对检验结果进行了稳健性检验。(1)将因变量由年收入更换为个人职业收入①，验证以上结果的稳健性，发现四类人力资本外部性变量的估计结果较为稳健，其中大学生比例比值增加是移民职业收入增长的源泉，只是相对多样化比值对收入影响的显著性降低。(2)基于数据可获得性，以1978年为基期(此前很多省份数据缺失)计算了各省市CPI指数，进而近似估算城市劳动者的实际收入，并以此估计人力资本外部性的作用，结果表明人力资本外部性变量估计系数的显著性与名义收入估计结果基本一致，只是系数大小略有差异。(3)采用有限信息最大似然法(LIML)和广义矩估计(GMM)对人力资本外部性变量进行估计，结果发现四类人力资本外部性变量的结果同样较为稳健。

① 职业收入数据源自2010年CGSS调查问卷中“您个人去年全年的职业收入是多少?”这一问题的数据。

三、理性选择：收入视角

获取更高的收入是劳动力流动的重要动力之一，本书第五章微观数据实证分析发现，迁移确实可以增加劳动力的收入，而城市移民收入增长的源泉主要来自城市人力资本存量和雅各布斯外部性的增长。那么，从流动人口总体来看，劳动力的空间选择是否呈现出群体“理性”呢？通过比较2010年城市人均GDP与城市流动人口数量，发现城市人均GDP水平越高，则城市流动人口数量越多，即二者呈现正相关关系，表明总体而言劳动力在空间选择时呈现出收入增长视角的群体“理性”（图6－6）。将人均GDP换成城市职工平均工资，其与城市流动人口数量同样呈现正相关关系。

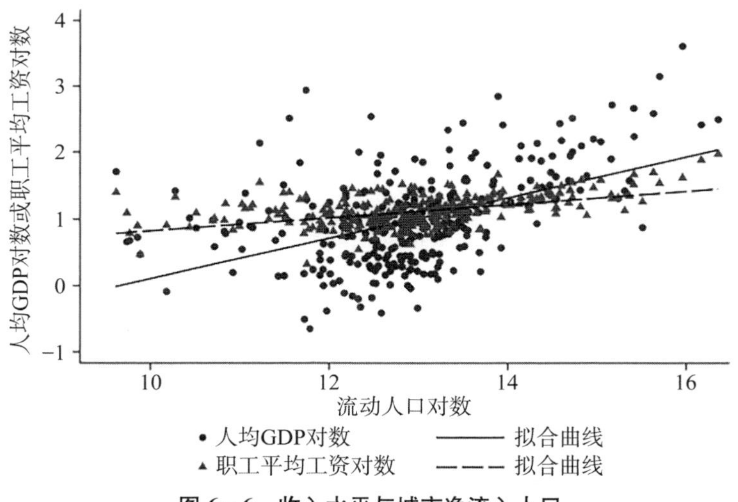

图6－6　收入水平与城市净流入人口

进一步分析城市收入水平与城市净流入人口（城市常住人口减去户籍人口）的关系，发现城市净流入人口同样与城市收入水平（人均GDP或职工平均工资）呈正相关关系（图6－7）。

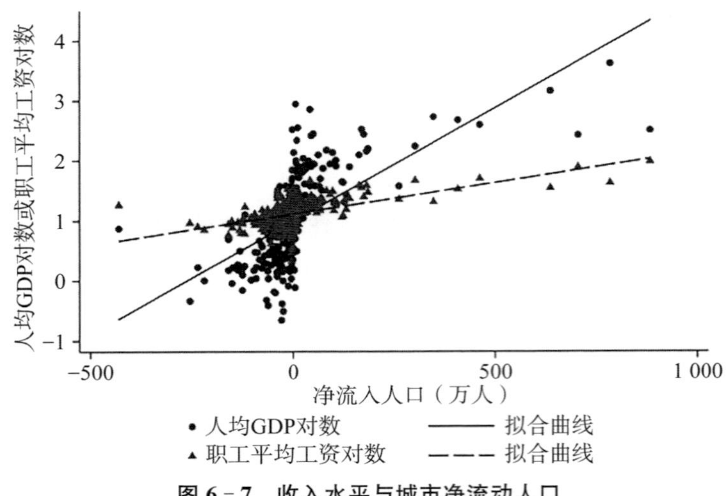

图 6－7　收入水平与城市净流动人口

第三节　城市规模与幸福感

在城市经济学理论中，城市最优规模的形成在于向心力和离心力的均衡。大量文献对城市最优规模进行研究，但是难以得到一致的结论。从现有研究城市规模影响的文献来看，亨德森(Henderson，1974)指出，城市规模与典型居民的效用呈现倒U型关系。但是，亨德森自己也认为事情并没有这么简单(Fujita et al.，2001)。这些研究中的效用与幸福感存在一定差异，如萨缪尔森认为幸福与效用之间存在相关性，但是并不完全一致，并且提出著名的幸福方程式(幸福＝效用/欲望)。金博尔和威利斯(Kimball and Willis，2006)则指出，幸福感与效用存在关联性但是并不等同，幸福感由两部分组成：一是依赖于最新个人即时效用的短期幸福感，二是健康、休闲、营养等反映的长期幸福感。然而，关于城市规模与幸福感关联机制的理论研究较为匮乏。

一、城市规模如何影响幸福感

效用与幸福感存在差异但密切相关，以下在分析城市规模对幸福感影响时，借鉴已有文献中城市规模与效用的相关理论文献进行梳理。城市规模是综合性指标，在考虑最优城市规模产生的经济影响时，可从规模效应和拥挤效应两方面进行分析。亨德森和蒂斯（Henderson and Thisse，2004）对此进行了总结，阐述城市向心力和离心力中可模型化的因素带来的影响及其作用途径。第一，城市最优规模与公共品的供给有关，供给能力越强则该城市的最优规模越大。第二，现有研究表明，劳动者通勤距离将影响其实际可支配收入，$I_1 = I_0 - wtN^{1/2}/\sqrt{\pi}$，其中 I_1 为实际可支配收入，I_0 为消费者的名义收入，W 为工资率，t 为通勤时间，N 为城市人口规模，从而得出拥挤效应使得居民实际收入减少的结论。①

可见，城市人口规模扩张将带来规模效应（公共物品数量和种类增加，以及其他可消费产品的多样性等），提升居民幸福感。如格莱泽等（Glaeser et al.，2008）的研究表明，贫困人口选择居住在城市，很重要的一个原因就是在城市中心公共交通更加便利。当然，城市规模对幸福感的影响，除了物质（收入）因素外，还存在很多非物质因素（如心理因素等）所产生的影响。② 城市人口规模扩张可以带来许多正向效应，如就业机会、资源多样性、人与人之间交流学习的机会、人力资本外部性、国际化程度以及其他方面特有的优越感等方面。如陆铭等（2012）指出，相比于城市扩张所带来的各种负面后果，城市规模扩大对城市发展所带来的正面效应往往容易被忽视。

同时，城市人口规模扩张将带来拥挤效应（通勤成本上升、环境恶化等），从而降低居民幸福感。因为城市拥挤效应可通过其对个人实际可支配收入的影响，而与幸福感相关联。过度拥挤带来的通勤成本上升以及过高的生活成本等

① 这两点的详细分析和论证，参见亨德森等（2004）。

② 如关于幸福感的影响因素，布伦诺·S.弗雷和阿洛伊斯·斯塔特勒（2006）进行了较好的总结：个性因素，如自尊、自控、乐观、外向和精神健康；社会人口因素，如年龄、性别、婚姻状况和教育；经济因素，如个人及总体收入、失业和通货膨胀；情形性因素，如具体就业和工作条件、工作单位的压力、与同事亲戚朋友的人际关系、与婚姻伙伴的关系以及生活条件和健康状况；体制性因素，如政治权利的分散程度和公民的直接参与政治权利。

负面因素(当收入对幸福感存在正向影响的阶段时),将降低居民幸福感。而且城市规模扩张会带来其他负面效应,如环境恶化、舒适度下降、犯罪率高企、房价高涨等。林江等(2012)的研究表明,城市房价上涨程度对居民幸福感具有显著的负面影响。只是从当前中国城市发展状况来看,城市规模扩张的规模效应仍然超过拥挤效应,如王小鲁和夏小林(1999)认为随着城市规模的扩大,需要付出巨额的公共基础设施投资以及环境治理成本,只是从全社会的角度而言,在多数情况下,这些外部成本不能抵消城市带来的收益。

那么,随着城市规模的扩张,居民幸福感将出现怎样的变化趋势呢?正如卡佩罗(Capello, 2000)所言,城市因功能和等级不同而存在不同的收益曲线。阿尔布伊(Albouy, 2008)则直接得出与以往研究不太一致的结论,认为生活质量随着城市规模缓慢提升,因为更大的城市位于更好的区域。对于大城市而言,这些可以理解为某些城市规模带来的收益,只有当城市规模等级达到一定程度时,才能得以体现。虽然普通消费品和城市公共品(如公园、绿地等)的边际效用满足递减规律,但是当其对幸福感的正向促进作用尚未达到极限时,城市规模更大的城市、更强的公共品供给能力会提升居民的幸福感。特别是在一些人口规模较大的城市,居民消费的公共品数量和种类往往越多,幸福感也将增强。只有当城市规模达到一定水平时,一些较高层次的教育培训、医疗卫生机构、地铁、国际机场、大型的文化和体育设施才有可能得以建立。因为这些设施建设的固定投入较大,当市场规模或者人口规模达到一定数量时,才使这些公共品的供给成为必要和可能。城市规模达到一定水平后,居民既可以通过缴纳税金的途径为政府部门供给这样的基础设施提供资金支持,也可以通过旺盛的消费需求支撑这些基础设施的正常运营。具体而言,一方面这些产品的供给需要一定的市场需求作为保障,另一方面其建设资金在很大程度上来自政府部门的公共支出,更大城市规模城市的居民可以通过税收分摊机制给这些支出提供支持。而小城市由于舒适的生活状态,没有中等城市、大城市和特大城市过快的生活节奏带来的压力等,对居民幸福感提升有利。当城市规模较小时,居民可以拥有较好、较轻松的生活环境。随着城市规模逐步扩张，而城市规模效应尚未达到一定层级时，此时规模效应积累不够，尚未产生明显的正向作用，而城市规模扩张的负面效应(生活成本和压力增加)占据主导，从而降低居民幸福感。随着城市规模的进一步扩张(超过某一阈值时)，一些大城市特有的消费品市场或公共品等的供给成为可能，此时规模效应开始加速增强，规模效应超越拥挤效应，进而使居民幸福感提升。中国大量集聚在北上广等特大城市大量的城市移民，对少数特大城市趋之若鹜，或许在一定程度上可以印证这些因素所带来的吸引力。而且，城市规模扩张后，产业结构也可能随之转型，重工业逐渐迁出(如北京首钢)，从而利于环境治理的利好因素开始显现。[①] 郑思齐等(2012)指出，经济增长对环境的影响存在两股力量，即规模效应和质量效应，在早期的城市化过程中以规模效应的负面影响为主，而质量效应的乐观因素是逐渐积累的。可见环境恶化带来的负面影响也并非一成不变，会随着城市的进一步发展以及城市治理水平的提升而有所改观。综上所述，在城市规模尚未超越相应城市承载极限，即在一定合理范围内变动时[②]，提出研究假说 6－2。

假说 6－2：在城市规模所产生的离心力和向心力的共同影响下，居民幸福感先随城市规模扩张而下降，超过一定阈值后，随城市规模扩张而上升，即城市规模与幸福感呈现 U 型关系。

对于整个城市体系而言，不同城市的规模效应和拥挤效应对居民幸福感的影响，可能在城市内部和城市之间存在此消彼长的动态变化态势。流动群体是城市规模和城市体系发生改变的重要影响因素，他们需要在大的城市规模带来优越感和城市过度拥挤等(高额生活成本、定居成本)之间进行权衡，作出合理

① 这里仅从人口规模因素予以考虑，城市规模扩张时，房价等因素可能会降低新移民的幸福感。虽然住房价格与城市规模相关(2005 年城市规模与住宅均价相关系数为 0.86)，但是并非必然联系，特别是在城市空间布局合理的情况下。

② 城市规模无限小(如只有 1 个居民)和城市规模无限大(如超越城市承载极限)的两种极端情况，在本书样本中并不存在，难以分析这两种情形下的情况。现实中这种情形也很难出现。

的迁移决策。通常会认为自己可以根据个人偏好,在空间上作出理性选择。然而,至少从幸福感角度来看,现实情况并非如此。

首先,中国现有的城市发展策略和城市体系的演变,使流动群体的迁移在空间上存在一定的惯性,即在很大程度上维持着固有的空间迁移模式,而这需要通过恰当的外部冲击才能得以改变。如谈明洪和李秀彬(2010)指出,美国在20世纪前70年城市化处于加速发展的中期阶段,大城市的人口增长明显快于中小城市,城市体系向非均衡化方向发展;而在中国城市化加速发展中期阶段(1985—2000年),小城市人口增长较快,城市体系趋于均衡。王小鲁(2010)及范剑勇和邵挺(2011)的研究,均指出中国存在“大型城市集聚相对不足、中小型城市发展过多”的问题。而且,2010年珠三角、长三角、京津冀等东部发达城市与中西部重要的区域经济中心城市,依然维持着极强的外来人口集聚能力,而人口密集的中部地区和成渝等地区人口流出严重(于涛方,2012)。从幸福感角度看,移民这种迁移的空间选择模式极可能表现为一种客观非理性状态。一是由于中国城市扁平化的发展趋势,这些城市中部分正处于城市规模与幸福感U型曲线(假说6-2)的极值点附近,能够充分体现城市规模效应者较少。移民如果前往这些城市,从幸福感角度来看并非理性选择。二是迁移者在中国少数几个特大城市,即便可以从普通消费品、公共品多样性中获益,但是他们较多地面临着就业歧视、户籍歧视,以及高房价带来的生活压力,这些都不利于提升居民幸福感,也属于一种客观非理性选择。

其次,提升幸福感尚不是流动群体的首要目标或者迁移的核心动力,幸福感相对而言属于迁移者更长期或者更不在意的目标。如本杰明等(Benjamin et al., 2012)研究发现,人们并不会专门地寻求幸福感的最大化,至少在当前状况下是如此。年龄、性别、种族、教育、劳动力地位、经济条件、人口特点、距离以及前期迁移模式、选择机会、气候、服务设施和其他生活质量方面的因素,对迁移决策都有影响(Nord, 1998)。可见,劳动者选择迁移地点,还会受到很多其他因素的影响,如就业机会、工资等,幸福感对于部分人群而言反而成为决策中的次要因素。从而部分新移民可能并不注重幸福感，更注重实际收入的增加，且不打算或者几乎没有可能长期居住在该城市。对他们来说，更关注的是短期的收益，或者说牺牲短期幸福换来一定的收入增长和将来的幸福。以至于迁移者往往会对其所选择城市存在良好的预期，比如人口净流入地的经济发展水平通常要比净流出地高，迁移者可能会从中获益，获取更高的工资，然而预期并不总是那么正确。因此，基于以上对迁移者的空间选择行为及其影响的分析，提出研究假说 6－3。**假说 6－3：**在中国现行城市体系中，城市规模的变动（流动人口净变化量）并未按照有利于促进原居民和新移民幸福感的方向发展，新移民空间选择从幸福感角度来看存在客观非理性现象。

二、城市规模是否影响幸福感

（一） 计量模型设定与统计分析

本部分计量模型中，在已有幸福感相关研究中大部分变量的基础上，考察城市规模、城市规模平方对幸福感的影响，同时论证是否为租房者的幸福感决定因素的异质性。幸福感用 $Happy_{ij}$ 即 j 城市 i 个体的幸福感分值来表示。用市辖区人口规模反映 U_j（城市规模）。由于城市面积（建成区）存在明显差异，即使市辖区人口规模相同的城市，对居民幸福感的影响也可能存在差异，因为城市规模对居民幸福感的影响还可能随着城市的一些其他特性（人口密度、通勤成本、环境等）的变化而变化，呈现动态变化特征。如欧和亨德森（Au and Henderson，2006）引入工业和服务业增加值占比与城市规模的交互项，来估计不同城市规模最优值。随着城市规模的不断增长，拥挤效应会不断显现，以至于城市规模不可能无限扩张。在模型中控制了人口密度 D_j，以尝试控制拥挤效应带来的影响。[①] 其他影响幸福感的因素主要加入反映个人特质的协变量，

① 人口密度并非仅仅带来拥挤效应，人口密度同样有一些好处，如安迪尼等（Andini et al.，2013）运用人口密度反映劳动力市场群聚对集聚经济的影响，发现人口密度对劳动者的学习效应、工作匹配等均存在正向作用。我们将人口密度作为控制变量进行处理，并用多指标进行比较。

定义成 X_{ij}，包括收入、年龄及其平方、性别、是否已婚和受教育程度等指标。城市规模对流动群体和非流动群体间幸福感的影响可能存在差异，因此在模型中加入流动群体（通过是否租房予以反映）与城市规模变量的交互项。μ_j 为省份虚拟变量，用以控制同一省份内部城市规模以外的一些固定因素带来的影响。从而基准计量模型如下：

$$Happy_{ij}=\alpha_0+\alpha_1U_j^2+\alpha_2U_j+\alpha_3D_j+\alpha_4M_{ij}+\alpha_5M_{ij}\times U_j^2+\alpha_6M_{ij}\times U_j+X'_{ij}\beta+\mu_j+e_{ij} \tag{6-10}$$

考虑异质性的线性模型，在基准模型中加入了控制个体异质性的交互项，进而与实际更加相符。具体方程如下：

$$Happy_{ij}=\alpha_0+\alpha_1U_j^2+\alpha_2U_j+\alpha_3D_j+\alpha_4M_{ij}+X'_{ij}\beta+M_{ij}\times[X_{ij}-\overline{X}_{ij}]'\gamma+\mu_j+e_{ij} \tag{6-11}$$

其中，$\overline{X}_{ij}$ 为各个协变量 X_{ij} 的均值。①

通过回归分析得到的城市规模变量、固定效应变量的估计系数，可以测算某一城市的城市规模变动对不同类型城市居民个人幸福感变动的影响及其差异。$Happy_{ij}$ 表示居民 i 在 j 城市的幸福感，$Happy_{i0}$ 表示居民 i 自身特征或所在城市其他因素决定的幸福感。从而 $Happy_{ij}$ 可表示如下：

$$Happy_{ij}=\alpha_1U_j^2+\alpha_2U_j+Happy_{i0} \tag{6-12}$$

在不考虑居民迁移后给居民带来的其他变化（如收入、房价等）的情况下，假设某居民迁移前后其所在城市市辖区人口规模存在差异，或者外地移民的到来改变本地居民所在城市的人口规模，以 $\triangle U_j$ 表示城市规模变动的幅度，则 $Happy_{ij}$ 的变动幅度为 $\triangle Happy_{ij}$。于是，构造了 $\triangle Happy_{ij}$ 的测量方程：

---

① 详见李雪松等（2004）、赫克曼等（Heckman et al.，2006a，2006b）、周亚虹等（2010）。

$$\triangle Happy_{ij} = \alpha_1 \triangle U_j^2 + (2\alpha_1 U_j + \alpha_2) \times \triangle U_j \qquad (6-13)$$

进一步，考虑居民迁移后影响幸福感的其他因素变化带来的影响时，如果居民选择跨省移民，则与城市规模无关的省份固定因素将改变居民的幸福感，令个体 i 从 m 省份到 n 省份所带来的幸福感变化（如收入、住房、地理环境等因素引起）为 $\triangle Happy_{imn}$，则可将 $\triangle Happy_{ij}$ 的测量方程拓展为：

$$\triangle Happy_{ij} = \alpha_1 \triangle U_j^2 + (2\alpha_1 U_j + \alpha_2) \times \triangle U_j + \triangle Happy_{imn} \qquad (6-14)$$

本部分所使用的数据来自 2006 年全国综合社会调查数据库和相应年份的《中国城市统计年鉴》《中国区域经济统计年鉴》以及国家统计局的人口普查数据。重点考察城市规模对流动群体（租房者）和非流动群体（拥有住房者）之间的幸福感的影响问题。考虑到城市内部集镇和郊区居民与市辖区居民的工作、生活环境可能存在较大的差异，将研究样本确定为城市市区的被调查者。

由于市区居民的幸福感主要受到市辖区人口规模的影响，运用市辖区人口规模反映城市规模，用是否租房反映个体是否属于流动群体。2006 年的原始调查数据中，去除农村、郊区、集镇样本后，包含研究核心变量信息并最后与城市数据进行匹配得到 2447 个样本[①]。表 6－9 给出了核心变量的含义及基本统计特征。从城市类型来看，有效样本分布在全国 26 个省市的 83 个城市，基本上涵盖了东中西部不同地区大、中、小型规模的城市。

表 6－9　幸福感与城市特征基本统计量

变量名称	变量具体含义	样本量	均值	标准差
幸福感	非常不幸福＝1，不幸福＝2，一般＝3，幸福＝4，非常幸福＝5	2447	3.462	0.703

① 原始数据中有重要变量信息的城市样本为 5870 个，我们比较了原始样本和有效样本（本书所用样本）核心变量的均值、方差，以及核密度曲线，结果表明并无明显差别，在一定程度上确保了有效样本的代表性。

续表

变量名称	变量具体含义	样本量	均值	标准差
人口规模	2005 年市辖区人口数量（百万人）	2447	4.360	4.340
人口密度	2005 年人口密度（百万人/万平方千米）	2447	6.821	5.421
就业密度	2005 年市辖区二、三产业就业密度（百万人/万平方千米）	2329	143.2	136.3
常住人口规模	2005 年市辖区常住人口估算值（百万人）	2080	6.664	6.596
1953 年普查人口规模	1953 年常住人口数量（百万人）	2266	1.530	1.883
1992 年人口规模	1992 年市辖区人口数量（百万人）	2288	3.022	2.740
2000 年人口规模	2000 年市辖区人口数量（百万人）	2414	3.821	3.847
2000 年普查人口规模	2000 年常住人口数量（百万人）	2113	5.271	4.563
2010 年人口规模	2010 年市辖区人口数量（百万人）	2447	4.576	4.497
2010 年普查人口规模	2010 年常住人口数量（百万人）	2447	9.401	6.762
年收入	2005 年本人年收入（万元）	2447	1.579	1.502
租房者	租房者＝1，其他＝0	2447	0.291	0.454

（二） 城市规模与幸福感的关系

1. 基准估计结果

由于存在一些在同一省区内不随城市而变化，又无法观察到的经济、自然环境因素（如气象灾害等）等会影响幸福感，再通过省份固定效应加以控制，尽量较少遗漏变量的误差。然而，OLS 估计结果仍可能是有偏估计。一方面，OLS 估计模型中可能遗漏了一些与城市相关或者与个人特征相关的变量，从而可能导致内生性问题。在 OLS 估计中，已经控制了城市相关变量、省份固定效应以及个人特征变量，以尽量克服遗漏变量带来的估计偏误，但无法较好地解决城市规模的内生性问题。另一方面，城市规模与幸福感可能存在的双向因果关系，也会导致内生性问题。因此，需要运用工具变量法进行估计。运用 1953

年第一次人口普查数据中的城市人口数据及其平方和 2000 年城市市辖区人口数据，作为城市规模及其平方的工具变量，采用工具变量的方法估计城市规模对幸福感的影响，从而克服内生性问题，工具变量通过相关检验。

模型 OLS1（表 6－10）结果表明城市规模与幸福感呈现 U 型关系，从而验证了假说 6－2。并且，根据回归系数进行估算，平均而言城市市辖区人口规模为 324 万的城市居民幸福感最低。此外，租房者的幸福感更低；本人年收入与幸福感呈 U 型关系，平均而言本人年收入 10.5 万元时幸福感最高，即"幸福感—收入饱和点"为 10.5 万元。其他个人特征相关的控制变量，与以往研究结论较为一致，在此不再赘述。模型多重共线性检测表明，在省份固定效应中，某些省份（仅包含该省一个城市样本）或者直辖市的虚拟变量与城市规模变量之间存在多重共线性。而多重共线性可能会改变变量系数的大小，从而带来估计误差。因此，将这些城市样本舍弃后进行分析，结果表明与模型 OLS1 相比，回归系数和显著程度并无显著改变，可见这些变量的多重共线性对估计系数大小的影响甚微。

在模型 OLS2 中，增加了租房者与城市规模及其平方的交互项，结果表明城市规模对租房者和非租房者的影响并无显著差异。人口密度指标中常用的有城市人口密度、市辖区人口密度和市辖区就业密度数据，比较了三者的相关性，结果发现城市人口密度与市辖区人口密度相关系数为 0.35，而城市人口密度与市辖区就业密度相关系数为－0.16。

选择城市人口密度和市辖区就业密度来控制人口密度带来的影响。与模型 OLS1 相比，模型 OLS3 增加了城市人口密度变量，结果表明其对幸福感存在显著的负向影响，并且城市规模与幸福感 U 型曲线的最低点处城市规模为 263 万人。模型 OLS4 则在模型 OLS1 的基础上增加了市辖区就业密度变量，结果表明其对幸福感并无显著影响，而城市规模与幸福感 U 型曲线的最低点处城市规模为 346 万人。结合两个人口密度指标的分析结果来看，目前中国城市人口密度对幸福感的影响非常小或者并不显著。这似乎印证了丁成日（2004）的观

表 6-10 城市规模对幸福感的影响

变量名称	OLS1 幸福感	OLS2 幸福感	OLS3 幸福感	OLS4 幸福感	OLS5 幸福感	TSLS1 幸福感	TSLS2 幸福感
城市规模	-0.110^{***}	-0.113^{***}	-0.084^{**}	-0.090^{**}	-0.080^{**}	-0.281^{*}	-0.314^{*}
	(0.036)	(0.037)	(0.039)	(0.037)	(0.031)	(0.167)	(0.170)
城市规模平方	0.017^{***}	0.017^{***}	0.016^{***}	0.013^{**}	0.011^{***}	0.042^{*}	0.045^{*}
	(0.005)	(0.005)	(0.005)	(0.006)	(0.004)	(0.023)	(0.023)
租房者	-0.154^{***}	-0.152^{***}	-0.150^{***}	-0.144^{***}	-0.151^{***}	-0.180^{***}	-0.350^{***}
	(0.029)	(0.058)	(0.029)	(0.030)	(0.030)	(0.030)	(0.084)
年收入	0.063^{***}	0.063^{***}	0.064^{***}	0.058^{***}	0.058^{**}	0.050^{***}	0.054^{***}
	(0.018)	(0.018)	(0.018)	(0.019)	(0.025)	(0.019)	(0.019)
年收入平方	-0.003^{**}	-0.003^{**}	-0.003^{**}	-0.003^{**}	-0.002	-0.002	-0.003^{*}
	(0.001)	(0.001)	(0.001)	(0.001)	(0.002)	(0.001)	(0.001)
城市规模×租房者		0.011					0.110^{**}
		(0.026)					(0.046)
城市规模平方×租房者		-0.001					-0.008^{**}
		(0.002)					(0.004)
人口密度			-0.022^{*}				
			(0.012)				
就业密度				0.000			
				(0.000)			
个体异质性	×	×	×	×	√	×	×
固定效应	√	√	√	√	√	√	√

续表

变量名称	OLS1 幸福感	OLS2 幸福感	OLS3 幸福感	OLS4 幸福感	OLS5 幸福感	TSLS1 幸福感	TSLS2 幸福感
其他个体变量	√	√	√	√	√	√	√
常数项	3.769***	3.752***	3.878***	3.721***	3.452***	3.963***	4.024***
	(0.195)	(0.198)	(0.205)	(0.204)	(0.244)	(0.224)	(0.230)
样本量	2 447	2 447	2 447	2 320	2 447	2 233	2 233
拟合优度	0.279	0.279	0.280	0.276	0.281	0.288	0.286

注：其他控制变量包括年龄及其平方、性别、健康状况、受教育年限、收入公平感、离退休、失业、已婚、人际关系满意度，以及省份固定效应，估计结果未列出，模型 OLS5 中个体特征变量与租房者的交互项未列出。工具变量回归中由于个别城市历史人口数据未能获取而损失少量样本。***、**、* 分别表示在 1%、5%及 10%的显著性水平上显著。

点，即国际经验显示并不存在一个所谓正确的城市密度标准，而且中国城市的主要问题在于交通无序和居住拥挤，而不是人口密度过高。模型 OLS5 考察了个体异质性对是否租房变量的影响，结果表明即使考虑了个体异质性，租房行为本身对幸福感仍然存在负向影响，可见租房者使个人幸福感更低。

比较模型 OLS1 与模型 OLS3、模型 OLS4 后发现，增加人口密度变量后，城市规模与幸福感的估计结果并无显著变化。因此，在运用工具变量对城市规模及其平方进行估计时，不再控制人口密度变量。模型 TSLS1 为运用工具变量进行估计的结果，城市规模与幸福感呈现 U 型关系，但结果与 OLS1 估计值存在一定差异，平均而言城市市辖区人口规模为 335 万的城市居民幸福感最低。模型 TSLS2 为加入交互项后的估计结果，以 1953 年第一次人口普查数据中的城市人口数据及其平方和 2000 年城市市辖区人口数据及其与租房者之间的交互项作为工具变量。工具变量同样通过内生性相关检验。模型 TSLS2 估计系数表明，城市规模对租房者和非租房者的影响存在差异，平均而言城市市辖区人口规模为 349 万时，非租房者的幸福感最低；而平均而言城市市辖区人口规模为 276 万时，租房者的幸福感最低。

总体而言，以上模型的回归结果表明，在控制其他因素的情况下，无论是租房者还是非租房者，城市市辖区人口规模在 300 万左右时，居民幸福感较低。因此，从增强居民幸福感的角度出发，中国城市体系构建中，应当尽量减少中等规模城市的数量。陆铭等(2011)则认为，中国经济的发展不应牺牲大城市的集聚和扩散效应，城市体系的调整将向大城市尤其是东部大城市进一步集聚。从城市的区域布局角度看，一个以特大或超大城市为中心、由几个 100 万人口级别的大城市组成的城市群，是一个更有利于周边中小城市和小城镇发展的空间结构(王小鲁，2010)。本部分的实证结论在一定程度上从幸福感角度，支持了这类观点。如当城市人口规模超越 335 万时，规模扩张的正效应扩大，利于居民幸福感提升。这意味着，中国应在当前城市规模处于第二梯队的城市中，如具备成为区域中心的基础，并且有利于产业转移和区域协调发展的城市，择优引导移民前往这些城市以扩大其城市规模，同时在其周围发展一些小城市，从而形成更加合理的城市体系，满足移民的不同偏好，进而提升居民的集体幸福感。

2. 稳健性检验

为进一步考察实证结果的稳健性，运用两种思路对回归结果进行检验。首先，运用不同估计方法进行估计。结果表明(表 6 - 11)，运用 LIML、GMM、IGMM 估计方法并未改变本部分的基本结论。其次，运用第五次人口普查和第六次人口普查数据，结合 2006 年城市统计年鉴中的人口数据，估计 2005 年各城市的常住人口①，以代替城市市辖区人口规模。采用测算的城市常住人口作为城市规模估计时，工具变量使用 1992 年城市市辖区人口数据、2000 年市辖区人口规模数据及其平方，工具变量通过内生性相关检验。模型 OLS6 回归结果表明，城市规模与幸福感呈现 U 型关系，并且平均而言城市常住人口规模为 382 万时，居民幸福感最低。模型 TSLS3 为运用工具变量估计的结果，人口规模与幸福感 U 型相关，但是估计系数的绝对值有所增加，并且平均而言城市常住人口规模为 322 万时，居民幸福感最低。GMM 模型同样为工具变量估计结果，与 TSLS 模型相比并无明显变化。此外，尝试增加郊区、集镇样本进行分析，结果表明城市规模的估计结果并无显著影响，只是人口密度和就业密度的估计结果的显著程度发生变化。因此，总体而言本部分估计结果较为稳健。

---

① 估计 2005 年常住人口时，将各城市第五次人口普查和第六次人口普查数据相加取平均值，如果第五次或第六次普查时为人口净流出城市，在估算 2005 年城市常住人口时，用城市年鉴中人口数量，加上流动人口乘以 30%的人口数量，反之直接将城市年鉴中人口数据与预计的流动人口数据相加。因为，这些人口净流出城市净流动人口中包含大量农村人口，而根据 2005 年我国城市化率，以及净外出流动劳动力通常以农村剩余劳动力为主，将人口净流出城市城市化率平均定为 30%较为合理。人口净流入城市，则认为流动人口在市辖区较为合理。

表 6-11 城市规模与幸福感(稳健性检验:不同方法与变量)

变量名称	LIML	GMM1	IGMM	变量名称	OLS6	TSLS3	GMM2
城市规模	−0.281*	−0.281*	−0.281*	常住人口规模	−0.084***	−0.103**	−0.101**
	(0.154)	(0.167)	(0.167)		(0.031)	(0.041)	(0.041)
城市规模平方	0.042**	0.042*	0.042*	常住人口规模平方	0.011***	0.016***	0.016***
	(0.021)	(0.023)	(0.023)		(0.004)	(0.005)	(0.005)
样本量	2233	2233	2233	样本量	2080	1963	1963
拟合优度	0.288	0.288	0.288	拟合优度	0.279	0.276	0.276

注:回归分析中控制变量与表 6-10 模型 TSLS1 相同。***、**、* 分别表示在 1%、5% 及 10%的显著性水平上显著。

近年来,CGSS 调查数据持续更新,因而进一步选取 CGSS 新一轮调查中的 2010—2013 年城市样本数据进行稳健性检验(表 6-12),其中工具变量使用 1982 年城市人口规模进行估计,工具变量通过相关检验。估计结果表明,无论是使用城市市辖区户籍人口还是城市常住人口度量城市人口规模,城市人口规模与居民幸福感均呈现 U 型关系。

表 6-12 城市规模与幸福感(稳健性检验:CGSS2010—2013)

变量名称	(1)	(2)	(3)	(4)
	OLS	IV	OLS	IV
	幸福感	幸福感	幸福感	幸福感
	市辖区户籍人口		城市常住人口	
城市规模平方	0.002***	0.003***	−0.000	0.002***
	(0.001)	(0.001)	(0.000)	(0.001)
城市规模	−0.036***	−0.058***	−0.008	−0.053***
	(0.010)	(0.011)	(0.009)	(0.014)
省份固定效应	√	√	√	√
年份固定效应	√	√	√	√
样本量	18782	17329	17349	16189
拟合优度	0.048	0.048	0.048	0.046

注:控制变量包括性别、年龄、14 岁时家庭阶层、是否迁移。括号中为稳健标准误。*** 表示在 1%的显著性水平上显著。

同时，使用2012—2016年的CLDS调查数据进行稳健性检验。CLDS调查数据中有部分样本为追踪调查，因而使用面板数据进行估计，豪斯曼(Hausman)检验认为应该使用固定效应模型。表6-13第一列模型(1)没有控制其他变量，估计发现城市规模及其平方与个体幸福感并无显著关系。在模型(2)中控制个体特征变量后，发现城市规模与个体幸福感呈现U型关系，与CGSS估计结果一致。进一步在模型(3)中控制个体所在城市的特征变量，包括个体是否在城市的虚拟变量和所在城市人均GDP水平，发现城市规模与个体幸福感仍然呈现U型关系。总体而言，CLDS调查数据估计结论与CGSS调查数据估计结果较为一致。

表6-13　城市规模与幸福感(稳健性检验：CLDS2012—2016)

变量名称	(1)	(2)	(3)
	幸福感	幸福感	幸福感
城市规模平方	0.007	0.019**	0.015*
	(0.006)	(0.008)	(0.008)
城市规模	−0.202	−0.472**	−0.370*
	(0.147)	(0.210)	(0.209)
个人特征变量	×	√	√
城市特征变量	×	×	√
观测值个数	18076	12996	12574
拟合优度	0.001	0.041	0.062
样本量	14273	11419	11069

注：个人特征变量包括年龄、性别、受教育程度、是否工作、是否迁移、14岁时家庭阶层、父亲受教育程度，城市特征变量包括城乡虚拟变量、城市人均GDP。采用的是固定效应模型。**、*分别表示在5%、10%的显著性水平上显著。

(三) 省份效应估计：幸福感视角

根据回归分析中省份固定效应的结果(表6-14)，可以从省份层面分析移民更加合理的去向。以模型TSLS2回归结果为基准，在其他因素既定(如城市

表 6－14 省份固定效应的估计结果(因变量：幸福感)

省份	OLS1	OLS2	OLS3	OLS4	OLS5	TSLS1	TSLS2	TSLS3
安徽省	参照组	参照组	参照组	参照组	参照组	参照组	参照组	参照组
上海市	−1.611***	−1.604***	−1.377***	−1.712***	−0.969***	−3.703**	−3.764**	−3.881***
北京市	−0.861***	−0.861***	−0.943***	−0.940***	−0.420**	−2.185*	−2.239*	−2.293***
天津市	−0.179	−0.183	−0.244**	−0.230*	—	−0.496*	−0.533**	−0.473**
湖北省	−0.179*	−0.179*	−0.218**	−0.270*	−0.065	−0.411*	−0.407*	−0.350**
江西省	−0.247**	−0.248**	−0.334***	−0.296***	−0.213**	−0.325***	−0.346***	−0.254**
广东省	−0.037	−0.045	−0.016	−0.052	−0.003	−0.005	−0.026	−0.441***
贵州省	−0.111	−0.11	−0.182*	−0.12	−0.095	−0.032	−0.026	—
河北省	0.126	0.125	0.088	0.101	0.153*	0.209	0.212	0.118
河南省	0.1	0.1	0.087	0.085	0.121*	0.111	0.109	0.094
黑龙江	0.156*	0.158*	0.021	0.155*	0.195***	0.144	0.161	0.147*
吉林省	0.16	0.159	0.072	0.166	0.205**	0.077	0.058	0.159
陕西省	0.213**	0.209**	0.13	0.214**	0.262***	0.237**	0.245**	—
江苏省	0.209*	0.205*	0.2	0.186	0.256**	0.280*	0.269*	0.152
山东省	0.215***	0.214***	0.171**	0.194**	0.235***	0.291***	0.296***	0.215**

注：***、**、* 分别表示 在1%、5%及10%的显著性水平上显著。

规模）的情况下，所有样本包含的省市中，以安徽省为参照组，上海市、北京市、天津市、湖北省、江西省固有的特征（城市规模以外因素）使其居民的幸福感更低，其中上海市的下降幅度最大，其他省市降低幅度依次递减，说明这些省市中城市规模以外的因素并不利于居民幸福感的提升。在其他因素既定的情况下，陕西省、江苏省、山东省固有的特征将提升其居民的幸福感，并且提升幅度依次增强，总体而言对提升新移民幸福感水平有利。这表明一些城市规模难以完全反映的因素，是新移民空间决策需考虑的重要变量。

三、非理性选择：幸福感视角

（一） 移民行为的个人理性与集体理性：幸福感视角

上文城市规模和幸福感的实证分析表明，二者呈现 U 型关系，而且租房者和未租房者的 U 型曲线最低点不同。可见，对新移民和原居民而言，并非所有城市的规模扩张对他们的幸福感都是正向促进作用。如果新移民的迁移行为引致城市规模变化，提升其自身幸福感则表现为个人理性，反之为个人非理性；如果同时能提升自身和原居民幸福感，或者不损失原居民的幸福感，则表现为集体理性[①]，反之则可能为集体非理性。

那么，中国城市移民在空间选择上，是否选择迁往有利于自身幸福感提升的城市。本节考察新移民的迁移选择，导致城市规模以及城市规模以外固定因素发生变化所引起的幸福感变化情况，对移民空间选择行为是否理性进行识别。[②] 选择运用模型 TSLS2 的估计结果，在不考虑新移民（这里指来自相异省

① 本书在客观上界定集体理性时，参考了西蒙的思路。西蒙（1988）认为："如果一项决策是指向组织目标的，我们就说它是有'组织'的理性；如果它侧重于个人目标，我们就说它是'个人'理性。"当然，还存在一种可能，即新移民幸福感提升幅度大于原居民幸福感降低幅度，进而总量上集体幸福感上升，但是鉴于个人幸福感不宜加总，本书不重点论述这一情形。

② 值得一提的是，此处分析的是个体幸福感变化，而非一些研究中测算的城市居民平均幸福感水平变化。

份者)迁入地非市辖区人口规模变动的情况下[①],对来自安徽省及与安徽相似省市(占据样本大多数,并且多为外出务工大省)新移民的迁移空间选择行为进行分析。[②] 就这些省份新移民个人而言(图 6-8),前往位于第一象限的城市,则自身幸福感和原居民的幸福感均得到提升,实现了城市居民幸福感的帕累托改进,即迁移行为既利他也利己(表现为个人理性、集体理性),属于共赢行为模式;前往位于第二象限的城市,则其自身幸福感提升,而原居民的幸福感降低,表现出新移民"挤占"原居民幸福感的现象,不一定能实现城市居民幸福感的帕累托改进,即迁移行为利己损他(表现为个人理性、集体非理性可能),属于利己行为模式;前往位于第三象限的城市,则对自身和原居民幸福感均产生负面影响,即其迁移行为既损己也损他(表现为个人非理性、集体非理性),属于共伤行为模式;前往第四象限的城市,则自身幸福感大幅降低,但提升了原居民的幸福感,即其行为损己利他(表现为个人非理性、集体理性可能),有可能实现了整体城市居民幸福感的帕累托改进,属于利他行为模式。而且,前往第四象限的城市特别是北京和上海,其幸福感将因为城市区位等固定不变因素(所在省市变动)的变化而大幅度下降。[③] 此外,新移民前往位于坐标轴横轴右半边的城市,属于利他不损己行为模式,具有集体幸福感帕累托改进的效果;前往位于横轴左半边的城市,属于损他不利己行为模式,集体幸福感遭受损失;前往位于纵轴上半边的城市,属于利己不损他的行为模式,同样具有集体幸福感帕累托改进的效果;前往位于纵轴下半边的城市,属于损己不利他行为模式,集体幸福感遭受损失。

---

① 虽然其他模型的固定效应结果存在差异,但是不会从本质上改变分析结论。而且我们比较不同模型实证结果,人口密度影响居民幸福感,但这种影响程度(估计系数)相对于城市规模而言非常小,对移民空间分析结论影响甚微。

② 来自其他省市新移民的幸福感变化与此类似,差异在于非城市规模固定因素影响的差异。

③ 如果考虑新移民迁移前后收入的变化(如上海、北京,规模变动致使幸福感损失在—3.8至—0.8之间),由于"幸福感—收入饱和点"处收入为 10.5 万元,无论其收入如何增加也难以弥补所在城市规模变化后带来的这一损失。

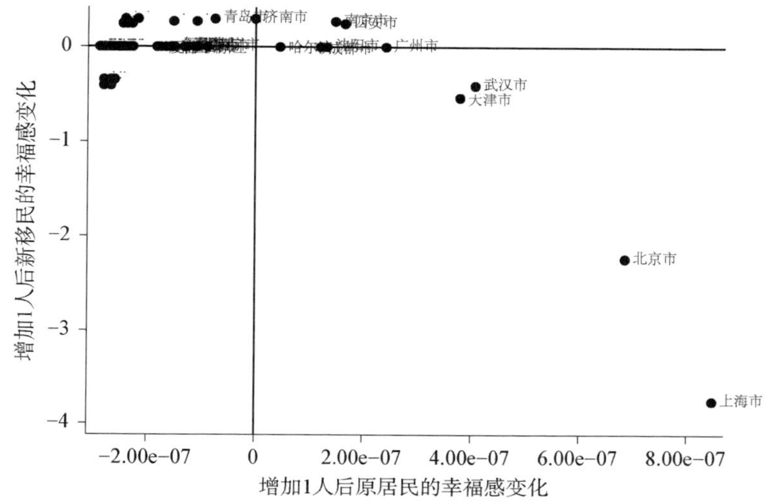

图 6－8　个人行动下的移民空间选择(幸福感视角)

当城市人口都同时增加 100 万时(图 6－9),即移民大量迁往同一个城市,可将之理解为一种群体行动。与个人行为相比,部分城市的情况发生一些变化,如厦门等城市开始对新移民和原居民幸福感带来负面影响。这表明,当迁移表现为一种群体行动(形成一定规模)时,将较为明显地改变某些城市的城市规模对居民幸福感的影响。此时,迁移者需要在个人理性和集体理性间作出权衡。如果新移民不属于跨省或者在相似省份迁移,则其选择前往位于第一象限、第四象限和横轴右半边的城市,即为共赢行为模式;选择前往位于第二象限、第三象限和横轴左半边的城市,则为共伤行为模式;选择前往纵轴上的城市,则对个人和集体幸福感都没有改变。①

因此,从来自安徽及其相似省份的新移民集体理性角度来看,中国城市体系重构中,可选择适度扩张规模的城市,应属于规模扩大能同时提升新移民和

① 存在不利他现象的迁移模式中,即便在考虑新移民通过迁移行为获得收入增长或其他影响因素的变化进而增进了个人幸福感的情况下,或许对个人而言属于理性行为,但是使原居民遭受损失,对集体而言并非最佳选择。

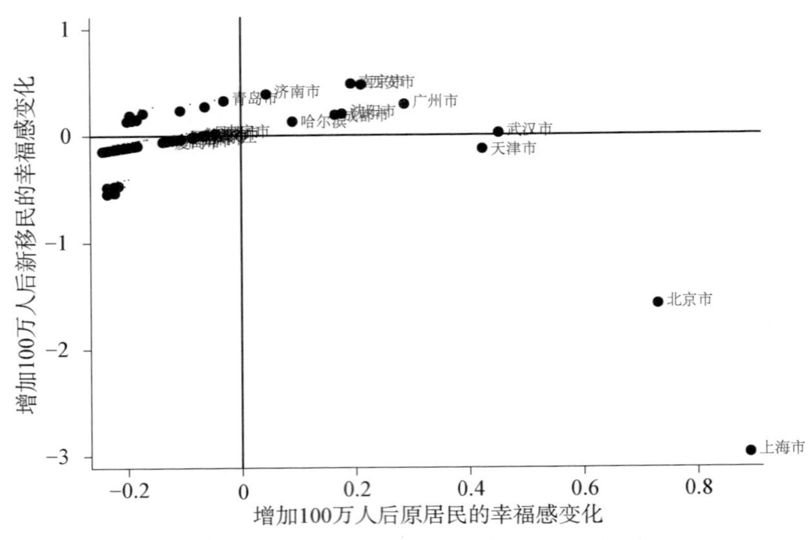

图 6－9　群体行动下的移民空间选择(幸福感视角)

原居民幸福感的城市(位于第一象限),或者提升新移民幸福感的同时不“挤占”原居民幸福感的城市(位于纵轴上半部分和横轴右半部分的城市),使集体幸福感实现帕累托改进。同时,应当适度控制规模扩张的城市,属于规模扩大降低新移民和原居民的城市(第三象限城市),或者降低其中一方幸福感的同时不能增强另一方幸福感的城市(位于纵轴下半部分或者横轴左半部分的城市)。对来自本省或相似省份的新移民而言,城市体系重构中,则应当发展位于第一和第四象限的城市。这些城市多为省会或直辖市,即促使本省市或相似省市居民进一步集聚。

(二)　移民增量的空间不匹配:幸福感视角

那么,近年来中国城市人口规模的变动,是否符合从幸福感角度界定的集体理性?通过分析第六次人口普查和第五次人口普查的数据,运用 2010 年流动人口减去 2000 年流动人口,得到 2000—2010 年的流动人口变化量。以此分析发现,理应选择扩大城市规模的城市中,出现人口外流的较少;理应选择缩小城市规模的城市中,较多处于人口外流状态,即这些城市大部分外出移民的选择对该城市原居民幸福感有利。然而,外省(相异省市)移民不宜再大量迁入的大城市,出现人口净流入的现象较为明显。具体而言,针对样本中大中型城市(直辖、省会、副省级城市)的分析结果(图 6-10、图 6-11)表明,外省移民理应迁出的城市中,大部分流动人口处于增加状态。而且,从 2010 年人口普查数据来看,常住人口中现住地与五年前常住地不一致(恰好为 2005 年以后迁移者)的人口中,上海市、北京市、天津市、广东省的本省市人口占比最低,按照现住地与出生地划分,则本省市居民占比更低,表明这些发达省市流动人口中大量来自其他省市,而跨省迁移对幸福感有利的黑龙江和山东来自外省的迁移者相对较少。可见,即便近年来中国劳动力流动出现了一些回流的现象,但是这并未改变近些年来劳动力向东南沿海和北京市流动的格局。他们正在被动地采取损己利他行为模式,即在一定程度上促进了这些大城市原居民的幸福感,而自身幸福感遭受损失,但是集体幸福感未必得到提升。这表明,从幸福感的客观集体理性角度出发,中国城市新移民在空间选择上存在明显的客观非理性现象,从而这验证了假说 6-3。

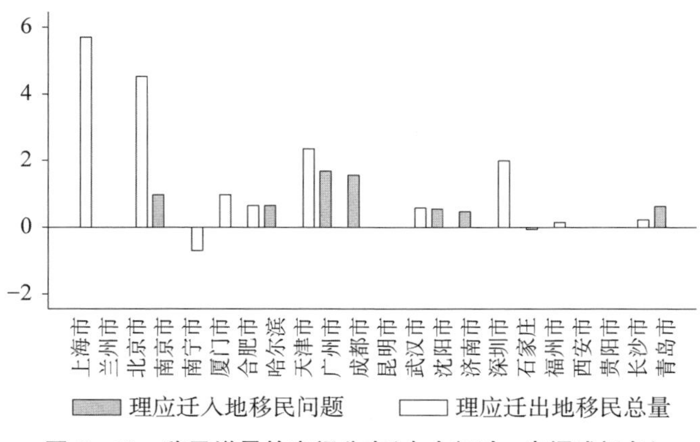

图 6-10　移民增量的空间分布(个人行动:幸福感视角)

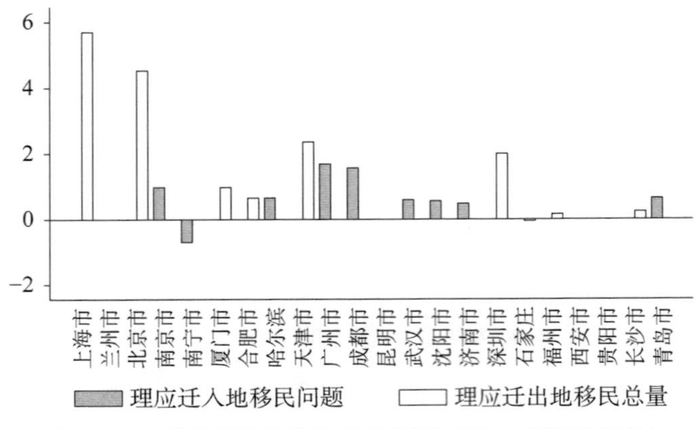

图 6－11　移民增量的空间分布(群体行动：幸福感视角)

之所以出现这一现象，认为大致有如下几个方面的原因：一是这些大城市对外来人口存在户籍、就业歧视等问题，以至于新移民无法享有与原市民同等的市民待遇；二是这些大城市的移民成本较高，即使新移民可以获得更高的收入，也未必能够轻易地承担起定居下来的高昂成本(高房价)，从而获得高收入的同时面临更大的生活压力，并不会变得更加幸福；三是出于就业匹配或者职业特点的考虑，新移民需要前往这样一些大城市找到适合自身技能的工作，进而不得不以损失幸福感为代价。进一步比较图 6－10 和图 6－11 发现，当南宁市和武汉市新移民大量增加时，其将由不适宜迁入城市转为适宜迁入城市。这表明一些城市通过大量增加人口规模，可以突破城市规模与幸福感 U 型曲线的拐点。

其实，这对于移民个人而言，迁移决策本身是一种理性行为，或者说主观理性行为，如孙三百等(2012)的研究表明，移民通过迁移可以通过增加就业机会等方式摆脱“代际低收入传承陷阱”，从而促进机会公平程度，此外，迁移还能实现更好的就业匹配等。但是，从幸福感角度出发，迁移行为如果在空间选择上进一步优化，其将获取更大的收益，实现个人和集体幸福感的帕累托改进。通过更加理性的选择，迁移者可以在不损失收入增长、就业机会等正面效应的情况下，避免空间选择非理性带来的幸福感的无谓流失。比如，选择前往具有同样城市规模，但是城市规模以外固定因素不会明显降低幸福感的城市，以便分享城市规模效应带来的益处，又不会因为跨省市流动而引起幸福感流失。然而，如博斯克等（Bosker et al.，2012）指出，如果放开中国的户籍限制，中国城市将形成更加明显的中心—外围模式，即人口更加向北上广集中。可见，仅仅通过户籍改革还难以实现移民空间优化的目标。致使中国出现少数大城市中外省移民采取利他行为模式的根本原因，在于具备这些城市重要特性的城市数量有限，外省移民的选择较少，从而不得不去这些降低其幸福感的城市。因此，中国城市体系有待优化。这正是公共政策（有形之手）需要加强引导之处，促使中国择优形成若干个能够适当分流上海、北京等特大城市的流动人口压力的第二梯队城市。

第四节　城市规模与福利指数

一、城市规模如何影响福利

居民福利包括收入水平、生活成本、生活环境等诸多方面，城市规模对福利水平的影响，可参考最优城市规模理论进行梳理。在城市发展初期，城市人口规模扩张将带来规模效应（工资溢价、公共物品数量和种类增加，以及其他可消费产品的多样性增强等），而拥挤效应（居住成本和通勤成本上升、环境恶化等）小于规模效应，进而城市人口规模扩张将提升居民福利水平。具体而言，大城市由于规模经济、交易成本节约、知识技术溢出等正向外部经济的存在，可为就业者带来更高收入、更多工作机会、更快的能力成长和更便利的服务设施。规模偏大的城市通常是由其显著的集聚效应和优越的公共服务共同推动而形成（魏守华等，2016），即使大城市劳动者相对较远的通勤距离或较长的通勤时间等集聚不经济会减少就业者的实际可支配收入，城市移民仍愿意承受相对较高的生活成本，留在大城市工作和生活，其重要原因是大城市拥有较高的生活质量和更适宜居住的生活环境(Albouy, 2008),因为只有当城市规模达到一定水平时,一些较高层次的教育培训、医疗卫生机构、国际机场等设施才有可能得以建立。这些城市规模扩张带来的规模效应可以抵消随之增长的生活成本。然而,随着城市规模的进一步扩大,城市人口规模扩张带来的拥挤效应或集聚成本将日益增强。城市人口规模扩张一方面降低个人实际可支配收入(考虑居住成本等),另一方面会带来其他负面效应,如环境恶化、舒适度下降、犯罪率高企、房价高涨、通勤成本上升、贫富差距扩大等。城市的承载力终究是有限度的,在城市公共管理(如污染治理、交通设施等)和住房保障体系尚不完善的情形下,城市规模的扩大将通过逐渐增强的拥挤效应不断降低居民福利。当拥挤效应带来的负面影响超过规模效应带来的正面影响时,城市人口规模进一步扩张将降低居民福利水平。可以预期城市人口规模对居民福利的影响呈现非线性特征,因此提出待验证**假说 6-4**:城市规模与居民福利呈现倒 U 型的关系。

不同类型城市产生的规模效应和拥挤效应不尽相同。首先,城市系统中不同类型的城市具有不一样的专业优势(如产业多样化程度),也就具有不同的最优城市规模,即不同功能特征城市的城市规模对居民福利影响的变化模式存在差异。其次,城市发展会导致经济结构和空间结构发生调整,创造新的经济优势条件,因而城市发展模式的变化也可能导致最优城市规模发生变化。如城市蔓延作为衡量城市发展模式的重要指标,反映对城市经济密度的稀释。过早的城市蔓延削弱集聚经济和规模经济效应,居民福利由此受到抑制,如城市蔓延削弱城市人口规模对工资水平的促进作用(陈旭和秦蒙,2018)。同时,适当的城市蔓延又是改善城市空间结构并提升正外部效应的合理途径,如城市蔓延提高能源利用效率,进而缓解环境污染(李强和高楠,2016),并对居民福利产生影响。因此,提出待验证的**假说 6-5**:最优城市规模因城市发展特征而异。

近年来,异质主体的集聚经济相关研究不断兴起,然而现有文献研究最优城市规模时,大多将城市人口视为同质的,难以反映人口异质性的影响。实际上，最优城市规模的个体异质性体现在诸多方面。首先，城市规模的集聚经济与人口结构高度相关，高技能劳动者集聚的城市其聚集效应更强，一方面是因为城市中高技能的个体相互学习的能力更强，另一方面是因为城市中技术更新换代的速度更快。虽然大城市可以体现集聚经济，但是不同群体受益程度不一样，高技能劳动力在高技能城市工作的工资溢价日益增长。基于中国的研究发现，中等技能劳动力的工资溢价主要来源于大城市更高的物价，而高、低技能劳动力的工资溢价主要来自劳动力质量的提升和大城市的集聚经济效应（李红阳和邵敏，2017）。可见，城市规模扩张产生的集聚效应对不同技能劳动者的影响存在差异。相比收入处于中、高水平的劳动力而言，收入最低的劳动力受益程度相对较小（高虹，2014），由此也会出现最优城市规模的个体异质性。其次，城市移民面临的户籍限制，是影响其就业计划和公共服务利用的重要因素。户籍制度可能会造成城市选择的偏颇——有些人只能选择在小城市，有些人只会固执地选择大城市（张文武和张为付，2016）。在大城市就业的迁移劳动力更有可能获得各项福利保障、更接近规范的有酬劳动时间（朱志胜，2016），但是户籍制度会限制一部分迁移者的公共服务（医疗和教育等）利用水平。因此，提出待检验的**假说 6－6**：最优城市规模在微观层面具有异质性，最优城市规模因劳动者技能和是否属于流动人口而存在差异。

二、城市规模是否影响福利

（一） 计量模型设定与统计分析

1. 计量模型设定

本部分通过计量模型检验城市规模对居民福利水平的影响，参考现有文献的做法，用城市地区常住人口规模反映 U_i（城市规模）。由于城市规模对居民福利水平的影响，还可能随着城市的一些其他特性（经济发展水平、人口密度、通勤成本、环境等）的变化而变化，因此控制城市层面的特征变量，定义为 X_i，包括城市行政等级、人均 GDP、三产占比、人口密度、多样化程度和城市蔓延程度等。对于其他影响居民福利水平的个体层面因素，主要加入个人特征变量，

定义为 M_{ij}，包括年龄及其平方、性别和受教育程度等指标。μ_k 为个体所在省份的固定效应。从而基准计量模型如下：

$$Welf_{ij} = \alpha_0 + \alpha_1 U_i^2 + \alpha_2 U_i + X'_i\beta + M'_{ij}\gamma + \mu_k + e_{ij} \tag{6-15}$$

同时，本部分关注城市规模对居民福利影响的异质性，因而参考欧和亨德森（Au and Henderson，2006）与陈和周（Chen and Zhou，2017）等的研究，控制对城市规模的影响存在调节作用的变量 Z_{ij} 及其与城市规模的交互项，扩展的计量模型如下：

$$Welf_{ij} = \alpha_0 + \alpha_1 U_i^2 + \alpha_2 U_i + \alpha_3 U_i^2 Z_{ij} + \alpha_4 U_i Z_{ij} + X'_i\beta + M'_{ij}\gamma + \mu_k + e_{ij} \tag{6-16}$$

为计算城市规模的极值点，求一阶偏导，可得：

$$\frac{\partial Welf_{ij}}{\partial U_i} = 2(\alpha_1 + \alpha_3 Z_{ij})U_i + \alpha_2 + \alpha_4 Z_{ij} \tag{6-17}$$

进一步求二阶偏导数，得到：

$$\frac{\partial^2 Welf_{ij}}{\partial^2 U_i} = 2(\alpha_1 + \alpha_3 Z_{ij}) \tag{6-18}$$

因而，城市规模与居民福利的关系，取决于二阶偏导数$\frac{\partial^2 Welf_{ij}}{\partial^2 U_i}$是否为 0。如果 $\alpha_1 + \alpha_3 Z_{ij} = 0$，则城市规模与居民福利呈现线性关系，如果$\alpha_1 + \alpha_3 Z_{ij} \neq 0$，则城市规模与居民福利呈现非线性关系。由于非线性关系曲线的二次项系数为 $2(\alpha_1 + \alpha_3 Z_{ij})$，一次项的系数为$\alpha_2 + \alpha_4 Z_{ij}$，因此城市规模与居民福利非线性关系曲线的极值点为：

$$U_i^* = -\frac{\alpha_2 + \alpha_4 Z_{ij}}{4(\alpha_1 + \alpha_3 Z_{ij})} \tag{6-19}$$

2. 城市规模动态效应的测度

通过回归分析得到的城市规模变量、固定效应变量的估计系数，可以测算某一城市的城市规模变动对于不同类型城市居民个人居民福利水平变动的影响及其差异。$Welf_{ij}$ 表示居民在城市的居民福利水平，$Welf_{i0}$ 表示居民自身特征或所在城市其他因素决定的居民福利水平。从而 $Welf_{ij}$ 可表示如下：

$$Welf_{ij} = \alpha_0 + \alpha_1 U_j^2 + \alpha_2 U_j + Welf_{i0} \tag{6-20}$$

在不考虑居民迁移后给居民带来的其他变化（如收入、房价等）的情况下，假设某居民迁移前后其所在城市市辖区人口规模存在差异，或者外地移民的到来改变本地居民所在城市的人口规模，以 $\triangle U_j$ 表示城市规模变动的幅度，则 $Welf_{ij}$ 的变动幅度为 $\triangle Welf_{ij}$。于是，构造了 $\triangle Welf_{ij}$ 的测量方程：

$$\triangle Welf_{ij} = \alpha_1 \triangle U_j^2 + (2\alpha_1 U_j + \alpha_2) \times \triangle U_j \tag{6-21}$$

进一步，考虑居民迁移后影响居民福利水平的其他因素变化带来的影响时，如果居民选择跨省移民，则与城市规模无关的省份固定因素将改变居民的居民福利水平，令个体 i 从 m 省份到 n 省份所带来的居民福利水平变化（如收入、住房、地理环境等因素引起）为 $\triangle \mathrm{Welf}_{imn}$，则可将 $\triangle \mathrm{Welf}_{ij}$ 的测量方程拓展为：

$$\triangle Welf_{ij} = \alpha_1 \triangle U_j^2 + (2\alpha_1 U_j + \alpha_2) \times \triangle U_j + \triangle Welf_{imn} \tag{6-22}$$

3. 指标测度

本部分重点考察城市规模对居民福利的影响，所使用的数据来自 2012、2014 和 2016 年中国劳动力动态调查（CLDS）数据库①与 2010—2013 年中国综合调查数据库（CGSS），以及相应年份的《中国城市统计年鉴》《中国区域经济统

① 本书使用数据来自中山大学社会科学调查中心开展的“中国劳动力动态调查”（CLDS）。本书的观点和内容由作者自负。如需了解有关此数据的更多信息，请登录 http://css.sysu.edu.cn。

计年鉴》和国家统计局人口普查数据。CLDS 数据在全国(除港澳台、西藏、海南外)29 个省、自治区、直辖市展开,以 15～64 岁劳动力的教育、就业、劳动权益、职业流动、职业保护与健康、职业满足感和幸福感等的现状和变迁为核心,同时对劳动力所在社区的政治、经济、社会发展,对劳动力所在家庭的人口结构、家庭财产与收入、家庭消费、家庭捐赠、农村家庭生产和土地等众多议题开展调查,可以较好地满足居民福利度量的数据需求。考虑到城市内部集镇和农村居民与市辖区居民的工作、生活环境存在较大差异,本部分将研究样本限定为城市市区的被调查者。在处理 2012 年、2014 年和 2016 年的 CLDS 原始调查数据时,剔除在校学生并只保留处于劳动年龄(18～65 岁)的样本。

在度量居民福利时,主要依据阿马蒂亚·森的可行能力理论,运用模糊综合评价法构建居民福利指数。在数据可获取的情况下,力争较为全面地反映居民的功能性活动。社会福利由经济福利和非经济福利两个部分组成,其中非经济福利是指无法用货币衡量的、能够提高人类幸福感的因素(杨缅昆,2009)。因此,参考现有相关研究,本部分居民福利度量的主要指标如下:(1)政治自由,用基层政治参与变量度量;(2)社会机会,用是否拥有当地户籍度量;(3)经济条件,包括个人年收入(万元)、家庭人均年收入(万元);(4)生活状况,包括住房数量、是否拥有住房产权、网络使用状况、是否拥有小汽车;(5)社会保障,包括是否拥有医疗、养老保险;(6)精神感受,包括主观幸福感和公平感;(7)健康状况,包括自评健康状况、身体质量指数(BMI)的离差(用 BMI 与 22 的离差来衡量);(8)居住环境,包括空气污染、土地污染、水污染和噪音污染情况。值得注意的是,在模糊综合评价法中随着福利评价指标隶属函数值的增加,该指标对应的权重边际递减,即该指标值对总体福利状况的重要程度逐渐减弱。从各功能性活动及福利初级指标的隶属度和权重来看,社会机会、社会保障和健康状况的隶属度较高,而经济条件和生活状况的隶属度较低,因而与之相反,社会机会、社会保障和健康状况的权重较低,而经济条件和生活状况的权重较高。总体而言,2012 年、2014 年和 2016 年 CLDS 数据的各类福利度量指标隶属度和权重没有明显差异。

由于不同城市之间的经济发展特征、自然资源等条件都存在明显差异，因而不同类型城市的最优人口规模也会存在差异。在城市异质性层面，本部分重点考虑城市蔓延程度、城市多样化程度对最优城市规模的调节作用。[①] 在分析城市蔓延所产生的影响时，使用洪世键和张京祥(2013)的方法度量城市蔓延，度量方式如下：

$$SI_i = 1 - \frac{\Delta P_i}{P_{i0}} / \frac{\Delta A_i}{A_{i0}} \tag{6-23}$$

其中，下标 i 代表城市，SI 为城市蔓延指数，城市基期(2000 年)的建成区面积为 A_{i0}，基期城市人口 P_{i0} 使用 2000 年人口普查数据度量，ΔA_i 为城市建成区面积与 2000 年相比的变化值，ΔP_i 为城市人口与 2000 年相比的变化值。

在分析城市多样化对最优城市规模的调节作用时，采取赫希曼-赫芬达尔指数的倒数测度城市多样化指数 $Diversity_i$，具体度量方式如下：

$$Diversity_i = 1/S_{ij}^{\ 2} \tag{6-24}$$

其中，S_{ij} 为城市 i 中产业 j 的就业人数在该市总就业中所占的份额。$Diversity_i$ 越大，则表明该城市产业多样化程度越高。

4. 统计分析

本部分依据现有研究选取核心变量和一些控制变量，变量的基本统计量见表 6－15。由表 6－15 可知居民福利(标准化到 0～100 之间)的均值为 23.11。从居民福利的分布来看，大部分居民的福利水平偏低。市辖区常住人口统计量表明，所用样本所在城市人口规模差异较为明显，可以较好地反映中国城市规模分布情况。使用样本中，个体年龄均值在 43 岁左右，其中男性占比 45.9%，

① 使用洪世键和张京祥(2013)的方法度量城市蔓延，以 2000 年为基期，并且将不存在蔓延现象的城市的蔓延指数取值为 0。市辖区人口密度则是用城市常住人口与市辖区土地面积的比值来衡量。

平均受教育程度为高中，迁移者（离开出生地或者户籍发生迁移）占比 46.6%。个体所在城市的人均地区生产总值、第三产业占比、产业多样化程度、城市蔓延指数和辖区人口密度差异较为明显，1982 年城市人口规模的标准差同样也较大。

表 6－15　福利与城市特征变量基本统计

变量名称	样本量	均值	标准差	最小值	最大值
福利（1～100 之间）	12459	23.11	7.582	2.258	91.38
辖区常住人口（百万人）	12459	5.484	4.575	0.686	21.26
年龄（岁）	12459	43.47	12.68	18.00	65.00
男士（0～1 虚拟变量）	12459	0.459	0.498	0.000	1.000
教育程度（排序变量）	12459	4.761	2.626	1.000	14.00
是否工作（0～1 虚拟变量）	12459	0.622	0.485	0.000	1.000
迁移（0～1 虚拟变量）	12459	0.466	0.499	0.000	1.000
市辖区人均 GDP（万元）	12459	7.528	2.994	1.111	14.95
三次产业占比（%）	12459	48.63	12.08	20.16	77.82
市辖区人口密度（万人/平方公里）	12459	0.121	0.117	0.001	0.581
产业多样化程度	12459	6.545	2.571	1.567	13.44
城市蔓延指数	12459	0.831	0.571	0.000	2.637
1982 年城市规模（万人）	10420	115.9	126.7	4.199	632.1
明清城墙总面积	12459	60.00	48.69	0	231.2
明清城墙厚度	12459	0.286	0.345	0	1.417

数据来源：基于 CLDS 调查数据、城市统计年鉴数据、人口普查数据计算得到。

（二）城市规模与居民福利

1. 基准回归

由于 CLDS 数据中具有核心变量信息的样本中追访样本占比较低，因而选择直接运用普通最小二乘法（OLS）进行估计，并在模型中依次增加不同控制变量，回归结果见表 6－16。由表 6－16 可知，各模型的估计结果较为一致，城市规模及其平方的估计系数表明城市规模与居民福利呈倒U型关系，进而证实了假说6-4。

表6-16 城市规模对居民福利的影响

变量名称	(1)	(2)	(3)	(4)
城市规模平方	−0.093***	−0.091***	−0.126***	−0.101***
	(0.012)	(0.012)	(0.012)	(0.014)
城市规模	0.937***	0.944***	1.230***	0.961***
	(0.154)	(0.153)	(0.168)	(0.186)
年龄	0.382***	0.395***	0.398***	0.398***
	(0.037)	(0.037)	(0.037)	(0.037)
年龄平方	−0.003***	−0.003***	−0.003***	−0.003***
	(0.000)	(0.000)	(0.000)	(0.000)
男性	−0.271**	−0.325**	−0.313**	−0.311**
	(0.127)	(0.127)	(0.126)	(0.126)
教育程度	0.727***	0.713***	0.698***	0.694***
	(0.028)	(0.028)	(0.028)	(0.028)
低级别城市	1.410***	1.407***	2.837***	2.984***
	(0.369)	(0.368)	(0.400)	(0.399)
省会城市	0.795**	0.539	1.581***	2.467***
	(0.330)	(0.330)	(0.342)	(0.418)
有工作	0.883***	0.956***	0.893***	0.882***
	(0.151)	(0.150)	(0.150)	(0.150)
迁移		−1.195***	−1.251***	−1.254***
		(0.138)	(0.137)	(0.137)
人均GDP			0.430***	0.347***
			(0.042)	(0.048)
三产占比			−0.009	0.011
			(0.013)	(0.014)
人口密度			−6.365***	−5.854***
			(1.086)	(1.089)
产业多样化程度				−0.287***
				(0.074)

续表

变量名称	(1)	(2)	(3)	(4)
城市蔓延				0.253
				(0.226)
样本量	12 459	12 459	12 459	12 459
拟合优度	0.181	0.186	0.195	0.197

注：控制了省份固定效应和时间固定效应。括号中为稳健标准误。***、** 分别表示在1%、5%的显著性水平上显著。

表 6－16 模型(1)的控制变量估计结果表明，年龄与居民福利也呈现倒 U 型关系。男性福利水平低于女性，教育程度、拥有工作对居民福利具有正向促进作用。与参照组(副省级城市和直辖市)相比，在其他因素不变的情形下，省会城市和低级别城市居民的福利水平更高。模型(2)进一步控制反映个体异质性的特征变量，即是否属于迁移者，结果表明迁移者的福利水平更低。同时在其他因素相似的情况下，男士的福利水平低于女士。模型(3)进一步控制城市层面的特征变量，发现市辖区人均 GDP 对居民福利具有显著的正向影响，城市产业结构对居民福利没有显著影响，城市人口密度对居民福利存在显著的负向影响。模型(4)进一步控制反映城市发展模式的特征变量，结果表明城市多样化程度对居民福利存在显著的负向影响，而城市蔓延对居民福利没有显著影响。

2. 工具变量估计

由于存在一些无法观察到的因素会影响居民福利，回归分析时通过省份固定效应加以控制，尽量减少遗漏变量带来的估计误差。然而，模型中可能还是遗漏了一些与城市相关或者与个人特征相关的变量，从而导致内生性问题，因而通过两阶段最小二乘法(2SLS)使用工具变量加以处理。在关于城市规模的研究中，较多使用历史数据作为工具变量。本部分使用两项历史数据作为城市规模的工具变量，通过 2SLS 再次进行估计，估计结果见表 6－17。表 6－17 模型(1)运用 1982 年人口普查及城市年鉴中的相关数据，估算 1982 年城市市辖区常住人口并作为城市规模的工具变量。相对本部分研究的年份来说，1982 年城市市辖区常住人口是一个时间滞后变量，不会直接影响当前居民的福利。模型(2)使用明清城墙数据作为城市规模的工具变量进行估计。伊奥尼德斯和张(Ioannides and Zhang，2016)发现，明朝(1368—1644 年)和清朝(1644—1911 年)城墙的规模与当前城市辖区人口规模密切相关。同样，明清时期的城墙数据属于滞后期限更久的历史数据，不同历史时期修建的城墙更多与当前城市的人口规模有关，不会直接影响当前居民的福利水平。采用两阶段最小二乘法对模型估计时，对工具变量进行了相关检验。如表 6－17 所示，以 1982 年常住人口规模及其平方或明清城墙的总面积及其平方和城墙地基的平均厚度作为工具变量时，弱工具变量检验表明不存在弱工具变量问题，并且第一阶段估计中工具变量对内生变量存在显著影响，同时工具变量估计通过豪斯曼检验；而明清城墙数据作为工具变量时，过度识别检验显示工具变量为外生。总体而言，两类历史工具变量的估计结果表明，城市规模与居民福利存在倒 U 型关系，只是与 OLS 估计相比 2SLS 估计系数的大小出现一些变化，可见内生性问题对本部分估计结果影响不大。

表 6－17　城市规模对居民福利的影响(工具变量估计)

变量名称	(1)	(2)
	IVⅠ＝1982 年人口规模	IVⅡ＝明清城墙
城市规模平方	－0.431***	－0.260***
	(0.053)	(0.080)
城市规模	5.717***	2.324**
	(0.818)	(1.105)
Hausman 检验	0.000	0.000
城市规模平方：F 值	490.194	2219.71
城市规模：F 值	342.551	1729.39
样本量	10420	12459
拟合优度	0.149	0.182

续表

工具变量估计Ⅰ	第一阶段估计结果	
	城市规模平方	城市规模
1982 年人口规模平方	16.213***	0.985***
	(0.520)	(0.041)
1982 年人口规模	−39.278***	−1.981***
	(1.456)	(0.115)

工具变量估计Ⅱ	第一阶段估计结果	
	城市规模平方	城市规模
明清城墙总面积平方	−0.004***	−0.0003***
	(0.000)	(0.000)
明清城墙总面积	0.929***	0.072***
	(0.143)	(0.001)
明清城墙地基平均厚度	16.310***	0.762***
	(0.736)	(0.060)
过度识别检验	Sargan(score) $chi^2(1)=0.56$；$p=0.45$	

注：括号中为稳健标准误。***、** 分别表示在 1%、5%的显著性水平上显著。

3. 稳健性检验

为进一步检验本部分实证结论的稳健性，尝试 6 种形式的稳健性检验，结果见表 6 - 18。表 6 - 18 模型(1)直接使用城市统计年鉴中的市辖区户籍人口规模度量城市规模，估计结果表明城市规模与居民福利仍然呈现倒 U 型关系。模型(2)考虑到是否就业与居民福利高度相关，在福利指数的度量指标中直接增加是否就业变量，发现估计结果同样稳健。模型(3)考虑到直辖市在行政级别上具有一定特殊性，将直辖市样本剔除后考察城市规模对居民福利的影响，发现城市规模与居民福利仍然呈现倒 U 型关系。模型(4)替换福利指数测度方法，使用因子分析方法构建福利指数，估计结果表明城市规模与居民福利呈现倒 U 型关系。模型(5)剔除 CLDS 数据中追访样本(每个样本仅保留一个年份数据)，发现估计结果仍然稳健。模型(6)使用大部分指标与 CLDS 类似的 2010—2015 年中国综合社会调查(CGSS)数据进行分析，估计结果表明城市规模与居民福利存在倒U型关系。①

表 6-18　城市规模对居民福利的影响(稳健性检验)

变量名称	(1)	(2)	(3)
	市辖区人口	考虑就业	直辖市除外
城市规模平方	−0.093***	−0.100***	−0.133***
	(0.030)	(0.014)	(0.016)
城市规模	1.084***	1.019***	1.305***
	(0.220)	(0.181)	(0.206)
样本量	12 459	12 459	11 164
拟合优度	0.194	0.204	0.193
变量名称	(4)	(5)	(6)
	因子分析	剔除追访样本	CGSS 数据
城市规模平方	−0.009***	−0.069***	−0.012**
	(0.002)	(0.015)	(0.005)
城市规模	0.088***	0.592***	0.172**
	(0.027)	(0.202)	(0.084)
样本量	12 459	9 783	12 729
拟合优度	0.181	0.201	0.177

注：括号中为稳健标准误。***、** 分别表示在1%、5%的显著性水平上显著。

三、最优城市规模的异质性

现有文献从不同视角考察最优城市规模的异质性。以下从城市发展和个体特征两个角度进行异质性检验，并计算最优城市规模 U_i^*，结果见表 6-19。在最优城市规模理论中，城市多样化程度是考察最优规模异质性的重要指标。表 6-19 模型(1)估计城市多样化程度对最优城市规模的调节作用，发现城市

① 使用CGSS数据时，福利度量指标与CLDS类似，包括政治参与、是否本地户籍、年收入、家庭年收入、家庭人均年收入、收入水平、人均住房面积、住房产权、媒体指数、是否拥有小汽车、医疗保险、养老保险、幸福感、公平感、自评健康、BMI指数。使用CGSS数据回归分析时，控制变量包括个体性别、年龄、教育程度、14岁时家庭阶层、是否迁移、所在城市辖区人均GDP、所在城市辖区人口密度、城市蔓延程度、省份固定效应。

规模及其平方与城市多样化程度的交互项估计系数均显著,即城市多样化对最优城市规模具有调节作用。通过估计系数与城市多样化程度分析发现,城市多样化程度越高,则城市市辖区最优人口规模越大。因此,在居民多维福利视角下,城市多样化对最优城市规模的调节效应与城市经济学经典理论相似。模型(2)估计城市蔓延对最优城市规模的调节作用,发现城市规模及其平方与城市蔓延的交互项估计系数均显著,表明城市蔓延对最优城市规模同样具有调节作用。通过估计系数与城市蔓延指数分析发现,相对于没有蔓延的城市,蔓延城市的城市规模与居民福利的倒U型曲线极值点更小,即城市蔓延程度越高则市辖区最优城市规模越小。因此,当其他条件保持一致时,城市发展越紧凑则最优城市规模越大。然而,值得注意的是,对于蔓延型城市而言,人口规模扩张慢于土地面积扩张,即使城市规模超过相应城市规模与居民福利倒U型曲线的极值点(此时城市规模扩张将降低居民福利),但是人口规模进一步扩张可以通过降低城市蔓延程度(紧凑型发展)而使倒U型曲线右移,进而此类城市的城市规模扩张可能还存在提高居民福利的空间。因此,城市层面最优城市规模的异质性检验证实了假说6-5。

表6-19　最优城市规模的异质性(福利视角)

变量名称	(1)	(2)	(3)	(4)
城市规模平方	−0.277***	−0.123***	−0.088***	−0.102***
	(0.028)	(0.015)	(0.015)	(0.014)
城市规模	2.701***	1.253***	0.734***	1.038***
	(0.353)	(0.207)	(0.201)	(0.189)
城市规模平方×产业多样化	0.020***			
	(0.003)			
城市规模×产业多样化	−0.186***			
	(0.048)			
城市规模平方×城市蔓延		0.017***		
		(0.005)		

续表

变量名称	(1)	(2)	(3)	(4)
城市规模×城市蔓延		−0.246*** (0.093)		
城市规模平方×教育程度			−0.003*** (0.001)	
城市规模×教育程度			0.054*** (0.017)	
城市规模平方×迁移				0.006 (0.005)
城市规模×迁移				−0.154* (0.090)
二阶条件取值范围	[−0.25, −0.01]	[−0.12, −0.08]	[−0.13, −0.09]	[−0.10, −0.10]
最优城市规模取值范围(百万)	[4.90, 13.61]	[3.92, 5.11]	[4.32, 5.80]	[4.60, 5.10]
样本量	12459	12459	12459	12459
拟合优度	0.201	0.198	0.197	0.197

注：括号中为稳健标准误。***、* 分别表示在1%、10%的显著性水平上显著。

正如当前关于最优城市规模的相关研究所指出的那样，对于每一类居民或每个城市而言，最优城市规模应该是多样化的，因而有必要对最优城市规模的个体异质性进行考察。本文主要考虑被调查者受教育程度、是否属于迁移者对最优城市规模的调节作用。表6－19模型(3)估计了个体受教育程度对最优城市规模的调节作用，城市规模及其平方与受教育程度交互项的估计系数显著，表明个体受教育程度对最优城市规模具有调节作用，受教育程度更高者对应的市辖区最优城市规模更大。模型(4)估计迁移对最优城市规模的调节作用，结果表明迁移者对应的市辖区最优城市规模小于非迁移者对应的市辖区最优城市规模。因此，个体层面最优城市规模的异质性检验证实了假说6－6。

四、非理性选择：福利视角

(一) 省份效应估计：福利视角

根据回归分析中省份固定效应的结果，可以从省份层面分析移民更加合理的去向。不同模型的固定效应估计结果存在一定差异，但总体而言OLS与两个工具变量估计的结论较为稳健。以考虑市外迁移与城市规模交互项的IV模型估计结果（控制了迁移交互项）为基准（表6-20），在其他因素既定（如城市规模）的情况下，所有样本包含的省市中，以安徽省为参照组，云南省、吉林省、山东省、山西省、广东省、江苏省、江西省、河北省、浙江省、湖北省、湖南省、辽宁省和陕西省固有特征将显著降低其居民的居民福利水平，但降低幅度存在差异，说明这些省市中城市规模以外的因素并不利于居民福利水平的提升。上海市、北京市、天津市、福建省、贵州省、重庆市和青海省固有特征对居民福利的影响显著为正。河南省固有特征对居民福利的影响与安徽省无显著差异。

表6-20　省份固定效应的估计结果(因变量：福利指数)

	OLS—市外迁移交互项	IVⅠ	IVⅠ—市外迁移交互项	IVⅡ
安徽省	参照组	参照组	参照组	参照组
上海市	34.260***	82.303***	94.316***	70.757***
云南省	2.961***	−0.372	−2.016*	−0.356
北京市	22.699***	42.941***	49.323***	41.331***
吉林省	−5.321***	−12.802***	−14.250***	−8.678***
四川省	1.281**			1.520**
天津市	6.413***	3.262**	3.429**	10.035***
山东省	1.945***	−4.073***	−5.227***	−1.107
山西省	2.437***	−2.151*	−3.122**	−1.473
广东省	0.528	−0.489	−1.441**	0.339
广西壮族自治区	−1.749**			−2.694***
江苏省	1.609***	−2.088**	−4.804***	−0.487
江西省	2.699***	−0.432	−2.111**	0.375
河北省	1.986***	−3.092**	−4.609***	0.671
河南省	1.003*	0.24	−0.397	−0.452
浙江省	3.732***	−0.315	−2.544**	1.114
湖北省	0.685	−2.120***	−3.382***	−0.464
湖南省	−0.682	−4.477***	−6.148***	−5.541***

续表

	OLS—市外迁移交互项	IVⅠ	IVⅠ—市外迁移交互项	IVⅡ
福建省	4.839***	2.998***	2.413***	1.880**
贵州省	1.006	3.137***	2.342*	−0.771
辽宁省	−0.739	−2.426***	−2.615***	−3.090***
重庆市	20.437***	42.481***	47.107***	44.871***
陕西省	2.399***	−1.851**	−3.299***	−0.005
青海省	1.792**	2.318*	2.518*	−1.521*
样本量	12116	10172	10172	12116
拟合优度	0.208	0.178	0.12	0.193

注：括号中为稳健标准误。***、**、* 分别表示在 1%、5%、10%的显著性水平上显著。

（二） 移民行为的个人理性与集体理性：福利视角

上文城市规模和福利的实证分析表明，二者呈现倒 U 型关系。可见，对新移民和原居民而言，并非所有城市的规模扩张对他们的福利都是正向促进作用。与幸福感部分分析一致，如果新移民的迁移行为引致城市规模变化，提升其自身福利则表现为个人理性，反之为个人非理性；如果同时能提升自身和原居民福利，或者不损失原居民的福利，则表现为集体理性，反之则可能为集体非理性。

与上一节相似，本节考察新移民的迁移选择，导致城市规模以及城市规模以外固定因素发生变化引起的福利变化情况，对移民空间选择行为是否理性进行识别。选择运用模型 IVⅠ的估计结果，在不考虑新移民（这里指来自相异省份者）迁入地非市辖区人口规模变动的情况下，对来自安徽省和河南省新移民的迁移空间选择行为进行分析。关于移民行为模式的界定，与前文幸福感分析部分保持一致。就这些省份新移民个人而言（图 6－12），前往位于第一象限属于共赢行为模式，前往位于第二象限属于利己行为模式，前往位于第三象限的城市属于共伤行为模式，前往第四象限的城市属于利他行为模式。此外，新移民前往位于坐标轴横轴右半边的城市，属于利他不损己行为模式，具有集体福利帕累托改进的效果;前往位于横轴左半边的城市,属于损他不利己行为模式,集体福利遭受损失;前往位于纵轴上半边的城市,属于利己不损他的行为模式,同样具有集体福利帕累托改进的效果;前往位于纵轴下半边的城市,属于损己不利他行为模式,集体福利遭受损失。

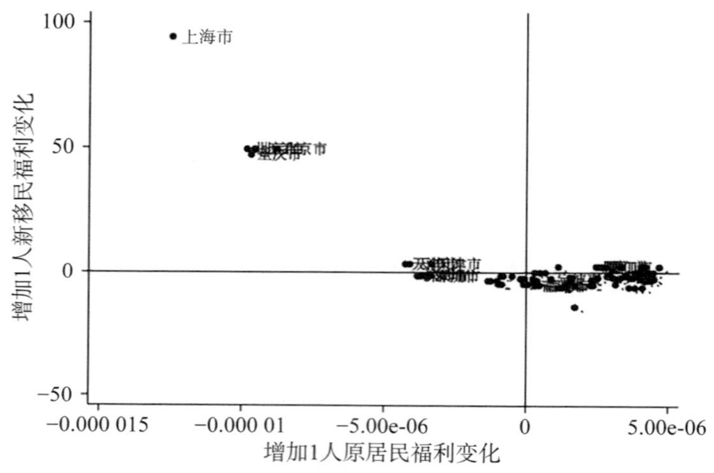

图 6-12 个人行动下的移民空间选择(福利视角)

当城市人口都同时增加 100 万时(图 6-13),即移民大量迁往同一个城市,可将之理解为一种群体行动。与个人行为相比,部分城市的情况发生一些变化,如天津市等开始对新移民和原居民福利带来负面影响。此时,迁移者需要在个人理性和集体理性间作出权衡。如果新移民不属于跨省或者在相似省份迁移,则其选择前往位于第一象限、第四象限和横轴右半边的城市,即为共赢行为模式;选择前往位于第二象限、第三象限和横轴左半边的城市,则为共伤行为模式;选择前往纵轴上的城市,则对个人和集体福利都没有改变。

同样,从来自安徽省和河南省的新移民集体理性角度来看,中国城市体系重构中,可选择适度扩张规模的城市,应属于规模扩大能同时提升新移民和原居民福利的城市(位于第一象限中的城市),或者提升新移民福利的同时不"挤

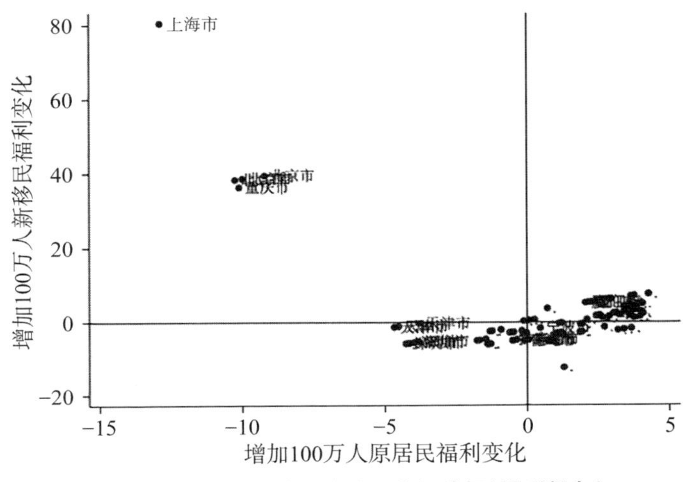

图 6-13 群体行动下的移民空间选择(福利视角)

占"原居民福利的城市(位于纵轴上半部分和横轴右半部分的城市),使集体福利实现帕累托改进。同时,应当适度控制规模扩张的城市,属于规模扩大降低新移民和原居民的城市(第三象限城市),或者降低其中一方福利的同时不能增强另一方福利的城市(位于纵轴下半部分或者横轴左半部分的城市)。对来自本省或相似省份的新移民而言,城市体系重构中,则应当发展位于第一和第四象限的城市。这些城市多为省会或直辖市,即促使本省市或相似省市居民进一步集聚。

(三) 移民增量的空间不匹配: 福利视角

那么,近年来中国城市人口规模的变动,是否符合从福利角度界定的集体理性? 通过分析省会直辖市 2020 年人口普查数据,发现(图 6-14、图 6-15),省会、直辖市中理应选择迁入的城市中,都是人口净流入地;理应选择迁出的城市中,同样较多处于人口净流入状态,仅重庆市例外。在群体行动下,当城市人口增加 100 万时,情况并未发生明显的变化。总体而言,从福利的客观集体理性角度出发,中国城市新移民在空间选择上同样存在明显的客观非理性现象。

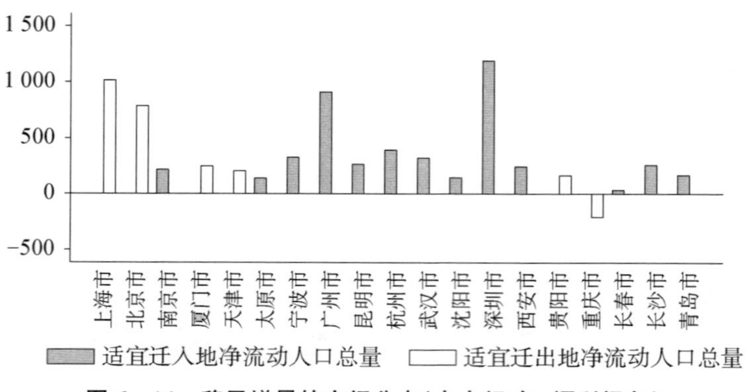

图 6－14　移民增量的空间分布(个人行动：福利视角)

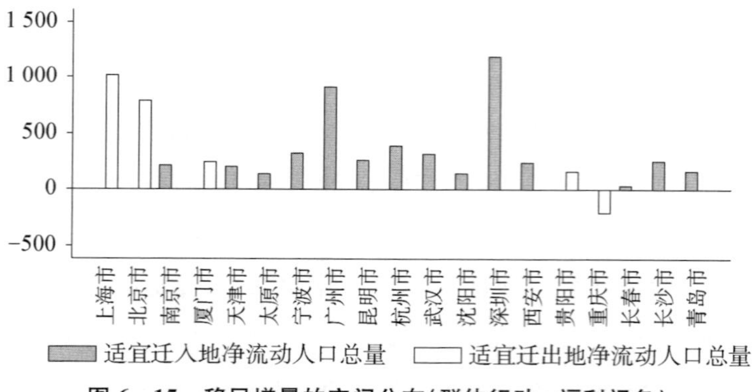

图 6－15　移民增量的空间分布(群体行动：福利视角)

以上研究结论具有一定的启示。城市多样化程度对最优城市规模的调节作用表明,城市的多样化程度提升,可以扩大最优城市人口规模,即对于城市规模超越最优规模的城市而言,可以通过提升多样化程度进行优化。城市发展模式对最优城市规模的调节作用表明,一些蔓延城市即使城市规模超过最优规模,其人口规模扩张仍有可能提升居民福利水平;对于不存在蔓延的城市,城市规模进一步扩展将降低居民福利水平。在提高异质主体福利层面,受教育程度高的个体选择相对规模较大的城市更加有利;对于流动人口而言,选择规模较大的城市可能不利于个人福利的提升。当然,异质主体的特征也是多维的,在进行区位选择时，可以综合考虑受教育程度、工作偏好和目的地城市的特征等因素。对于政府部门而言，进一步促进以人为本的城镇化，合理的城市发展模式和公共管理政策将是大城市可持续、包容性发展的政策选择。

本章从城市规模视角出发，研究城市规模对机会不平等、福利（收入、幸福感和福利指数）的影响，发现城市规模与幸福感之间呈现倒U型关系，而与机会不平等程度、综合福利指数之间呈现U型关系。同时，分析迁移者对机会平等、福利（收入、幸福感和福利指数）的选择结果是否符合理性行为，发现迁移者空间选择行为的结果仅在收入增长角度上符合理性，而在机会平等、幸福感和综合福利指数上都表现出非理性的特征。无论对迁移者个体而言，还是对迁移者群体而言，在进行空间选择时，都存在优化的空间。

第七章　理性重构与空间优化

劳动者个体空间选择的结果，呈现出群体的非理性特征，那么究竟如何优化流动人口的空间选择行为？由于流动人口进行空间选择时有明显的大城市偏好和收入增长偏好，因此城市体系的重构是审视劳动力空间选择行为优化的重要视角。

第一节　城市发展与城市体系变迁

1800 年，全球仅有 2%的人口居住在城市，到了 1950 年，这个数字迅速攀升到了 29%，而到了 2000 年，世界上大约有一半的人口迁入了城市（周其仁，2012）。改革开放以来，中国经历了世界历史上规模最大、速度最快的城镇化进程，城市发展波澜壮阔，取得了举世瞩目的成就。①

基于 2010 年和 2020 年人口普查数据，参照贝伦斯等（Behrens et al.，2014）的思路考察中国城市规模分布，发现中国城市规模分布与美国不同，城市规模的概率密度曲线呈现右偏分布，且 2010 年和 2020 年并无大的变动。进一步考察城市人口规模与人口规模排序的关系，同样与美国城市规模分布不同，无论是 2010 年还是 2020 年仅常住人口在 100 万以上的城市规模分布接近于帕累托分布（图 7－1）。

① 中央城市工作会议在北京举行　习近平李克强作重要讲话，中国政府网，2015 年 12 月 22 日，http://www.gov.cn/xinwen/2015-12/22/content_5026592.htm。

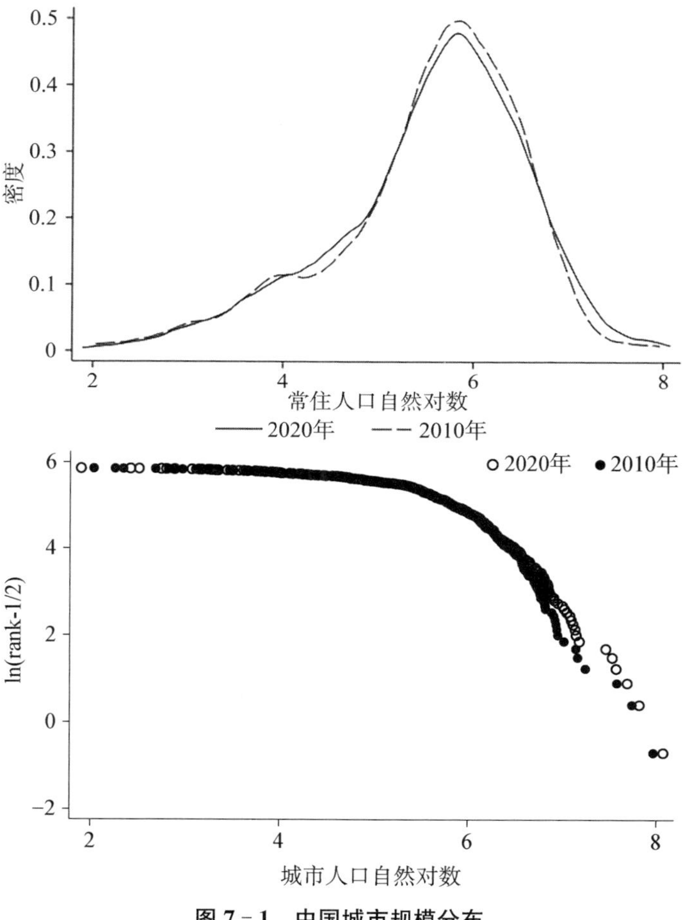

图 7－1　中国城市规模分布

从不同规模城市的空间分布来看，2020 年城区常住人口[①]超过 1 000 万的超大城市包括上海市、北京市、天津市、广州市、成都市、杭州市、武汉市、深圳市、苏州市、郑州市、重庆市和青岛市，这些城市与特大城市一起主要分布在胡

① 由于 2020 年人口普查数据尚未公布城市常住人口数据，本书使用各地区公布的常住人口进行分析，部分数据缺失。在估算 2020 年城区常住人口时，使用 2010 年城区人口和 2020 年城市人口增长率进行估算。

焕庸曲线以南。总体而言，中国超大城市和特大城市周围的城市多为大城市，而中等城市和小城市较少(图 7－2)。2020 年相比于 2010 年，更多城市步入超大城市行列(杭州市、武汉市、郑州市和青岛市)，即城市人口规模呈现进一步向顶端集中的趋势，而小城市数量减少，大城市仍然占据绝大部分，成为中国城市的主体。与此同时，大城市数量减少 13 个，中等城市数量减少 6 个。

城市层级	城区人口规模（万人）
超大城市	1 000以上
特大城市	500~1 000
大城市	100~500
中等城市	50~100
小城市	20以下

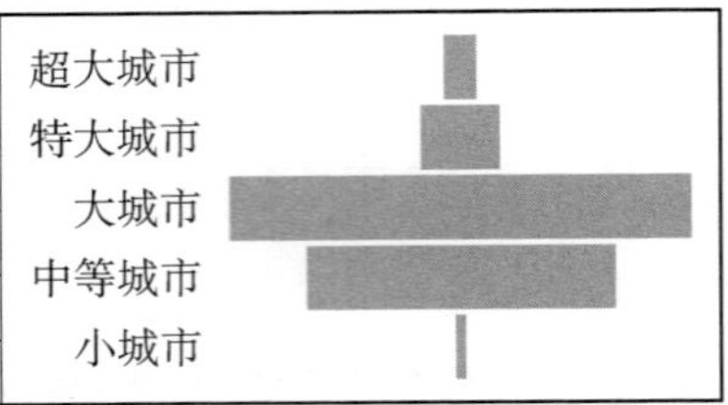

超大城市
特大城市
大城市
中等城市
小城市

图 7－2　城市规模划分标准及其分布(2020)

世界上特大的都市在发展过程中，面临一些共性。丁成日等(2013)总结出城镇发展的规律：第一，按照规模经济不变假设，城市效用函数呈倒 U 型曲线，但是具体城市的效用函数无法确定，因而具体城市最优规模只有理论价值没有具体的实际意义。第二，均衡状态的城市规模宜大不宜小。第三，如果城市表现出规模经济递增，城市最优规模可能是不存在的，规模可以一直增大。第四，(特大)城市发展一方面受制于自身的潜力、动力及城市问题等，还取决于区域或国家的总体发展趋势。第五，城市增长速度与规模没有必然的联系，因而不能够根据城市的规模来决定它的发展速度。第六，没有证据表明“城市病”导致城市衰退。城镇衰退的规律服从“人跟着就业走”的经济规律。当经济活动或企业(净)迁出时，城镇人口必然衰减。企业在一个城镇的出生、迁入、迁出和死亡取决于诸多因素，基本上与“城市病”没有多大的关联。第七，城市衰退主要源于经济结构的调整和产业空间布局的重大演变，如 20 世纪 60 年代，美国经济向南部转移导致许多北方城市的衰退(底特律等)。

从全球范围来看，中国大城市发展呈现出非常鲜明的特征(图 7－3)。1950

年，中国城市人口规模排名位居世界前 30 的城市仅为 3 个(不含港澳台)，即上海、天津和沈阳，分别位列第 10 位、21 位和 26 位，纽约、东京和伦敦则位列前三。中国的世界级大城市总量与日本和英国相同，远少于美国。进入 21 世纪之后，中国城市人口规模排名进入 30 的城市数量开始增加并稳定在 6 个，2020 年为上海、北京、重庆、天津、广州和深圳，分别位列第 3、8、13、20、22 和 26 位，而前两位为东京和德里。值得注意的是，随着中国和印度大城市的不断发展，美国、日本和英国此类城市的数量开始下降，与中国大城市发展趋势类似的是另一个发展中的人口大国印度。可见，中国和印度这两个人口大国大城市的数量在不断增加，人口日益向大城市集聚。

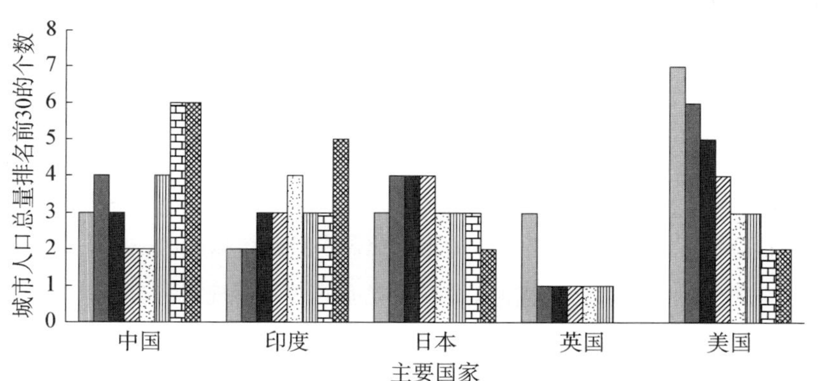

图 7-3　主要国家历年城市人口总量全球前 30 的城市数量变化

注：中国人口数据未含港澳台，且部分城市人口数据计算不含远郊区县。
数据来源：联合国人口署。

那么，中国城市规模和城市体系的演变，是否符合帕累托改进的标准？中国城市化进程究竟该如何进一步推进，是否要发展更多的大城市，如何走好新型城镇化道路，至今仍是学界争论的热点话题。在最近几十年的发展历程中，中国城市建设基本维持着 1978 年全国第三次城市工作会议提出的“控制大城市规模，多搞小城市”这一方针。控制大城市发展似乎成为普遍的认识，以至于研究表明中国城市规模呈现扁平化趋势(范剑勇等,2011)。从当前中国城市发展和城市体系的实际变化来看,现有一些研究已表明其尚存在不合理之处,需要进一步优化和调整,至于如何作出最合理的调整,则需要从不同角度加以论证。进一步推动城市化进程,有必要走出符合中国国情的道路,构建合理的城市空间格局。陆铭(2010)认为,由于劳动力等生产要素未能自由地跨地区流动,中国的城市体系在计划经济年代出现的不合理布局一直未能彻底改变;而且走偏了的城市化道路源于几个根深蒂固的认识误区:一是中国今天的区域间发展差距越来越大,收入差距也越来越大,是由于经济集聚导致的,因为东部集聚了大量的资金和人才;二是认为中国经济已经集聚过度了;三是要限制大城市发展,因为城市化产生了城市病;四是应大力发展小城镇;五是发展服务业会变得越来越重要,这时沿海地区的地理优势就不重要了。

2010 年,中国人口城市化率超越 50%,标志着城市化进程进入新阶段,2020 年城市化率达到 63.89%。下一阶段城市化,中国将面临一些新的或者更加突出的问题。如随着一些大城市人口的剧增,而城市户籍制度引发的居民间的福利差异,将使城市流动劳动力的市民化需求日益增强。这一问题尤为重要。让这些流动劳动力更好地融入城市,一方面可以缓解现有流动群体在城市中面临的种种矛盾,另一方面也能给农村剩余劳动力一种良好的预期,从而有序地推动下一步城市化进程。与此同时,城市人口超过农村人口后,意味着农村可转移劳动力正在减少。而中国城市工资水平对劳动力要素流入的拉力,在整体上呈现递减状态(徐清,2012)。工资对于增加农村劳动力供给的作用十分有限,涨薪可以吸引更多的人外出打工,但难以延长他们在外的打工时间(封进和张涛,2012)。未来促进人口城市化,需要更多地在工资因素以外的方面加以考虑,如幸福感、福利。当前,正是引导中国新移民(如尚未定居的流动群体或者潜在移民)在空间上合理地迁移,构建合理的城市规模和城市体系的上佳时机。

城市规模和城市体系变动与城市移民紧密关联。中国城市化进程中,大量城乡间和城市间的移民“背井离乡”,尝试在空间流动中改变自己的命运。迁移者的幸福感变动对社会和谐发展而言至关重要，值得更多地关注。那么，对于个人和整个社会群体的幸福感、福利水平而言，迁移者的地理空间选择行为在客观上究竟表现为“理性”还是“非理性”①呢？事实上，在区域经济发展空间失衡的中国，迁移决策对于个人而言，很难轻易地作出自己合理的判断，以实现客观上最优的结果。每个人在区位选择时，希望在地理空间上其所在地能与自身特点相匹配，从而劳动者在这一匹配过程中不断地流动。

因此，考察城市规模、城市体系对中国城市原居民和新移民幸福感、福利水平的影响，具有十分重要的现实意义。城市最优规模受到区位、气候、资源、经济发展水平，以及政府管理水平等诸多因素的影响。对于城市居民个人而言，从经济效益出发讨论优化城市规模可能并非最重要的问题，而构建合理的城市体系使城市居民过上幸福的、高水平的生活才是最终目标，以便让流动群体融入城市，实现真正意义上的城市化。

第二节　规模扩张效应与理性重构

结合前文机会不平等、幸福感、福利指数三个指标对城市规模进行回归的研究结论，可将城市规模扩张所产生的影响划分为三个阶段（图 7 - 4），并画出城市规模变化所产生影响的示意图。当城市规模扩张达到一定级别后，城市规模的扩大（发展成大城市）降低机会平等程度（城市规模—机会不平等倒U型极值点处城区常住人口 500 万人左右）、降低居民的幸福感，但是提升居

① 加里·S. 贝克尔（1995）指出：“现在，每个人或多或少地都认为，理性行为就是指效用函数或福利函数等良序函数的一致的极大化。”赫伯特·西蒙（1988）则认为：“一项决策如果真能在指定情况下使一定的价值最大化，则可称之为‘客观’理性的。一项决策所达到的价值最大化，如果是相对于决策者的主观知识而言的，那它就是‘主观’理性的。”同时，西蒙（1989）指出：“贝克尔在一个脚注中写明，他所谓非理性，指‘对效用最大化的任何偏离’。”本书从幸福感角度“客观”地界定选择行为理性与否，如果选择行为在指定情况下偏离幸福感的最大化或者不利于提升其幸福感，则理解为“客观”的非理性。

民福利指数(城市规模—福利指数倒U型极值点处城区常住人口460万～500万人)。

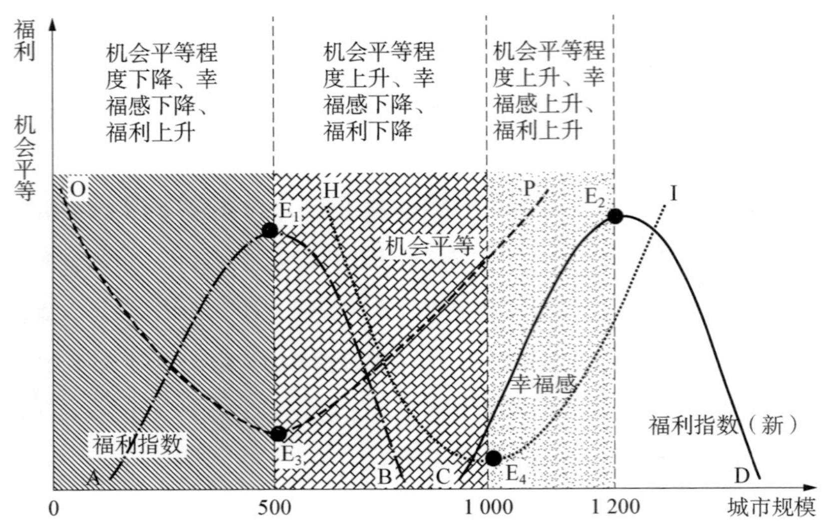

图7-4 城市规模与机会平等、居民福利之间的关系(示意图)

从福利角度出发,当前在中国城市化和城市体系重构时,城区常住人口未超过500万时,进一步扩大城市规模有利于提升居民福利水平。当城市城区常住人口规模超过500万时,城市规模的扩大有利于提升机会平等程度,但是居民幸福感和福利指数降低。当城市规模超过1 000万时(城市规模—幸福感U型曲线极值点处市辖区人口1 000万人以上,2010年以后调查数据的稳健性检验结果),城市规模扩张提升居民幸福感和机会平等程度,而福利水平较低。此时如果城市规模—福利指数的倒U型曲线右移,直至其极值点超过1 000万,则同时提升居民福利水平,进而实现机会平等程度上升、幸福感和福利水平提升的共赢局面。如城市规模影响福利指数的异质性分析发现,城市多样化程度提升可以促使福利指数倒U型曲线极值点右移到城区人口规模1 000万的位置[福利指数(新)]。

第三节　公共政策选择

面对机会不平等，特别是制度因素导致的不平等，需要政府的“有形之手”加以调节。博尼卡等（Bonica et al.，2013）认为，政治能够成为恢复经济公平的有效工具，政府能够且应当矫正市场产生的这些不平衡，为那些没有竞争能力的人们提供所需，为那些能够成功的人们确保机会，阻止那些最富有的阶层过度地占有社会繁荣的份额。同样，面对劳动力空间流动所带来的福利损失，引导迁移者在地理空间上合理选择，需要政策导向。

第一，关于如何促进机会平等。从影响代际收入流动的路径来看，政府部门的长期调整策略在于教育。改善落后地区教育环境，提高教育质量，以弱化父辈收入差异带来的子女受教育水平分化问题，从而降低代际收入弹性。中期调整策略在于医疗健康问题。政府部门通过合理优化医疗资源配置，保障居民基本医疗，可以降低个人医疗对家庭收入的依赖程度。而短期内决定代际收入弹性的因素在于人口的流动，排除人口流动障碍，降低迁移成本，使得人们平等地拥有“再选择”的机会是重中之重。在中国收入差距较大的背景下，调节收入分配的重要手段在于使低收入群体摆脱“代际低收入传承陷阱”。具体而言，首先，需要排除妨碍劳动力自由迁移的不利因素，至少不限制迁移。比如外来务工人员的社会福利保障、医疗等问题，降低个人承担的迁移成本。其次，推动城市化进程，优化经济发展的空间格局，避免少数城市过分拥挤，劳动力市场过度竞争。这可以为劳动者在不同地区提供更多的、多样性的就业机会，同时应对选择迁移而就业困难者提供职业培训。他们这一支付较大成本的决策——迁移，也许是其改善自身状况的唯一途径。

第二，关于促进移民收入增长问题。中国不同地区（城市）的工资水平存在较大差异，导致移民可以通过跨区域迁移获取更高水平的收入。从移民收入增长角度来看，迁移者会更多地选择市外移民而非市内移民，特别是来自落后地区的迁移者。进而，促进就地城镇化相对而言尚缺乏足够坚固的移民“收入增长”基础。因此，在中国新型城镇化进程中，推动就近城镇化需要政府部门进一步采取相关政策措施缩小区域差距。与此同时，获取户籍迁移者的收入显著高于未获取户籍迁移者，而且市内获取户籍迁移的收入优势和影响力均远远高于市内未获取户籍迁移的影响。这意味着与获取户籍迁移者相比，未获取户籍迁移者收入更低，面临着低收入和低福利（与户籍相关）的双重困境，而加快户籍制度改革有利于推动就地城镇化，推动新型城镇化进程需要在与户籍制度相关的社会福利方面创造“引力”。与此同时，中国城市人力资本外部性对劳动者收入具有重要的促进作用，是城市移民收入增长的源泉之一。因此，在中观层面通过进一步激发城市人力资本外部性对移民收入增长的促进作用，提升城市移民收入增长尚有可为。基于我国城市移民近年来的迁移态势，人口有进一步集聚的趋势，从收入（工资）增长角度来看这将形成更强的集聚效应，因此为未来继续推动我国城市移民收入增长提供了契机。而这需要通过更加合理的劳动力流动、城市发展、区域协调发展政策的引导，来激发人力资本外部性对收入增长的积极作用。

第三，关于提升移民幸福感问题。中国未获得户籍者主观幸福感的“流失”，将成为阻碍劳动力迁移的重要因素。政府部门应采取恰当措施减少户籍歧视、增加就业培训等，使流动人口尽快融入城市，分享迁入地的公共物品，从而提升其主观幸福感。其中，尤其需要重视外来农民工的城市融合问题，因为外来非农户籍的劳动力（低技能者）在流入地劳动力市场不存在融合障碍，而低技能外来农民工可能将一直处在社会的最底层，低于拥有同样技能的本地工人（谢桂华，2012）。提升未获得户籍者主观幸福感，除了收入增长以外，最主要的应该是使其能够真正地定居城市，享受与原市民同等的公共产品，同时他们的社会地位、健康、生活与工作压力同样值得关注。具体而言，在内需不足的宏观背景下，城市政府部门加强城市公共交通建设，缓解交通拥挤、高通勤成本等带来的幸福感损失；通过加大医疗卫生、社会保障等方面的投入，加强环境治理，保障城市移民在进入城市后可以健康地工作和生活；加快城市地区保障房建设，以解决房价高企给城市移民带来的巨大生活压力；地方政府部门则需要加快落实国家调控收入分配的相关政策措施，缩小城市内部的收入差距，减少社会分层带来的不稳定因素。

第四，关于增加移民福利问题。在进一步推进新型城镇化的进程中，劳动力空间流动如何切实增进其个人福利，关键在于解决居住条件所带来的个人福利下降问题。在当前城市房价高企、住房不平等问题日益严重的背景下，不断完善住房保障体系以改进移民的居住条件和居住环境是提升移民福利水平的重要抓手。因为即使市外移民可以获得更高的收入，一旦城市住房难题致使其福利水平未能得到提升，将有越来越多流动人口成为“城市的过客”，进而阻碍新型城镇化进程和劳动力跨区优化配置。总而言之，在提升迁移者福利水平时，需要更多地考虑收入以外的因素（如社会保障、住房、居住环境等）的影响，不断完善户籍制度及与之相关的公共服务体系，使迁移者尽可能地融入城市、定居于迁入城市。与此同时，对于不同类型的迁移者，与流动群体市民化相关的城市公共政策需要体现差异化，以体现不同教育程度、不同年龄流动群体的差异化诉求。迁移增加移民收入容易实现，但是通过迁移促进总体福利增进还有许多制度性因素的不利影响需要消除。城市能否在通过集聚效应提升迁移者收入的同时改进其总体福利水平，使其真正市民化而非“过客”，将是城市发展是否取得“胜利”的重要标志。

第五，关于迁移空间优化问题。虽然迁移的动机很多，相对于收入增长，新移民对机会平等、幸福感和福利指数关注不足，但其对于建设和谐城市和可持续发展具有重要意义。移民空间选择上的客观非理性现象，在很大程度上存在行为“惯性”，因此政府部门应当积极引导劳动力合理流动，在我国城市规模和城市体系中，发展一些可以分流特大规模城市流动人口的第二梯队城市及其周围更多规模较小的城市，形成合理的城市体系。与此同时，加强城市管理具有重要意义。面对城市规模扩张带来的离心力，加强城市管理以降低其对居民幸福的负面影响，也是一条不可或缺的途径。具体而言，考虑到幸福感理应是人们追逐的重要目标，以及移民空间选择客观非理性的存在，政府部门可以在其他影响迁移决策的因素上作一些调整。比如，由于就业机会影响迁移，则可以通过推动产业转移引导就业机会的空间布局；大城市公共品带来的无法比拟的优势吸引很多流动者，则在地理空间上择优发展一些大型城市，推动公共服务均等化。最终形成大城市和周边众多小城市合理分布的城市体系，劳动者可以依据自身偏好，在这些城市中合理流动。从福利增进角度来看，一方面对于城市规模超越最优规模的城市而言，可以通过提升多样化程度进行优化调整。另一方面，一些蔓延型城市即使城市规模超过最优规模，其人口规模扩张仍有可能提升居民福利水平；对于不存在蔓延的城市，城市规模进一步扩张将降低居民福利水平。在个体层面，受教育程度高的个体选择相对规模较大的城市更加有利；对于流动人口而言，选择规模较大的城市可能不利于个人福利的提升。当然，异质主体的特征也是多维的，在进行区位选择时，需综合考虑受教育程度、工作偏好和目的地城市的特征等因素。对于政府部门而言，进一步促进以人为本的新型城镇化，合理的城市发展模式和公共管理政策将是大城市可持续、包容性发展的路径选择。尤其是对于迁移者而言，虽然其收入通过迁移得到提升，但住房条件恶化将降低其福利水平。政府部门在考虑如何提升迁移者福利水平时，需要更多地考虑收入以外的因素（如社会保障、住房、居住环境等）的影响，不断完善户籍制度及与之相关的公共服务体系。

参考文献

[1] 阿马蒂亚·森.集体选择与社会福利[M].胡的的,胡毓达,译.上海:上海科学技术出版社,2004:59.

[2] 阿马蒂亚·森.以自由看待发展[M].任赜,于真,译.北京:中国人民大学出版社,2002:62.

[3] 阿马蒂亚·森.论经济不平等/不平等之再考察[M].王利文,于占杰,译.北京:社会科学文献出版社,2006:1、14、257、233.

[4] 布伦诺·S.弗雷,阿洛伊斯·斯塔特勒.幸福与经济学——经济和制度对人类福祉的影响[M].静也,译.北京:北京大学出版社,2006.

[5] 蔡昉.人口迁移和流动的成因、趋势与政策[J].中国人口科学,1995(6).

[6] 蔡昉,王美艳.为什么劳动力流动没有缩小城乡收入差距[J].经济学动态,2009(8).

[7] 蔡洪滨.最可怕的不平等是什么[J].中国企业家,2011(Z1).

[8] 曹晖,罗楚亮.为了机会公平而流动——收入代际传递对劳动力流入的影响[J].劳动经济研究,2021,9(1).

[9] 曹信邦.就业歧视对农民工社会保障制度构建的消极影响[J].人口与经济,2008(1).

[10] 曹永福,杨梦捷,宋月萍.农民工自我雇佣与收入:基于倾向得分的实证分析[J].中国农村经济,2013(10).

[11] 陈斌开,曹文举.从机会均等到结果平等:中国收入分配现状与出路[J].经济社会体制比较,2013(6).

[12] 陈飞,苏章杰.城市规模的工资溢价:来源与经济机制[J].管理世界,2021

(1).

[13] 陈飞,苏章杰.城镇移民的幸福损失——基于期望水平理论的新解释[J].经济学动态,2020(9).

[14] 陈琳,袁志刚.中国代际收入流动性的趋势与内在传递机制[J].世界经济,2012(6).

[15] 陈琳.促进代际收入流动:我们需要怎样的公共教育——基于 CHNS 和 CFPS 数据的实证分析[J].中南财经政法大学学报,2015(3).

[16] 陈旭,秦蒙.城市蔓延、人口规模与工资水平——基于中国制造业企业的经验研究[J].经济学动态,2018(9).

[17] 陈叶烽,周业安,宋紫峰.人们关注的是分配动机还是分配结果?——最后通牒实验视角下两种公平观的考察[J].经济研究,2011(6).

[18] 陈钊,陆铭,佐藤宏.谁进入了高收入行业?——关系、户籍与生产率的作用[J].经济研究,2009(10).

[19] 陈钊,徐彤,刘晓峰.户籍身份、示范效应与居民幸福感:来自上海和深圳社区的证据[J].世界经济,2012(4).

[20] 程名望,史清华,张帅.农民工大量占用城市公共资源了吗——基于上海市 1446 个调查样本的实证分析[J].经济理论与经济管理,2012(8).

[21] 邸玉娜.代际流动、教育收益与机会平等——基于微观调查数据的研究[J].经济科学,2014(1).

[22] 丁成日,谭善勇.中国城镇化发展特点、问题和政策误区[J].城市发展研究,2013(10).

[23] 丁成日.中国城市的人口密度高吗?[J].城市规划,2004(8).

[24] 杜国庆.发展中国家的城市体系空间结构研究——以中国为例[J].南京大学学报(自然科学版),2006(3).

[25] 杜政清.美国现代城市体系的基本特点、发展趋势及其启示[J].外国经济与管理,1996(12).

[26] 范剑勇,邵挺.房价水平、差异化产品区位分布与城市体系[J].经济研究,2011(2).

[27] 范剑勇,张雁.经济地理与地区间工资差异[J].经济研究,2009(8).

[28] 范剑勇.产业集聚与地区间劳动生产率差异[J].经济研究,2006(11).

[29] 封进,张涛.农村转移劳动力的供给弹性——基于微观数据的估计[J].数量经济技术经济研究,2012(10).

[30] 傅十和,洪俊杰.企业规模、城市规模与集聚经济——对中国制造业企业普查数据的实证分析[J].经济研究,2008(11).

[31] 高国希.机会公平与政府责任[J].上海财经大学学报,2006(6)

[32] 高虹.城市人口规模与劳动力收入[J].世界经济,2014(10).

[33] 高鸿鹰,武康平.集聚效应、集聚效率与城市规模分布变化[J].统计研究,2007(3).

[34] 高进云,乔荣锋,张安录.农地城市流转前后农户福利变化的模糊评价——基于森的可行能力理论[J].管理世界,2007(6).

[35] 高进云.农地城市流转中农民福利变化研究[D].华中农业大学博士论文,2008.

[36] 官皓.收入对幸福感的影响研究:绝对水平和相对地位[J].南开经济研究,2010(5).

[37] 管晓明.劳动者技能、劳动力流动与收入再分配[J].财经科学,2006(2).

[38] 郭熙保.发展中国家人口流动理论比较分析[J].世界经济,1989(12).

[39] 国务院发展研究中心课题组.农民工市民化对扩大内需和经济增长的影响[J].经济研究,2010(6).

[40] 韩峰,柯善咨.城市就业密度、市场规模与劳动生产率——对中国地级及以上城市面板数据的实证分析[J].城市与环境研究,2015(1).

[41] 韩军辉,龙志和.基于多重计量偏误的农村代际收入流动分位回归研究[J].中国人口科学,2011(5).

[42] 何江,闫淑敏,谭智丹,胡敏,冯星瑗,江蕙伶.人才争夺战"政策文本计量与效能评价——一个企业使用政策的视角[J].科学学与科学技术管理,2020(12).

[43] 何立华,金江.谁是幸福的?——个体特征、外部环境与主观幸福感[J].经济评论,2011(5).

[44] 何立新,潘春阳.破解中国的"Esterlin 悖论":收入差距、机会不均与居民幸福感[J].管理世界,2011(8).

[45] 何强.攀比效应、棘轮效应和非物质因素:对幸福悖论的一种规范解释[J].世界经济,2011(7).

[46] 何石军,黄桂田.中国社会的代际收入流动性趋势:2000—2009[J].金融研究,2013(2).

[47] 何雄浪,汪锐.市场潜力、就业密度与中国地区工资水平[J].中南财经政法大学学报,2012(3).

[48] 贺京同,郝身永.怎样才能使落脚城市人群更幸福?——基于 CHIPS 数据的实证分析[J].南开经济研究,2013(6).

[49] 贺秋硕.劳动力流动与收入收敛——一个改进的新古典增长模型及对中[J].财经研究,2005(10).

[50] 赫伯特·西蒙.管理行为——管理组织决策过程的研究[M].杨砾,韩春立,徐立,译.北京:北京经济学院出版社,1988.

[51] 赫伯特·西蒙.现代决策理论的基石[M].杨砾,徐立,译.北京:北京经济学院出版社,1989:71.

[52] 洪世键,沈霞,杨林川.经济学视角下的城市蔓延:界定、测度和实证研究[J].西部人居环境学刊,2016(3).

[53] 洪世键,张京祥.城市蔓延的界定及其测度问题探讨——以长江三角洲为例[J].城市规划,2013(7).

[54] 侯方玉.古典经济学关于要素流动理论的分析及启示[J].河北经贸大学

学报，2008(3).

[55] 胡洪曙，亓寿伟.中国居民家庭收入分配的收入代际流动性[J].中南财经政法大学学报，2014(2).

[56] 胡焕庸.中国人口地域分布[J].科学，2015(1).

[57] 胡兆量.迁移八律与中国人口迁移[J].云南地理环境研究，1994(6).

[58] 黄有光.经济与快乐[M].大连：东北财经大学出版社，2000.

[59] 黄有光.社会福利与经济政策[M].唐翔，译.北京：北京大学出版社，2005：1.

[60] 黄有光.福利经济学[M].周建明，等译.北京：中国友谊出版公司，1991：2.

[61] 基思·佩恩.断裂的阶梯：不平等如何影响你的人生[M].李大白，译，北京：中信出版社，2019.

[62] 加里·S.贝克尔.人类行为的经济分析[M].王业宇，陈琪，译.上海：上海人民出版社，1995：183.

[63] 江求川，任洁，张克中.中国城市居民机会不平等研究[J].世界经济，2014(4).

[64] 焦张义.房价、生态环境质量与最优城市规模[J].南方经济，2012(10).

[65] 靳振忠，王亮，严斌剑.高等教育获得的机会不平等：测度与分解[J].经济评论，2018(4).

[66] 克里斯蒂安·贝伦斯，弗雷德里克·罗伯特-尼佑德.异质主体的集聚理论[M].//吉尔斯·杜兰顿，约翰·弗农·亨德森，威廉·斯特兰奇主编.区域和城市经济学手册(第5卷)，郝寿义，等译，北京：经济科学出版社，2017.

[67] 莱斯利·A.雅各布.追求平等机会：平等主义的正义理论与实践[J].刘宏斌，方秋明，译.国外理论动态，2013(8).

[68] 黎洁，妥宏武.基于可行能力的陕西周至退耕地区农户的福利状况分析

[J].管理评论,2012(5).
[69] 李国柱,朱忠芳,李新通.基于空间自相关分析方法的福建省县域经济研究[J].科技情报开发与经济,2008(6).
[70] 李红阳,邵敏.城市规模、技能差异与劳动者工资收入[J].管理世界,2017(8).
[71] 李静,李逸飞,周孝.迁移类型、户籍身份与工资收入水平[J].经济理论与经济管理,2017(11).
[72] 李静,彭飞.出口企业存在工资红利吗?——基于1998—2007年中国工业企业微观数据的经验研究[J].数量经济技术经济研究,2012(12).
[73] 李玲,Fan C C.社会经济结构转型期迁移与非迁移人口的工作选择与转换——广州劳动市场初步研究[J].人口研究,2000(2).
[74] 李萍,谌新民.工业化和城镇化对代际职业流动的作用分析[J].南开经济研究,2021(4).
[75] 李萍,谌新民.迁入地就业容量与就业风险对劳动力流动的影响——以广东省为例[J].中国人口科学,2011(2).
[76] 李强,高楠.城市蔓延的生态环境效应研究——基于34个大中城市面板数据的分析[J].中国人口科学,2016(6).
[77] 李强.社会分层与社会空间领域的公平、公正[J].中国人民大学学报,2012(1).
[78] 李任玉,杜在超,龚强,何勤英.经济增长、结构优化与中国代际收入流动[J].经济学(季刊),2018,17(3).
[79] 李实,万海远.中国居民财产差距研究的回顾与展望[J].劳动经济研究,2015,3(5).
[80] 李实.中国农村劳动力流动与收入分配研究报告[R].华盛顿中国问题研究中心,1997.
[81] 李实.中国农村劳动力流动与收入增长和分配[J].中国社会科学,1999(2).

[82] 李小瑛,魏洲.香港居民的代际收入流动性研究——来自香港人口普查的证据[J].亚太经济,2014(5).

[83] 李雪松,詹姆斯·赫克曼.选择偏差、比较优势与教育的异质性回报:基于中国微观数据的实证研究[J].经济研究,2004(4).

[84] 李莹,吕光明.中国机会不平等的生成源泉与作用渠道研究[J].中国工业经济,2019(9).

[85] 连玉君,黎文素,黄必红.子女外出务工对父母健康和生活满意度影响研究[J].经济学(季刊),2015(1).

[86] 梁婧,张庆华,龚六堂.城市规模与劳动生产率:中国城市规模是否过小?——基于中国城市数据的研究[J].经济学(季刊),2015(3).

[87] 梁琦,陈强远,王如玉.户籍改革、劳动力流动与城市层级体系优化[J].中国社会科学,2013(12).

[88] 林江,周少君,魏万青.城市房价、住房产权与幸福感[J].财贸经济,2012(5).

[89] 刘斌,李磊,莫骄.幸福感是否会传染[J].世界经济,2012(6).

[90] 刘兵军,欧阳令南.行为经济学和现代经济学发展趋势研究[J].外国经济与管理,2003(3).

[91] 刘崇顺,C.M.布劳戴德.城市教育机会分配的制约因素——武汉市五所中学初中毕业生的调查分析[J].社会学研究,1995(5).

[92] 刘琳,赵建梅.社会网络如何影响代际收入流动?[J].财经研究,2020,46(8).

[93] 刘修岩,殷醒民.空间外部性与地区工资差异:基于动态面板数据的实证研究[J].经济学(季刊),2008(1).

[94] 刘修岩.集聚经济与劳动生产率:基于中国城市面板数据的实证研究[J].数量经济技术经济研究,2009(7).

[95] 龙翠红,王潇.中国代际收入流动性及传递机制研究[J].华东师范大学学报(哲学社会科学版),2014(5).

[96] 娄伶俐.主观幸福感的经济学研究动态[J].经济学动态,2009(2).

[97] 鲁元平,王韬.收入不平等,社会犯罪与国民幸福感——来自中国的经验证据[J].经济学(季刊),2011,10(4).

[98] 鲁元平,王韬.主观幸福感影响因素研究评述[J].经济学动态,2010(5).

[99] 鲁元平,张克中.经济增长、亲贫式支出与国民幸福——基于中国幸福数据的实证研究[J].经济学家,2010(11).

[100] 陆铭,陈钊.城市化、城市倾向的经济政策与城乡收入差距[J].经济研究,2004(6).

[101] 陆铭,高虹,佐藤宏.城市规模与包容性就业[J].中国社会科学,2012(10).

[102] 陆铭,向宽虎,陈钊.中国的城市化和城市体系调整:基于文献的评论[J].世界经济,2011(6).

[103] 陆铭.重构城市体系——论中国区域和城市可持续发展战略[J].南京大学学报,2010(5).

[104] 陆益龙.1949年后的中国户籍制度:结构与变迁[J].北京大学学报(哲学社会科学版),2002(2).

[105] 罗楚亮.绝对收入、相对收入与主观幸福感——来自中国城乡住户调查数据的经验分析[J].财经研究,2009(11).

[106] 罗楚亮.城乡分割、就业状况与主观幸福感差异[J].经济学(季刊),2006(3).

[107] 吕光明,徐曼,李彬.收入分配机会不平等问题研究进展[J].经济学动态,2014(8).

[108] 吕文慧,方福前.中国城镇居民功能不平等计量分析——基于阿马蒂亚·森的能力方法[J].中国人民大学学报,2011(6).

[109] 马超,顾海,韩建宇.罗默遇上奥萨卡:机会平等理论下的性别工资差异研究[J].浙江社会科学,2014(6).

[110] 马素琳,韩君,杨肃昌.城市规模、集聚与空气质量[J].中国人口·资源与环境,2016(5).

[111] 马涛.经济思想史教程[M].上海:复旦大学出版社,2002.

[112] 米尔顿·弗里德曼,罗斯·弗里德曼.自由选择[M].胡骑,席学媛,安强,译.北京:商务印书馆,1982:83-84。

[113] 倪鹏飞,李清彬,李超.中国城市幸福感的空间差异及影响因[J].财贸经济,2012(5).

[114] 宁光杰.自我雇佣还是成为工资获得者?——中国农村外出劳动力的就业选择和收入差异[J].管理世界,2012(7).

[115] 宁光杰.中国大城市的工资高吗?——来自农村外出劳动力的收入证据[J].经济学(季刊),2014(3).

[116] 潘春阳,何立新.机会不平等和主观幸福感——来自中国的微观实证[R].经济研究工作论文,WP225,2012.

[117] 潘春阳.中国的机会不平等与居民幸福感研究[D].复旦大学博士论文,2011.

[118] 蒲艳萍.劳动力流动对农村居民收入的影响效应分析——基于西部289个自然村的调查[J].财经科学,2010(12).

[119] 蒲英霞,葛莹,马荣华,黄杏元,马晓冬.基于ESDA的区域经济空间差异分析——以江苏省为例[J].地理研究,2005(11).

[120] 齐良书.发展经济学[M].北京:高等教育出版社,2007.

[121] 沈坤荣,余吉祥.农村劳动力流动对中国城镇居民收入的影响——基于市场化进程中城乡劳动力分工视角的研究[J].管理世界,2011(3).

[122] 盛来运,国外劳动力迁移理论的发展[J].统计研究,2005(8).

[123] 史耀疆,崔瑜.公民公平观及其对社会公平评价和生活满意度影响分析[J].管理世界,2006(10).

[124] 宋建,王静.人口迁移、户籍城市化与城乡收入差距的动态收敛性分

析——来自262个地级市的证据[J].人口学刊,2018(5).

[125] 宋扬.中国的机会不均等程度与作用机制——基于CGSS数据的实证分析[J].财贸经济,2017(1).

[126] 孙凤.性别、职业与主观幸福感[J].经济科学,2007(1).

[127] 孙浦阳,韩帅,许启钦.产业集聚对劳动生产率的动态影响[J].世界经济,2013(3).

[128] 孙三百,黄薇,洪俊杰,王春华.城市规模、幸福感与移民空间优化[J].经济研究,2014(1).

[129] 孙三百,黄薇,洪俊杰.劳动力自由迁移为何如此重要?——基于代际收入流动的视角[J].经济研究,2012(5).

[130] 孙三百,万广华.城市蔓延对居民福利的影响——对城市空间异质性的考察[J].经济学动态,2017(11).

[131] 孙三百.社会资本的作用有多大?——基于合意就业获取视角的实证检验[J].世界经济文汇,2013(5).

[132] 孙三百.城市移民的收入增长效应有多大——兼论新型城镇化与户籍制度改革[J].财贸经济,2015(9).

[133] 谈明洪,李秀彬.20世纪美国城市体系的演变及其对中国的启示[J].地理学报,2010(12).

[134] 覃一冬,张先锋,满强.城市规模与居民主观幸福感——来自CGSS的经验证据[J].财贸研究,2014(4).

[135] 田国强,杨立岩.对“幸福—收入之谜”的一个解答[J].经济研究,2006(11).

[136] 田相辉,徐小靓.为什么流向大城市?——基于城市集聚经济的估计[J].人口与经济,2015(3).

[137] 托马斯·皮凯蒂.21世纪资本论[M].巴曙松,等译.北京:中信出版社,2014.

[138] 汪和建.经济行为：理性因素与非理性因[J].社会学研究,1988(6).
[139] 王桂新.我国大城市病及大城市人口规模控制的治本之道——兼谈北京市的人口规模控制[J].探索与争鸣,2011(7).
[140] 王海港.中国居民收入分配的代际流动[J].经济科学,2005(2).
[141] 王海宁,陈媛媛.城市外来人口劳动福利获得歧视分析[J].中国人口科学,2010(2).
[142] 王美今,李仲达.中国居民收入代际流动性测度——"二代"现象经济分析[J].中山大学学报(社会科学版),2012(1).
[143] 王美艳.城市劳动力市场上的就业机会与工资差异——外来劳动就业与报酬研究[J].中国社会科学,2005(5).
[144] 王鹏.收入差距对中国居民主观幸福感的影响分析——基于中国综合社会调查数据的实证研究[J].中国人口科学,2011(3).
[145] 王伟同,谢佳松,张玲.人口迁移的地区代际流动偏好：微观证据与影响机制[J].管理世界,2019(7).
[146] 王小鲁,夏小林.优化城市规模　推动经济增长[J].经济研究,1999(9).
[147] 王小鲁.中国城市化路径与城市规模的经济学分析[J].经济研究,2010(10).
[148] 王远飞,何洪林.空间数据分析方法[M].北京：科学出版社,2007.
[149] 魏守华,陈扬科,陆思桦.城市蔓延、多中心集聚与生产率[J].中国工业经济,2016(8).
[150] 魏万青.户籍制度改革对流动人口收入的影响研究[J].社会学研究,2012(1).
[151] 温兴祥,杜在超.匹配法综述：方法与应用[J].统计研究,2015(4).
[152] 吴奇峰,苏群.行业垄断如何影响代际职业流动[J].山西财经大学学报,2017,39(10).
[153] 沃尔特·沙伊德尔.不平等社会——从石器时代到21世纪,人类如何应

对不平等[M].颜鹏飞,等译.北京:中信出版社,2019.
[154] 肖文,王平.外部规模经济、拥挤效应与城市发展:一个新经济地理学城市模型[J].浙江大学学报(人文社会科学版),2011(2).
[155] 谢桂华.中国流动人口的人力资本回报与社会融合[J].中国社会科学,2012(4).
[156] 谢识予,娄伶俐,朱弘鑫.显性因子的效用中介、社会攀比和幸福悖论[J].世界经济文汇,2010(4).
[157] 谢童伟,吴燕.农村劳动力区域流动的社会福利分配效应分析——基于农村教育人力资本溢出的视角[J].中国人口·资源与环境,2013(6).
[158] 谢燮,杨开忠.中国城市的多样化与专业化特征[J].软科学,2003(1).
[159] 邢春冰.迁移、自选择与收入分配——来自中国城乡的证据[J].经济学(季刊),2010(2).
[160] 邢占军.我国居民收入与幸福感关系的研究[J].社会学研究,2011(1).
[161] 熊九玲.国际关系中的世界城市:世界体系论的视角[J].北京行政学院学报,2007(6).
[162] 熊易寒.精细分层社会与中产焦虑症[J].文化纵横,2020(5).
[163] 徐清.工资"拉力"与城市劳动力流入峰值——基于"推拉"理论的中国经济实证[J].财经科学,2012(10).
[164] 徐秋慧.就业机会均等化的经济学分析[J].中国人力资源开发,2012(10).
[165] 徐晓红.中国城乡居民收入差距代际传递变动趋势:2002—2012[J].中国工业经济,2015(3).
[166] 许政,陈钊,陆铭.中国城市体系的"中心—外围模式"[J].世界经济,2010(7).
[167] 严善平.城市劳动力市场中的人员流动及其决定机制——兼析大城市的新二元结构[J].管理世界,2006(8).

[168] 颜银根.贸易自由化、产业规模与地区工资差距[J].世界经济研究,2012(8).

[169] 阳义南,连玉君.中国社会代际流动性的动态解析——CGSS与CLDS混合横截面数据的经验证据[J].管理世界,2015(4).

[170] 阳义南.市场化进程对中国代际流动的贡献[J].财经研究,2018,44(1).

[171] 杨桂宏,胡建国.农民工城市生活社会保障的实证研究——以北京市X区433名农民工为例[J].调研世界,2006(8).

[172] 杨缅昆.社会福利指数构造的理论和方法初探[J].统计研究,2009(7).

[173] 杨汝岱,刘伟.市场化与中国代际收入流动[J].湘潭大学学报(哲学社会科学版),2019,43(1).

[174] 杨文选,张晓艳.国外农村劳动力迁移理论的演变与发展[J].经济问题,2007(6).

[175] 姚洪心,王喜意.劳动力流动、教育水平、扶贫政策与农村收入差距——一个基于multinomial logit模型的微观实证研究[J].管理世界,2009(9).

[176] 姚秀兰.论中国户籍制度的演变与改革[J].法学,2004(5).

[177] 易苗,周申.经济开放对国内劳动力流动影响的新经济地理学解析[J].现代财经,2011(3).

[178] 尹恒,李实,邓曲恒.中国城镇个人收入流动性研究[J].经济研究,2006(10).

[179] 于涛方.中国城市人口流动增长的空间类型及影响因[J].中国人口科学,2012(4).

[180] 余加丽,余志伟,胡青峰.空间统计分析在区域经济中的应用研究[J].山西建筑,2008(3).

[181] 余路,蒋元涛.我国区域经济差异的时空分析——基于全国与三大都市圈的对比研究[J].财经研究,2007(3).

[182] 余向华,陈雪娟.中国劳动力市场的户籍分割效应及其变迁——工资差异与机会差异双重视角下的实证研究[J].经济研究,2012(12).

[183] 袁方,史清华.不平等之再检验：可行能力和收入不平等与农民工福利[J].管理世界,2013(10).

[184] 袁青川.基于倾向值匹配估计的工会工资溢价研究[J].经济经纬,2015(3).

[185] 苑会娜.进城农民工的健康与收入——来自北京市农民工调查的证据[J].管理世界,2009(5).

[186] 约翰·罗尔斯.正义论[M].何怀宏,何包钢,廖申白,译.北京：中国社会科学出版社,1988.

[187] 张春霖.公平何处求?“质疑改革年”过后的思考[M].比较,第23辑,吴敬琏,主编.北京：中信出版社,2006.

[188] 张浩然,衣保中.地理距离与城市间溢出效应——基于空间面板模型的经验研究[J].当代经济科学,2011(3).

[189] 张吉鹏,卢冲.户籍制度改革与城市落户门槛的量化分析[J].经济学(季刊),2019(2).

[190] 张丽.农地城市流转中的农民权益保护研究[D].华中科技大学博士学位论文,2011.

[191] 张世晴,耿作石.现代西方经济学主要学派[M].天津：南开大学出版社,2003.

[192] 张天华,付才辉.城市化与城乡收入——城乡分割制度改革的逻辑与对策[J].经济学家,2014(4).

[193] 张文武,张为付.城市规模影响个人发展吗——基于能力差异和户籍分割视角的研究[J].世界经济文汇,2016(5).

[194] 张义祯.代际教育流动及其不平等实证研究[J].东南学术,2016(4).

[195] 张英红.户籍制度的历史回溯与改革前瞻[J].宁夏社会科学,2002(3).

[196] 张影强.我国机会不平等对收入差距的影响研究[D].北京交通大学博士论文,2010.

[197] 章奇,米建伟,黄季焜.收入流动性和收入分配:来自中国农村的经验证据[J].经济研究,2007(11).

[198] 章元,王昊.城市劳动力市场上的户籍歧视与地域歧视:基于人口普查数据的研究[J].管理世界,2011(7).

[199] 赵伟,李芬.异质性劳动力流动与区域收入差距:新经济地理学模型的扩展分析[J].中国人口科学,2007(1).

[200] 郑思齐,任荣荣,符育明.中国城市移民的区位质量需求与公共服务消费——基于住房需求分解的研究和政策含义[J].广东社会科学,2012(3).

[201] 郑筱婷,袁梦,王珺.城市产业的就业扩张与收入的代际流动[J].经济学动态,2020(9).

[202] 郑怡林,陆铭.大城市更不环保吗?——基于规模效应与同群效应的分析[J].复旦学报(社会科学版),2018(1).

[203] 中国社会科学院语言研究所词典编辑室编.现代汉语词典(第 6 版)[M].北京:商务印书馆,2012.

[204] 周波,苏佳.财政教育支出与代际收入流动性[J].世界经济,2012(12).

[205] 周兴,张鹏.代际间的收入流动及其对居民收入差距的影响[J].中国人口科学,2013(5).

[206] 周亚虹,许玲丽,夏正青.从农村职业教育看人力资本对农村家庭的贡献——基于苏北农村家庭微观数据的实证分析[J].经济研究,2010(8).

[207] 周振,牛立腾,孔祥智.户籍歧视与城乡劳动力工资差异——基于倾向值的匹配分析[J].区域经济评论,2014(4).

[208] 朱建军,胡继连.农地流转对我国农民收入分配的影响研究——基于中国健康与养老追踪调查数据[J].南京农业大学学报(社会科学版),2015

(3).

[209] 朱玲.农村迁移工人的劳动时间和职业健康[J].中国社会科学,2009(1).

[210] 朱志胜.城市规模对就业福利效应的影响[J].城市问题,2016(1).

[211] AABERGE R, MOGSTAD M, PERAGINE V. Measuring long-term inequality of opportunity [J]. Journal of Public Economics, 2011,95, 193-204.

[212] ABEL J R, DEY I, GABE T M. Productivity and the density of human capital [J]. Journal of Regional Science, 2012, 52(4): 562-586.

[213] ABRAMITZKY R, BOUSTAN L, JÁCOME E, PÉREZ S. Intergenerational mobility of immigrants in the United States over two centuries [J]. American Economic Review, 2021,111(2): 580-608.

[214] ACEMOGLU D, ANGRIST J. How large are human capital externalities? Evidence from compulsory schooling laws [J]. NBER Macroeconomics Annual, 2001,15(1): 59-68.

[215] AHSAN R N, CHATTERJEE A. Trade liberalization and intergenerational occupational mobility in urban India [J]. Journal of International Economics, 2015,109: 138-152.

[216] ALBOUY D, LEIBOVICI F, WARMAN C. Quality of life, firm productivity, and the value of amenities across Canadian cities [J]. Canadian Journal of Economics, 2013,46(2), 379-411.

[217] ALBOUY, D. Are big cities really bad places to live? Improving quality-of-life estimates across cities [R]. NBER Working Paper, 2008, No.14472.

[218] ALESINA A, RAFAEL D T, Robert M. Inequality and happiness:

Are Europeans and Americans different? [J]. Journal of Public Economics, 2004,88: 2009 - 2042.

[219] ALLEN T, ARKOLAKIS C. Trade and the topography of the spatial economy [J]. Quarterly Journal of Economics, 2014, 129 (3): 1085 - 140.

[220] ALVAREDO F, CHANCEL L, PIKETTY T, SAEZ E, ZUCMAN G. The world inequality report: 2018 [DB/OL]. https://socialprotection-humanrights.org/wp-content/uploads/2018/03/wir2018-full-report-english.pdf, 2018.

[221] ANAND P, KRISHNAKUMAR J, TRAN N B. Measuring welfare: latent variable models for happiness and capabilities in the presence of unobservable heterogeneity [J]. Journal of Public Economics, 2011,95 (3 - 4): 205 - 215.

[222] ANDERSSON F, BURGESS S, LANE J I. Cities, matching and the productivity gains of agglomeration [J]. Journal of Urban Economics, 2007,61(1): 112 - 128.

[223] ANDINI M, BLASIO G D, DURANTON G, et al. Marshallian labour market pooling: Evidence from Italy [J]. Regional Science and Urban Economics, 2013,43(6): 1008 - 1022.

[224] ANNE C, LUBOTSKY D, CHRISTINA P. Economic status and health in childhood: The origins of the gradient [J]. The American Economic Review, 2002,92(5): 1308 - 1334.

[225] ARNAUD L, PISTOLESI N, TRANNOY A. Inequality of opportunities vs inequality of outcomes: Are western societies all alike? [R]. ECINEQ Discussion Paper, 2006: 54.

[226] AROCA P, HEWINGS G J D. Migration and regional labor market

adjustment: Chile 1977 - 1982 and 1987 - 1992 [J]. The Annals of Regional Science, 2002,36: 197 - 218.

[227] AU C-C, HENDERSON V. Are Chinese cities too small? [J]. Review of Economic Studies, 2006,73(3): 549 - 576.

[228] AXELSSON R, WESTERLUND O. A panel study of migration, self-selection and household real income [J]. Journal of Population Economics, 1998,11(1): 113 - 126.

[229] AYDEMIR A B, YAZICI H. Intergenerational education mobility and the level of development [J]. European Economic Review, 2019, 116: 160 - 185.

[230] BACOLOD M, BLUM B S, STRANGE W C. Skills in the city [J]. Journal of Urban Economics, 2009,65(2): 136 - 153.

[231] BALL R, CHERNOVA K. Absolute income, relative income, and happiness [J]. Social Science Electronic Publishing, 2008,88(3): 497 - 529.

[232] BARBIERI T, BLOISE F, RAITANO M. Intergenerational earnings inequality: New evidence from Italy [J]. Review of Income and Wealth, 2020,66: 418 - 443.

[233] BARRO R J, SALA-I-MARTIN X. Convergence across states and regions, article provided by economic studies program [J]. The Brookings Institution in its journal Brookings Papers on Economic Activity, 1991,22: 107 - 182.

[234] BARRO R J, SALA-I-MARTIN X. Economic growth [M]. New York: McGraw-Hill Education, 1995.

[235] BARTELS M, BOOMSMA D I. Born to be happy? The etiology of subjective well-being [J]. Behavior Genetics, 2009,39(6): 605 - 615.

[236] BARTRAM D. Economic migration and happiness: Comparing immigrants' and natives' happiness gains from income [J]. Social indicators research, 2011,103: 57 - 76.

[237] BARTRAM D. Inverting the logic of economic migration: Happiness among migrants moving from wealthier to poorer countries in Europe [J]. Journal of Happiness Studies, 2015,16(5): 1211 - 1230.

[238] BAUER P C, RIPHAHN R T. Institutional determinants of intergenerational education transmission: Comparing alternative mechanisms for natives and immigrants [J]. Labour Economics, 2013, 25: 110 - 122.

[239] BAUM-SNOW N, PAVAN R. Understanding the city size wage gap [J]. Review of Economic Studies, 2012,79(1): 88 - 127.

[240] BEHRENS K, ROBERT-NICOUD F. Agglomeration theory with heterogeneous agents [R]. CEPR Discussion Papers, 2014, 5: 171 - 245.

[241] BÉRENGER V. Multidimensional measures of well-being: Standard of living and quality of life across countries [J]. World Development, 2007,35(7): 1259 - 1276.

[242] BECKER G S, TOMES N. An equilibrium theory of the distribution of income and intergenerational mobility [J]. The Journal of Political Economy, 1979,87(6): 1153 - 1189.

[243] BECKER G S. Human capital [M]. New York: Columbia University Press, 1975.

[244] BENJAMIN D J, HEFFETZ O, KIMBALL M S, REES-JONES A. What do you think would make you happier? What do you think you would choose? [J]. American Economic Review, 2012,102(5): 2083 - 2110.

[245] BISHOP J A, LIU H, RODRÍGUEZ J G. Cross country intergenerational status mobility: Is there a Great Gatsby Curve? In economic well-being and inequality [R]. Papers from the Fifth ECINEQ Meeting. Published online: 06 Oct. 2014; 237-249.

[246] BONICA A, MCCARTY N, POOLE K T, ROSENTHAL H. Why hasn't democracy slowed rising inequality? [J]. Journal of Economic Perspectives, 2013,27(3): 103-24.

[247] BORCK R, TABUCHI T. Pollution and city size: Can cities be too small? [J]. Journal of Economic Geography, 2019,19: 995-1020.

[248] BORJAS G J. Self-selection and the earnings of immigrants [J]. American Economic Review, 1987,77(4): 531-553.

[249] BOSKER M, BRAKMANC S, GARRETSEN H, SCHRAMM M. Relaxing hukou: Increased labor mobility and China's economic geography [J]. Journal of Urban Economics, 2012,72: 252-266.

[250] BOSQUET C, OVERMAN H G. Why does birthplace matter so much? [J]. Journal of Urban Economics, 2019,110: 26-34.

[251] BOURGUIGNON F, FERREIRA F H G, MENENDEZ M. Inequality of outcomes and inequality of opportunities in Brazil [R]. Policy Research Working Paper Series # 3174, The World Bank, Washington, DC, 2003.

[252] BOURGUIGNON F, FERREIRA F H G. Equity, inequality traps: A research agenda [J]. Journal of Economic Inequality, 2007, 5: 235-256.

[253] BOURGUIGNON F, FERREIRA F, MENÉNDEZ M. Inequality of opportunity in Brazil [J]. Review of Income & Wealth, 2013,59(3): 585-618.

[254] BOURGUIGNON F, FERREIRA H G, MENÉNDEZ M. Inequality of opportunity in Brazil. Draft, 2007.

[255] BOWLES S, GINTIS H, OSBORNE M. The determinants of earnings: A behavioral approach [J]. Journal of Economic Literature, 2001,4: 1137-1176.

[256] BOWLES S, HERBERT G. The inheritance of inequality [J]. Journal of Economic Perspectives, 2002,16(3): 3-30.

[257] BRAUN J. Essays on economic growth and migration [R]. Ph. D. Dissertation, Harvard University, 1993.

[258] BRICKMAN P, CAMPBELL D T. Hedonic relativism and planning the good society [J]. Adaptation Level Theory, 1971.

[259] BRUNORI P, FERREIRA F H G, PERAGINE V. Inequality of opportunity, income inequality, and economic mobility: Some international comparisons [M]. In: Paus, E. (eds) Getting Development Right. Palgrave Macmillan, New York. https://doi.org/10.1057/9781137333117_5,2013.

[260] CALSAMIGLIA C. Decentralizing equality of opportunity [J]. International Economic Review, 2009,50(1): 273-290.

[261] CAMAGNI R, CAPELLO R, CARAGLIU A. One or infinite optimal city sizes? In search of an equilibrium size for cities [J]. Annals of Regional Science, 2013,51(2): 309-341.

[262] CAPELLO R, CAMAGNI R. Beyond optimal city size: An evaluation of alternative urban growth patterns [J]. Urban Studies, 2000,37(9): 1479-1496.

[263] CAPELLO R. Beyond optimal city size: An evaluation of alternative urban growth patterns [J]. Urban Studies, 2000,37(9): 1479-1496.

[264] CASTELLS - QUINTANA D. Beyond Kuznets: Inequality and the size and distribution of cities [J]. Journal of Regional Science, 2018,58(3): 564 - 580.

[265] CERIOLI A, ZANI S. A fuzzy approach to the measurement of poverty [M]. in DAGUM C, ZENGA M (eds), Income and Wealth Distribution, Inequality and Poverty, Studies in Contemporary Economics, Berlin: Springer Verlag, 1990: 272 - 284.

[266] CHARLOT S, DURANTON G. Communication externalities in cities [J]. Journal of Urban Economics, 2004,56(3): 581 - 613.

[267] CHECCHI D, PERAGINE V. Inequality of opportunity in Italy [J]. Journal of Economic Inequality, 2010,8(4): 429 - 450.

[268] CHELI B, LEMMI A. A "totally" fuzzy and relative approach to the Multidimensional Analysis of Poverty [J]. Economic Notes, 1995,24(1): 115 - 134.

[269] CHEN B, LIU D, LU M. City size, migration and urban inequality in China [J]. China Economic Review, 2018,51: 42 - 58.

[270] CHEN J, DEBORAH S D, WU K, DAI H. Life satisfaction in urbanizing China: The effect of city size and pathways to urban residency [J]. Cities, 2015,49: 88 - 97.

[271] CHEN J., ZHOU Q. City size and urban labor productivity in China: New evidence from spatial city-level panel data analysis [J]. Economic Systems, 2017,41: 165 - 178.

[272] CHETTY R, HENDREN N, KATZ L F. The effects of exposure to better neighborhoods on children: New evidence from the moving to opportunity experiment [J]. American Economic Review, 2016,106(4): 855 - 902.

[273] COMBES P P, DURANTON G, GOBILLON L, ROUX S. Sorting and local wage and skill distributions in France [J]. Regional Science and Urban Economics, 2012,42(6): 913 - 930.

[274] COMBES P P, DURANTON G, GOBILLON L. Spatial wage disparities: Sorting matters! [R]. Cepr Discussion Papers, 2008, 63 (2): 723 - 742.

[275] CORAK M. Do poor children become poor adults? Lessons from a cross country comparison of generational earnings mobility, in (CREEDY I J, KALB K. eds.), Research on Economic Inequality [M]. vol. 13, Amsterdam: Elsevier, 2006.

[276] CORAK M. Income inequality, equality of opportunity, and intergenerational mobility [J]. Journal of Economic Perspectives, 2013,27(3): 79 - 102.

[277] CUESTA J. Social spending, distribution, and equality of opportunities: The opportunity incidence analysis [J]. World Development, 2014,62,106 - 124.

[278] DAI X, LI J. Inequality of opportunity in China: Evidence from pseudo panel data [J]. China Economic Review, 2021, 68 (2): 101637.

[279] DANG Y, CHEN L, ZHANG W, ZHENG D, ZHAN D. How does growing city size affect residents' happiness in urban China? A case study of the Bohai Rim Area [J]. Habitat International, 2020, 97: 102 - 120.

[280] DARUICH D, KOZLOWSKI J. Explaining intergenerational mobility: The role of fertility and family transfers [J]. Review of Economic Dynamics, 2020,36: 220 - 245.

[281] DELKEN E. Happiness in shrinking cities in Germany：A research note [J]. Journal of Happiness Studies，2008，9：213－218.

[282] DÉMURGER S. Mapping modes of rural labour migration in China [R]. http：// www. gate. cnrs. fr/IMG/pdf/Demurger _ May2012. pdf.

[283] DENG Q，GUSTAFSSON B，LI S. Intergenerational income persistence in urban China [J]. Review of Income and Wealth，2013，59(3)：416－436.

[284] DERENONCOURT E. Can you move to opportunity? Evidence from the Great Migration [J]. American Economic Review，2022，112(2)：369－408.

[285] DESMET K，ROSSI-HANSBERG E. Urban accounting and welfare [R]. NBER Working Paper，No.16615，2010.

[286] DURANTON G，PUGA D. Diversity and specialisation in cities：Why，where and when does it matter? [J]. Urban Studies，1999，37(3).

[287] DURANTON G，PUGA D. Nursery cities：Urban diversity，process innovation，and the life cycle of products [J]. American Economic Review，2001，91(5)：1454－1477.

[288] DURLAUF S N，Seshadri A. Understanding the Great Gatsby Curve [J]. NBER Macroeconomics Annual，2018，32：333－393.

[289] DUSTMANN C. Return migration，investment in children，and intergenerational mobility [J]. Journal of Human Resources，2008，2：299－324.

[290] DWORKIN R. What is equality? Part2：Equality of resources [J]. Philosopy & Public Affairs，1981b，10：283－345.

[291] DWORKIN R. What is equality? Partl: Equality of welfare [J]. Philosopy & Public Affairs, 1981a, 10: 185 - 246.

[292] EASTERLIN R A. Does economic growth improve the human lot? [M]. In DAVID P A, REDER M W (Eds.), Nations and Households in Economic Growth: Essays in Honor of Moses Abramowitz. New York: Academic Press, 1974: 89 - 125.

[293] ERIKSEN J, MUNK M D. The geography of intergenerational mobility: Danish evidence [J]. Economics Letters, 2020, 189: 109024.

[294] EVANS P. How fast do economies converge? [J]. Review of Economics & Statistics, 1997,79(2): 219 - 225.

[295] FAN Y, YI J, ZHANG J. Rising intergenerational income persistence in China [J]. American Economic Journal: Economic Policy, 2021,13(1): 202 - 230.

[296] FAN Y. Intergenerational income persistence and transmission mechanism: Evidence from China [J]. China Economic Review, 2016(41): 299 - 314.

[297] FERREIRA F H G, GIGNOUX F. The measurement of inequality of opportunity: Theory and an application to Latin America [R]. World Bank Policy Research Working Paper, No. 4659,2008.

[298] FERREIRA F H G, GIGNOUX J. The measurement of inequality of opportunity: Theory and an application to Latin America [J]. Review of Income and Wealth, 2011,4: 622 - 657.

[299] FERRER-I-CARBONELL A. Income and well-being: An empirical analysis of the comparison income effect [J]. Journal of Public Economics, 2005,89(5 - 6): 997 - 1019.

[300] FLORIDA R. The New Urban Crisis: How our cities are increasing inequality, deepening segregation, and failing the middle class: And what we can do about it [M]. New York: Basic Books, 2017.

[301] FU S. Smart Café Cities: Testing human capital externalities in the Boston metropolitan area [J]. Journal of Urban Economics, 2007,61(1): 86 - 111.

[302] FUJITA M, KRUGMAN P, VENABLES A J. The spatial economy: Cities, regions, and international trade [M]. London: the MIT Press, Cambridge, MA, 2001.

[303] FUJITA M, OGAWA H. Multiple equilibria and structural transition of non-monocentric configurations [J]. Regional Science and Urban Economics, 1982,12: 161 - 196.

[304] GAIGNÉ C, ZENOU Y. Agglomeration, city size and crime [J]. European Economic Review, 2015,80: 62 - 82.

[305] GAYLE G L, GOLAN L, SOYTAS M A. Intergenerational mobility and the effects of parental education, time investment, and income on children's educational attainment [J]. Review, 2018 100 (3): 281 - 95.

[306] GLAESER E L, GOTTLIEB J D, ZIV O. Unhappy cities [J]. Journal of labor economics, 2016,34(2): S129 - S182.

[307] GLAESER E L, KAHN M E, RAPPAPORT J. Why do the poor live in cities? The role of public transportation [J]. Journal of Urban Economics, 2008,63.1 - 24.

[308] GLAESER E L, RESSEGER M, TOBIA K. Inequality in cities [J]. Journal of Regional Science. 2009,49(4): 617 - 646.

[309] GLAESER E, MARE D C. Cities and skills [J]. Social Science

Electronic Publishing, 1994,19(2): 316 - 342.

[310] GOLLEY J, KONG S T. Inequality of opportunity in China's educational outcomes [J]. China Economic Review, 2018, 51: 116 - 128.

[311] GONG H, LEIGH A, MENG X. Intergenerational income mobility in urban China [J]. Review of Income and Wealth, 2012, 58 (3): 481 - 503.

[312] GRAHAM C, FELTON A. Inequality and happiness: Insights from Latin America [J]. Journal of Economic Inequality, 2006,4(1): 107 - 122.

[313] GRUBER S, SAND G. Does migration pay off in later life? Income and subjective well-being of older migrants in Europe [J]. Social Indicators Research, 2020, online first.

[314] HAMERMESH D S, JASON A. Beauty is the promise of happiness? [R]. NBER Working Paper, No. 17327,2011.

[315] HARRIS J R, TODARO M P. Migration, unemployment and development: A two-sector analysis [J]. American Economic Review, 1970,60(1): 126 - 142.

[316] HAUSER D. Technology shocks, labor mobility and aggregate uctuations [R]. http://idea.uab.es/job_candidates/papersJMR/2013/DanielaHauser.pdf.

[317] HECKMAN J, HIDEHIKO I, PETRA E T. Matching as an econometric evaluation estimator: Evidence from evaluating a job training programme [J]. The review of economic studies, 1997,64(4): 605 - 654.

[318] HECKMAN J, URZUA S, VYTLACIL E. Estimation of treatment

effects under essential heterogeneity [R]. Working Paper, 2006b.

[319] HECKMAN J, URZUA S, VYTLACIL E. Understanding instrument variables in models with essential heterogeneity [J]. Review of Economics and Statistics, 2006a, 88(3): 389 - 432.

[320] HENDERSON J V, SQUIRES T, STOREYGARD A, WEIL D. The global distribution of economic activity: Nature, history, and the role of trade [J]. Quarterly Journal of Economics, 2018, 133 (1): 357 - 406.

[321] HENDERSON J V, THISSE J. Handbook of Regional and Urban Economics, Volume 4: Cities and Geography [M]. (EDT), Elsevier Science & Technology, North Holland, 2299 - 2301,2004.

[322] HENDERSON J V. The sizes and types of cities [J]. American Economic Review, 1974,64(4): 640 - 656.

[323] HU F. Migration, Remittances, and children's high school attendance: The case of rural China [J]. International Journal of Educational Development, 2012,32(3): 401 - 411.

[324] HUANG B, LIAN Y, LI W. How far is Chinese left-behind parents' health left behind? [J]. China Economic Review, 2016,37: 15 - 26.

[325] HUANG X, HUANG S, SHUI A. Government spending and intergenerational income mobility: Evidence from China [J]. Journal of Economic Behavior & Organization, 2021,191: 387 - 414.

[326] IOANNIDES Y M, ZHANG J. Walled cities in late imperial China [J]. Journal of Urban Economics, 2016,97: 71 - 88.

[327] ISAKSSON A S, LINDSKOG A. Preferences for redistribution: A country comparison of fairness judgements [J]. Journal of Economic Behavior & Organization, 2009,72(3): 884 - 902.

[328] JIANG S, LU M, HIROSHI S. Happiness in the dual society of urban China: Hukou identity, horizontal inequality and heterogeneous reference [R]. Global COE Hi-Stat Discussion Paper Series, No. 20,2009.

[329] JIANG S, LU M, HIROSHI S. Identity, inequality, and happiness: Evidence from urban China [J]. World Development, 2012,40(6): 1190-1200.

[330] JONES R C. Migration and family happiness in Bolivia: Does social disintegration negate economic well-being? [M]. International Migration, 2014,52(3): 177-193.

[331] KAHNEMAN D. Objective happiness [M]. In D. Kahneman, E. Diener, & N. Schwarz (Eds.), Well-being: The foundations of hedonic psychology (pp. 3-25). Russell Sage Foundation, 1999.

[332] KIM J S, LEE J. The role of intergenerational mobility in internal migration [J]. Economic Modelling, 2019,81: 1-15.

[333] KIMBALL M, WILLIS R. Utility and happiness [R]. http://www-personal.umich.edu/~mkimball/pdf/uhap-3march6.pdf, 2006.

[334] KNIGHT J, GUNATILAKA R. Great expectations? The subjective well-being of rural-urban migrants in China [J]. World Development, 2010,38: 113-124.

[335] KONDO K, OKUBO T. Structural estimation and interregional labour migration: Evidence from Japan [R]. Keio/kyoto Joint Global Coe Discussion Paper, 2012.

[336] KOURTELLOS A, MARR C, TAN C M. Local intergenerational mobility [J]. European Economic Review, 2020,126: 103460.

[337] KRUEGER, A. The rise and consequences of inequality in the United

States [R]. Remarks by the Chairman, Council of Economic Advisors, to the Center for American Progress in Washington, DC. January 12th. http://obamawhitehouse. archives. gov/sites/default/files/krueger cap speech final remarks.pdf, 2012.

[338] LASKIEN D, ZYKIENE I, VERDNIKOVAIT P. Assessment of the impact of income inequality on population's migration [J]. Engineering Economics, 2020,31(5): 547 - 557.

[339] LEE S Y, SESHADRI A. On the intergenerational transmission of economic status [J]. Journal of Political Economy, 2019,127(2): 855 - 921.

[340] LEFRANC A, PISTOLESI N, TRANNOY A. Inequality of opportunities vs. inequality of outcomes: Are western societies all alike? [J]. Review of Income and Wealth, 2008,54: 513 - 546.

[341] LEONE T. Intergenerational mobility in education: Estimates of the worldwide variation [J]. Journal of Economic Development, 2019,44(4): 1 - 42.

[342] LIN D Y, PSATY B M, KRONMAL R A. Assessing the sensitivity of regression results to unmeasured confounders in observational studies [R]. Technical Report # 144. Seattle: University of Washington School of Public Health, 1997.

[343] LOSCHIAVO D. Big-city life (dis)satisfaction? The effect of urban living on subjective well-being [J]. Journal of Economic Behavior & Organization, 2021,192: 740 - 764.

[344] MAOZ Y D, MOAV O. Intergenerational mobility and the process of development [J]. The Economic Journal, 1999,109(458): 677 - 697.

[345] MARIAPIA M. Migration and technological change in rural

households: Complements or substitutes? [J]. Journal of Development Economics, 2008,85(1-2): 150-175.

[346] MARRÉ A W. Rural out-migration, income, and poverty: Are those who move truly better off? [R]. Selected paper prepared for presentation at the Agricultural & Applied Economics Association 2009 AAEA & CCI Joint Annual Meeting, Milwaukee, Wisconsin, 2009.

[347] MARTINETTI E C A. Multidimensional assessment of well-being based on Sen's functioning approach [R]. http://www-3.uniPv.it/iuss/eds/userfiles/file/PaPers/PaPer-ehiapPero_1.Pdf, 2000.

[348] MAYER S E, LOPOO L M. Government spending and intergenerational mobility [J]. Journal of Public Economics, 2008,92: 139-158.

[349] MINCER J. Schooling, experience, and earnings [M]. New York: Columbia University Press, 1974.

[350] MOMO M, CABUS S J, GROOT W. Household deprivation and the intergenerational correlation of education: An analysis of developing countries [J]. International Journal of Educational Research, 2021, 109(4): 101797.

[351] MORETTI E. Estimating the social return to higher education: Evidence from longitudinal and repeated cross-sectional data [J]. Journal of Econometrics, 2004b, 121: 175-212.

[352] MORETTI E. Workers' education, spillovers, and productivity: Evidence from plant-level production functions [J]. American Economic Review, 2004a, 94(3): 656-690.

[353] NAM J. Government spending during childhood and intergenerational income mobility in the United States [J]. Children and Youth Services

Review, 2019,1002019: 332 - 343.

[354] NAM Y. Is America becoming more equal for children? Changes in the intergenerational transmission of low and high-income status [J]. Social Science Research, 2004,33: 187 - 205.

[355] NEIDHÖFER G. Intergenerational mobility and the rise and fall of inequality: Lessons from Latin America [J]. The Journal of Economic Inequality, 2019,17: 499 - 520.

[356] NEVE J, CHRISTAKIS N A, FOWLER J H, AND FREY, B. S. Genes, economics, and happiness [R]. Institute for Empirical Research in Economics, University of Zurich, Working Paper, No.475,2010.

[357] NG Y K. From preference to happiness: Towards a more complete welfare economics [J]. Social Choice and Welfare, 2003,20(2): 307 - 350.

[358] NGUYEN C V. The effect of income shocks on migration: Evidence from rural Vietnam [J]. Applied Economics Letters, 2020,27(18): 1509 - 1514.

[359] NORD M. Poor people on the move: County-to-county migration and the spatial concentration of poverty [J]. Journal of Regional Science, 1998,38(2): 329 - 351.

[360] NUSSBAUM M. Capabilities as fundamental entitlements: Sen and social justice [J]. Feminist Economics, 2003,9(2 - 3): 33 - 59.

[361] OK E A. On opportunity inequality measurement [J]. Journal of Economic Theory, 1997,77(2): 300 - 329.

[362] OKULICZ-KOZARYN A, VALENTE R R. Urban unhappiness is common [J]. Cities, 2021,209: 103368.

[363] OSWALD A J. Happiness and economic performance [J]. Economic Journal, 1997,107: 1815 - 1831.

[364] OTTAVIANO G, PERI G. Rethinking the effects of immigration on wages [R]. NBER Working Paper, No.12497,2006.

[365] PALOMINO J C, MARRERO G A, RODRÍGUEZ J G. Channels of inequality of opportunity: The role of education and occupation in Europe [J]. Social Indicators Research, 2019,143(3): 1045 - 1074.

[366] PERI G. Immigrants' complementarities and native wages: Evidence from California [R]. NBER Working Paper, No.12956,2007.

[367] PETERS H E. Patterns of intergenerational mobility in income and earnings [J]. The Review of Economics and Statistics, 1992,74(3): 456 - 466.

[368] PIRAINO P. Intergenerational earnings mobility and equality of opportunity in South Africa [J]. World Development, 2015,67.

[369] PIYAPROMDEE S. The impact of immigration on wages, internal migration, and welfare [J]. The Review of Economic Studies, 2021,88 (1): 406 - 453.

[370] POLGREEN L A, SIMPSON N B. Happiness and international migration [J]. Journal of Happiness Studies, 2011,12(5): 819 - 840.

[371] RAFAEL D T, MACCULLOCH R J, OSWALD A J. Preferences over inflation and unemployment: Evidence from surveys of happiness [J]. American Economic Review, 2001,91: 335 - 341.

[372] RAM R. Government spending and happiness of the population [J]. Public Choice, 2009,138: 483 - 490.

[373] RAMOS X, VAN DE GAER D. Empirical approaches to inequality of opportunity: Principles, measures, and evidence [R]. IZA Discussion

Paper, 6672,2012.

[374] RAVENSTEIN E G. The laws of migration, part I [J]. Journal of the Statistical Society of London, 1885,48(2): 167-235.

[375] ROEMER J E, TRANNOY A. Equality of opportunity [M]. forthcoming, Handbook of Income Distribution September 17, Atkinson A, Bourguignon F(eds.), 2013.

[376] ROEMER J E, TRANNOY A. Equality of opportunity [R]. http://cowles.econ.yale.edu/P/cd/d19a/d1921.pdf.

[377] ROEMER J E. Economic development as opportunity equalization [J]. Cowles Foundation Discussion Paper, No.1583,2006.

[378] ROEMER J E. Equality of opportunity [M]. Cambridge, Ma: Harvard University Press, 1998.

[379] ROSENBAUM P R, RUBIN D B. The central role of the propensity score in observational studies for causal effects [J]. Biometrika, 1983, 70(1): 41-55.

[380] ROSENBAUM P R. Observational studies (2nd Ed.) [M]. New York: Springer, 2002.

[381] ROSENTHAL S S, STRANGE W C. The attenuation of human capital spillovers [J]. Journal of Urban Economics, 2008,64(2): 373-389.

[382] ROZELLE S, TAYLOR E, DEBRAUW A. Migration, remittances, and agricultural productivity in China [J]. The American Economic Review, 1999,89(2): 287-291.

[383] SALAU A T. Quality of life and city size: An exploratory study of Nigeria [J]. 1986,18(2): 193-203.

[384] SAMUEL B, HERBERT G. The inheritance of inequality [J]. Journal of Economic Perspectives, 2002,16(3): 3-30.

[385] SOLON G. Intergenerational income mobility in the United States [J]. The American economic review, 1992,82(3): 393 - 408.

[386] STARK O, BLOOM D E. The new economics of labor migration [J]. American Economic Review, 1985,75(2): 173 - 178.

[387] STARK O. Migration incentives, migration types: The role of relative deprivation [J]. The Economic Journal, 1991,101: 1163 - 1178.

[388] STIGLITZ J, SEN A, FITOUSSI J P. Mis-measuring our lives: Why GDP doesn't add up [M]. New York: The New Press, 2010.

[389] TABUCHI T, THISSE J F. Taste heterogeneity, labor mobility and economic geography [J]. CORE Discussion Papers RP, 2002,69(1): 155 - 177.

[390] TANG L, SUN S, YANG W. Does government education expenditure boost intergenerational mobility? Evidence from China [J]. International Review of Economics & Finance, 2021,74: 13 - 22.

[391] THE WORLD BANK. Equity and development: World development report 2006 [M]. London: Oxford University Press, 2005: 18 - 19.

[392] THOMPSON O. Genetic mechanisms in the intergenerational transmission of health [J]. Journal of health economics, 2014, 35: 132 - 146.

[393] UPRETY D. Does Skilled migration cause income inequality in the source country? [J]. International Migration, 2020,58(4): 85 - 100.

[394] VEENHOVEN R. Quality-of-life in individualistic society: A comparison of 43 nations in the early 1990's [J]. Social Indicators Research, 1999,48(2): 157 - 86.

[395] WELSCH H. Environment and happiness: Valuation of air pollution using life satisfaction data [J]. Ecological Economics, 2006, 58:

801－813.

[396] YANKOW J J. Why do cities pay more? An empirical examination of some competing theories of the urban wage premium [J]. Journal of Urban Economics，2006,60(2)：139－161.

[397] YOU J， DING X， NIÑO-ZARAZÚA M， WANG S. The intergenerational impact of house prices on education：evidence from China [J]. Journal of Housing Economics，2021,54：101788.

[398] ZHANG W，YANG D，HUO J. Studies of the relationship between city size and urban benefits in China based on a panel data model [J]. Sustainability，2016,8(6)：554.

[399] ZHU J，WANG Z. The Evolution of China's City Size Distribution：Empirical evidence from 1949 to 2008 [R]. SSRN Working Paper，2012，http://ssrn.com/abstract=1981026.

后　记

时间来到2022年，在博士毕业已然八年之际，博士论文的修改工作终于告一段落。窗外阳光明媚，风声却时不时呼啸而过，像极了多年来沉思其中的现实世界所呈现出来的双重特征。即使疫情历经三年、外部世界更加纷繁复杂，人们总是怀抱希望，勤勤恳恳地奋斗着，为了美好的明天而"内卷"，然而世界不平等又持续地无处不在，让人陷入迷茫。在进退之际与得失之间，如何才能作出理性的选择？答案尚不明了。

2012年，笔者十分幸运地在《经济研究》发表第一篇权威期刊的学术论文，在机会不平等研究的道路上历经十年却仍未找到让自己满意的答案。自从2011年在北京大学光华管理学院新年论坛上听到蔡洪滨教授关于代际流动的报告，来自大山深处的我必然地走上了思考和研究机会不平等的道路。北京，这样一个存在大量流动人口的超大城市，成为我思考的逻辑起点，因而有了《劳动力自由迁移为何如此重要?》一文。在那篇论文的写作过程中，寻找答案的过程给了我无穷的动力。非常幸运，在博士导师洪俊杰教授、副导师黄薇老师和王春华老师的悉心指导下，2012年该文成功发表在《经济研究》，这也改变了我一生的道路。该论文的发表充分体现了机遇对个人发展的重要性，如果不是在频繁的博士入学考试中考到绝望之际有幸加入洪俊杰教授门下，我可能会选择另外一条道路，更不会想到将文章投给《经济研究》这样的权威期刊。即使后来陆续发表了一些论文，但那篇至今仍是我最喜欢的论文。虽然现在看来文中存在种种不足，当时却是竭尽全力完成的成果，更呈现出我对个人命运的思索。2022年，《美国经济评论》发表一篇题为《你能转向机遇吗？来自大迁徙的证据》（*Can you move to opportunity? Evidence from the Great Migration*）的文章同样关注了劳动力流动与机会不平等这一话题，该文的数据、方法与规范性远超过我们2012年发表的那篇论文，但让我欣喜的是两篇文章研究主题如此相似，印证了这一主题的重要性。

作为一名在校博士生，在《经济研究》发表论文坚定了我从事科研工作的信心，同时自然而然地确定了博士论文的方向，即思考人们为什么选择迁移？迁移与机会不平等之间是何种关系？迁移又如何影响个体收入、幸福感和福利？迁移者对不同城市的选择，是否符合客观"理性"？而关于理性与非理性的思考，恰恰是当时投稿于《经济研究》的另一篇关于城市规模与幸福感的文章。而为什么研究幸福感，则起源于本科期间在经济学与心理学两门学科之间的一次"选择"。当时，我认为研究经济学或许可以研究如何提高收入，但是收入未必能使人幸福，进而出现了心理学转向。而为什么选择城市规模视角，则源自当时社会各界关于"逃离北上广"的争论，以及与中国社会科学杂志社王利民副总编的交流所产生的启发。可以说，博士论文相关选题的产生，源自导师、领导和同事们的指导，以及对现实世界的观察和自己一直以来对生活和命运的思索。当然，这样情形下设计的博士论文的框架，也为后续修改工作增加了诸多难度。

十多年来，我是幸运的。以两篇发表在《经济研究》上的论文建构起来的博士论文，获得2017年"中国经济学优秀博士论文奖"（即"当代经济学博士创新项目"）。在修改完善的过程中，博士论文中的相关章节也陆续发表出来，本书稿第四章第二节主要内容发表在《经济研究》2012年第5期，第五章第一节发表在《财贸经济》2015年第9期，第五章第二节发表在《经济评论》2014年第11期，第五章第三节发表在《学术研究》2021年第12期，第六章第二节发表在《世界经济》2016年第4期，第六章第三节发表在《经济研究》2014年第1期，第六章第四节发表在《统计研究》2022年第7期，在此对这些论文的合作者一并致以衷心的感谢。同时，经过近几年进一步的思考，书稿修改过程中增加了一些新的内容，并对原文中的一些错误进行了修订。其中，绪论部分重新进行了梳理，融入新的思考；理论基础部分增加了近年来城市经济学中关于异质性集聚经济理论的内容，文献综述部分则尽可能地予以更新；第三章劳动力迁移政策部分增加了人才政策的新变化，并运用2020年人口普查数据对劳动力流动问题进行了新的补充分析；第四章迁移与机会不平等问题研究中，使用人口普查数据和西南财经大学CHFS调查数据进行分析，以尽可能地使研究样本在城市和省级层面具有代表性。同时，由于不同章节内容在学术期刊发表的时间跨度较大，不少论文的研究数据略显陈旧，因此尽可能地使用当前常用的微观调查数据进行补充论证或稳健性检验。

与博士期间的意气风发不同，如今科研成果发表甚至达不到年均一篇，成为学术"扶贫"的对象，学术论文发表的"运气"于我渐行渐远。在博士论文修改过程中，有些章节一度难以继续推进，有些章节则费尽心思仍难以让自己满意。一年又一年的修改过程中，有不断的完善之处，更多是自己跟自己的妥协。很多尚未实现的研究目标，只能在未来的研究工作中继续努力完成。对于自己选择的道路，唯有一往无前地继续奋进，才能不负一路以来给予我无私帮助的学术前辈。未来，我也将在机会不平等与空间选择问题上，继续探索和寻找那份久违的"运气"，并且力争将这种执着学术研究的精神一代代地传递下去。

作为书稿的基础，我的博士论文从选题和撰写，到修改完善，再到出版，得益于太多亲朋好友的帮助。在博士论文选题确定之前，得益于导师洪俊杰教授、副导师黄薇老师和王春华老师的指导与帮助，北京大学蔡洪斌教授的演讲，中国社会科学杂志社王利民副总编的引导，以及刘亚秋老师在研究资料获取上提供的帮助。同时，学术研究源自生活，论文选题来自陪伴我成长的亲朋好友和日常生活，感谢他们给予我生生不息的思考源泉。博士论文撰写期间，中国社会科学杂志社李红岩老师作为我编辑工作的指导老师，他渊博的学识为我开启了向往成为一名睿智学者的大门。柯锦华老师对我无微不至的关怀，让我体会到什么才是对工作的一丝不苟和精益求精。许建康老师多年来孜孜不倦、细致入微地指导着我的工作，他和蔼可亲的笑容、对学术观点的辨识力，让我看到了一名学者的包容与坚持。冯小双老师、张芝梅老师、梁华老师、赵磊老师、刘亚秋老师、刘鹏老师和莫斌老师等作为前辈和朋友，对我的工作和学习给予了莫大的帮助，让我开阔学术视野，不断向前迈进。还有很多同事，与他们一起奋战的日子至今历历在目，感激之情难以一一表达。

博士论文写作离不开导师洪俊杰教授的帮助，正是在他的指导和高要求下，我才在学术研究领域取得些许成就，这种师生之情将一直陪伴我走在未来的学术道路上。感谢万广华老师在学术研究工作中给予的指导，让我感受到知名学者对晚辈的关爱，在以后的研究道路上有了好榜样。感谢对外经济贸易大学金燕老师从入学面试到最后毕业，给我的支持与祝福；感谢黄薇老师在论文写作过程中给出的宝贵意见；感谢王春华老师多年中不厌其烦地回答我的各种疑问，让我感受到了青年学者对学术研究的热诚；感谢陈志鸿老师在课堂上认真而耐心地解答我的提问，她对待教学工作的典范至今让人印象深刻；感谢那些让我学到更多经济学知识，帮助我获得更多荣誉的老师们，他们的付出让我感激不尽。同时，感谢在校期间的同门师兄妹关利欣、刘志强、陶攀、王垚、刘辉、戚建梅、孙乾坤、朱庆祥和其他同班同学，陪我一起经历博士求学道路上的风风雨雨。

博士毕业，我进入中国社会科学院经济研究所工作，认识了很多知名学者，并且在学术研究道路上有了一些新的思考。感谢中国社会科学院经济研究所的王诚老师、郑红亮老师、俞亚丽老师、詹小洪老师、唐寿宁老师、张永山老师、刘霞辉老师、欧宏老师、王利娜老师、金成武老师、邓曲恒老师、杨新铭老师、刘莹老师、谢谦老师、王红梅老师、陈小亮老师、曹帅老师等，在工作中予以的支持与帮助，使我得以持续地钻研在自己热爱的学术领域，并在经济所幸福而快乐地度过了五年时光。2019 年，我调入中国人民大学应用经济学院，三年时光繁忙而充实，却在学术研究工作上遇到危机。感谢学院的郑新业老师、宋东霞老师、黄隽老师、魏楚老师、林晨老师、陈占明老师、宋枫老师、秦萍老师等在工作上提供的帮助，感谢区域与城市经济研究所的孙久文老师、付晓东老师、侯景新老师、姚永玲老师、张耀军老师、文余源老师、刘玉老、徐瑛老师、蒋黎老师，以及导师组的张可云老师、虞义华老师、赵大旋老师、席强敏老师、卢昂荻老师以及导师组学生成员等给予的帮助，没有他们的帮助我恐怕还无法顺利完成博士论文的修改工作。感谢博士后导师李实教授的教诲与引领，让我拥有更加确切的目标与方向，并且一直坚持到现在。感谢"室友"安子栋老师在三年艰难岁月里的携手前行。感谢在博士论文部分章节的修改完善和发表过程中，提供帮助的合作者们、审稿专家和期刊编辑们的辛勤付出，正是你们的奉献让本书得以改进。感谢北京当代经济学基金会授予的奖项和经费支持，感谢上海三联书店李英编辑的耐心指导。

感谢我的父老乡亲，正是你们的养育，让我走出大山，实现梦想。回首往昔，更加深知是父母的关爱支持我走到今天，感谢三位伟大的姐姐，她们竭尽全力奉献自己的力量，支持我追求自己的梦想；感谢她们可爱的宝宝给我带来的欢乐，祝他们健康快乐地成长，梦想成真。作为一名科研工作者，只是看似时间自由，却时常"忽视"对家人的陪伴。感谢岳父母多年来的包容与支持，感谢董建秋女士任劳任怨的陪伴，使我得以有充沛的精力完成学术研究工作，从博士毕业到博士论文出版历经8年时间，与我共同承担其中的痛苦与欢乐。感谢聪明伶俐的女儿给我带来的欢乐与力量，因为你，让我期待自己能努力变得更加合格。

2022年8月17日
于中国人民大学静园

当代经济学创新丛书

第一辑

《中国资源配置效率研究》（陈登科　著）

《中国与全球产业链：理论与实证》（崔晓敏　著）

《气候变化与经济发展：综合评估建模方法及其应用》（米志付　著）

《人民币汇率与中国出口企业行为研究：基于企业异质性视角的理论与实证分析》（许家云　著）

《贸易自由化、融资约束与中国外贸转型升级》（张洪胜　著）

第二辑

《家庭资源分配决策与人力资本形成》（李长洪　著）

《资本信息化的影响研究：基于劳动力市场和企业生产组织的视角》（邵文波　著）

《机会平等与空间选择》（孙三百　著）

《规模还是效率：政企联系与我国民营企业发展》（于蔚　著）

《市场设计应用研究：基于资源配置效率与公平视角的分析》（焦振华　著）

图书在版编目(CIP)数据

机会平等与空间选择/孙三百著.—上海：上海三联书店，2023.1

(当代经济学创新丛书/夏斌主编)

ISBN 978-7-5426-7883-6

Ⅰ.①机… Ⅱ.①孙… Ⅲ.①劳动力流动-研究-中国 Ⅳ.①F249.21

中国版本图书馆CIP数据核字(2022)第187534号

机会平等与空间选择

著　　者／孙三百

责任编辑／李　英
装帧设计／徐　徐
监　　制／姚　军
责任校对／王凌霄

出版发行／上海三联书店
　　　　　(200030)中国上海市漕溪北路331号A座6楼
邮　　箱／sdxsanlian@sina.com
邮购电话／021-22895540
印　　刷／苏州市越洋印刷有限公司

版　　次／2023年1月第1版
印　　次／2023年1月第1次印刷
开　　本／640 mm×960 mm　1/16
字　　数／300千字
印　　张／19.5
书　　号／ISBN 978-7-5426-7883-6/F·876
定　　价／68.00元

敬启读者，如发现本书有印装质量问题，请与印刷厂联系 0512-68180628